吴潮　赵晓兰◎著

亚洲足坛与世界杯的故事

THE STORY OF

ASIAN FOOTBALL CIRCLE

新华出版社

图书在版编目（CIP）数据

亚洲足坛与世界杯的故事 / 吴潮，赵晓兰著. —北京：新华出版社，2020.8

ISBN 978-7-5166-5268-8

Ⅰ. ①亚… Ⅱ. ①吴… ②赵… Ⅲ. ①足球运动－研究－亚洲 Ⅳ. ①G843.93

中国版本图书馆CIP数据核字（2020）第143159号

亚洲足坛与世界杯的故事

作　　者：吴　潮　赵晓兰

责任编辑：马大乔　　**封面设计：**李尘工作室

出版发行：新华出版社
地　　址：北京市石景山区京原路 8 号　　**邮　　编：**100040
网　　址：http：//www.xinhuapub.com
经　　销：新华书店
新华出版社天猫旗舰店、京东旗舰店及各大网店
购书热线：010－63077122　　**中国新闻书店购书热线：**010－63072012

照　　排：李尘工作室
印　　刷：北京荣宝艺品印刷有限公司
成品尺寸：170mm×240mm
印　　张：15.25　　**字　　数：**242千字
版　　次：2020年8月第一版　　**印　　次：**2020年11月第二次印刷

书　　号：ISBN 978-7-5166-5268-8
定　　价：38.00元

目录

CONTENTS

开篇 足坛政区捋一捋

2018年俄罗斯世界杯决赛阶段的激战结束才仅仅一年，2022年卡塔尔世界杯的战火已经燃起——2019年6月，第二十二届世界杯亚洲区预选赛资格赛开战；9月，亚洲区预选赛40强比赛火热登场。

对于亚洲足坛的所有球队而言，足球生涯追求的事业巅峰和获得的顶级荣誉，就是打入世界杯的决赛圈，没有之一。①

足球观众（其实并不局限于足球的观众，应该是所有体育项目的观众）观赛时的地域倾向性非常鲜明：亚洲各国的球迷们在观看亚洲区预选赛时总是一边倒地支持本国球队，而一旦到了世界杯决赛阶段的赛场上，亚洲各国的球迷们常常又会不分国籍不约而同地成为亚洲球队的拥趸，关注着那些来自亚洲球队的赛场表现，为亚洲的球队加油助威。“在世界杯这场不流血的战争中，个人的愿望，国家的愿望，地区的愿望乃至洲际的愿望被划分得、表达得明明白白、清清楚楚。”

特别是咱们中国的足球观众，因为中国男足带给中国球迷加油助威的机会实在太少，应该说是绝无仅有——在世界杯总共88年21届的赛事历史中，在决赛圈赛场上看到中国男足的身影只有一届（2002年世界杯）。于是，观

① 世界杯以及奥运会、亚洲杯、亚运会等，目前均设立了女子足球比赛项目，本书所涉及的内容，仅限于男子足球，所以书中不再专门标注“男子足球”字样。

看其他那些来自亚洲球队的比赛也成为中国球迷们的观赛动力和乐趣之一，至少，聊胜于无吧。

我们这本书说的就是亚洲足球和世界杯的故事。

不过，我们并不是从大家熟悉的赛场竞技过程和球队技术战术的角度来讲述亚洲足球与世界杯的往事。在这些方面，中国的球迷大军中行家里手比比皆是，赛场风云如数家珍，真知灼见鞭辟入里。他们是我们的老师。

我们关注的是另外一个角度——亚洲地缘政治和地区国际关系的发展演变、亚洲政局变迁和亚洲社会演化的历史，是如何影响着亚洲足球运动的发展，如何改变着亚洲足坛的权力结构，如何牵绊着亚洲球队出征世界杯的步伐。

这是因为，在亚洲足球与世界杯相互之间关系的运行过程中，一个国家或地区的足球队能否正常出现在亚洲的赛场，能否如愿踏上世界杯亚洲赛区的征程，很多时候并不是由这个国家或地区的足球水平所决定，而是常常被亚洲国家间的国际关系与亚洲地缘政治所左右。

用句大白话来表达就是：别以为你球踢得好就一定能进世界杯。

几十年间，亚洲地区国际关系的运行，亚洲国家与民族之间的恩怨情仇，经常对亚洲的足球运动形成一些非足球技术因素的冲击，使亚洲足坛充满着悲欢离合、波诡云谲、明枪暗箭，乃至对抗决裂。亚洲国家或地区足球队与球员的运动生涯，在政治浪潮的洪涛之中，有时就只能是“身世浮沉雨打萍”了。

在述说亚洲足球与世界杯的故事之前，有一个很重要的概念我们必须先梳理和交代一下，这就是亚洲政区（国家和地区）与亚洲足坛两者之间的关系。

一提到亚洲足坛，读者们一般会习惯地把亚洲的球队与亚洲的政区相对应，似乎亚洲足坛就是由亚洲这块土地上的国家和地区所构成。其实不然，亚洲政区和亚洲足坛这两者的成员构成上有着很大的不同，我们在开篇中先把这二者的构成与关系给大家捋一捋。

先看亚洲政区的构成。亚洲政区通常指的是位于亚洲地理区域内的国家，一共包括48个国家[①]。由于亚洲的地理范围超级大（4400万平方千米，约

---

① 本书中关于亚洲国家的统计数据，来源于中国地图出版社出版的《亚洲》地图（2019年版）和世界知识出版社出版的《亚洲年鉴》（2009年版）。

占地球陆地总面积30%），国家特别多（亚洲拥有的国家数量在世界各大洲中排名第一），一般说到亚洲政区时习惯上将它按地理位置分为五大板块，这五大板块和48个国家从东到西的分布是（各板块内国家按汉语拼音首字母排序）：

东亚：朝鲜、韩国、蒙古、日本、中国；

东南亚：东帝汶、菲律宾、柬埔寨、老挝、马来西亚、缅甸、泰国、文莱、新加坡、印度尼西亚、越南；

南亚：阿富汗、巴基斯坦、不丹、马尔代夫、孟加拉国、尼泊尔、斯里兰卡、印度；

中亚（含外高加索地区）：阿塞拜疆、格鲁吉亚、哈萨克斯坦、吉尔吉斯斯坦、塔吉克斯坦、土库曼斯坦、乌兹别克斯坦、亚美尼亚；

西亚：阿拉伯联合酋长国（简称阿联酋）、阿曼、巴勒斯坦、巴林、卡塔尔、科威特、黎巴嫩、塞浦路斯、沙特阿拉伯、土耳其、叙利亚、也门、伊拉克、伊朗、以色列、约旦。

再看亚洲足坛的构成。亚洲足坛简单地说就是亚洲足球联合会（简称亚足联）旗下所属的足球协会。亚足联的成员可以是亚洲地理范围之内的某一个国家；或者是亚洲某一个国家所属的某一个地区；还可以是亚洲地理范围之外其他洲的某一个国家或某一个地区。所以，亚洲足坛比亚洲政区的范围要宽泛，它超越了亚洲的地理界限。

亚洲足球联合会成立于1954年，到目前为止共有47个会员（46个正式会员+1个准会员）。亚足联按照亚洲地理格局的五大板块设立了5个分支协会。这5个分支协会与所属会员是（各分支协会内所属会员按汉语拼音首字母排序）：

东亚足球协会：朝鲜、关岛、韩国、蒙古、日本、中国、中国澳门、中国香港、中华台北（中国），以及北马里亚纳群岛（准会员）。

东南亚足球协会：澳大利亚、东帝汶、菲律宾、柬埔寨、老挝、马来西亚、缅甸、泰国、文莱、新加坡、印度尼西亚、越南；

南亚足球协会：巴基斯坦、不丹、马尔代夫、孟加拉国、尼泊尔、斯里兰卡、印度；

中亚足球协会：阿富汗、吉尔吉斯斯坦、塔吉克斯坦、土库曼斯坦、乌兹别克斯坦、伊朗；

西亚足球协会：阿拉伯联合酋长国、阿曼、巴勒斯坦、巴林、卡塔尔、科威特、黎巴嫩、沙特阿拉伯、叙利亚、也门、伊拉克、约旦。

请各位读者注意：虽然亚足联的47个会员和亚洲政区的48个国家在数量上几乎相等，但你仔细看看，就会发现两者的成员其实有着很大的不同。

有这么几种不同：

第一，位于亚洲地理的范围之内，但并不以主权国家而是以主权国家所属某一地区的名义加入亚足联，这就是中国香港、中国澳门、中华台北（中国）；

第二，位于亚洲地理的范围之内，属于亚洲政区的主权国家，但不是亚足联的成员，也不参加亚洲的足球赛事。这些国家是土耳其、塞浦路斯、以色列、格鲁吉亚、亚美尼亚、阿塞拜疆、哈萨克斯坦；

第三，不在亚洲地理的范围之内，属于其他洲的国家或主权国家的某一地区，但加入了亚足联，并作为亚足联的成员参加亚洲的足球赛事，这些国家和地区是澳大利亚、关岛（美国）、北马里亚纳群岛（美国）。

这就是亚洲政区和亚洲足坛按各自所属的成员来看存在的重大区别。

正是这些区别，引发了亚洲足球很多故事。

足球的竞技魅力和文化内涵，超越地理概念，诱使一些国家和地区（例如土耳其、哈萨克斯坦等）心甘情愿地离开亚洲足坛投奔其他洲；或者离开其他洲投奔亚洲足坛（例如澳大利亚、关岛等）。

亚洲的国家矛盾和民族冲突，打破了地理的归属感，迫使某些国家（如以色列）心不甘情不愿地离开亚洲足坛远走他乡。

这些国家和地区在亚洲足坛里进进出出、分分合合，其过程相当复杂。在亚洲足坛征战世界杯的历程中，有多少激烈的竞争、精彩的篇章、好玩的故事，不一定发生在绿茵场上，而是在亚细亚广袤的土地上演绎。

欲知其中详情如何，且看我们一一道来。

亚洲不识世界杯

——1930年第一届乌拉圭世界杯

本章看点：

乌拉圭“捡漏”

亚洲足坛的雏形

超级“牛”的中国队

世界杯·主办地

第一届世界杯于1930年在南美洲的乌拉圭举行。

现代足球起源于欧洲。19世纪时，足球运动在英国尤其是学校中已经非常流行，但是作为一项草根运动，足球只是在民间野蛮生长着，上场人数、比赛时间、判罚规定……没有一个统一的规则，各吹各的哨，学校之间如果要踢一场足球赛，两支球队之间可能会为了究竟应该按照哪一所学校的足球规则来进行比赛先吵上一架。1856年，来自英国一些高校爱好踢球的男生们在剑桥大学开会，会议制定了《剑桥大学足球俱乐部规则》，简称《剑桥规则》，足球运动从此走向规范化和规则化。1863年10月26日，12家足球俱乐

部在伦敦组建了英国同时也是世界第一家足球协会，这次“关键会议决定了现代足球的诞生，这一天也被认为是现代足球诞生日”。

1904年5月21日，国际足协协会（最初的名称，后来通称为国际足球联合会，简称国际足联）正式成立，成立之初的国际足联虽然顶着“国际”的大名头，其实就只有法国、比利时、丹麦、荷兰、西班牙、瑞典、瑞士7个国家。这个机构看起来更像是欧洲的一个足球会所，英国人当时看不上也不愿意加入，即便人家盛情邀请英国人来当国际足联的主席也不为所惑、不屑一顾。[①]

为推动足球运动在世界各地的发展，同时也为了将足球从奥运会的影响之中解脱出来，1928年5月28日，国际足联决定在1930年举办面向所有会员的全球性足球比赛，这项协议在全体会员表决中，以23票赞成、10票反对获得通过。足球也就成为“第一项脱离奥运会、组织自己的国际锦标赛的主流运动”。会议代表们“可能很难预见到，他们小心撒下的种子，后来会演变成地球上最伟大的演出”。

欧洲的足球水平高、参与面广，当时的世界强队大都在欧洲，为什么举办首届世界杯的荣耀会被一个不起眼的拉美小国乌拉圭拿去？要知道，这个所谓的“荣耀”，是人们站在今天的时代目睹世界杯足球赛在全世界所产生的巨大影响和无穷魅力而言，而在近百年前的20世纪20年代，足球的影响力还是很有限的。即便是现代足球的发源地英国，对于国际足联要举办这种比赛根本没当回事，他们觉得唯有大不列颠四兄弟——英格兰、苏格兰、威尔士、北爱尔兰——之间的比赛才算得上是世界足球运动的最高水平（就像今天美国人觉得NBA才是世界篮球运动的最高水平）。所以，当举办世界足球锦标赛的决定通过后，尽管有匈牙利、荷兰、瑞典、意大利和乌拉圭5个国家毛遂自荐愿意当主办国，但一听说承办世界杯比赛需要筹集的资金和承担的责任后，荷兰立马打了退堂鼓，接着瑞典也退出。乌拉圭倒是申办热情一直高涨，这个国家连获1924年和1928年两届奥运会足球冠军，国民情绪还处

① 英国共有4家足球协会（英格兰、苏格兰、威尔士、北爱尔兰），在国际足联的早期阶段，这4家足协曾先后加入国际足联，但之后由于各种矛盾和纠葛，又不断地退出、再加入、再退出……最后加入国际足联的时间分别是：英格兰，1946年；苏格兰，1910年；威尔士，1946年；北爱尔兰，1946年。

在奥运冠军的热乎劲中；加上1930年正值乌拉圭建国立宪100周年，举办世界杯无疑是个很有意义的节日大礼。在乌拉圭的强烈要求和南美国家的大力支持下，匈牙利和意大利也就没怎么坚持，最后退出申办送个顺水人情。说句大实话，毕竟是第一次进行全球性的足球比赛，会办成啥样谁的心里都没有底，于是，南美洲人从欧洲人手中拿走了第一届世界杯的主办权。

补一句后话：2030年，是世界杯诞生100周年，有报道称乌拉圭人的热情再次高涨，早就盘算着以纪念首届世界杯举行100周年为由申办2030年世界杯，他们的口号是“让世界杯回家”。不过，如今世界杯赛早就芙蓉出水成了国色天香的花魁，不知道有多少双眼睛盯着，花落谁家还真不好说。[①]

欧洲国家对于长途跋涉去南美洲的乌拉圭参赛实在是打不起精神，特别是那些足球俱乐部，觉得自己的优秀球员长时间脱离本国比赛太影响俱乐部的收入。荷兰、意大利、西班牙、瑞典、德国、奥地利、瑞士……纷纷宣布拒绝参赛。眼看着离世界杯开幕只剩两个月，仍然没啥欧洲国家报名参赛。宴席眼看要开席，没有宾客怎么行？主办方乌拉圭提出可以向来参赛的欧洲国家提供财政支援，有的国家（据资料记载这个国家是荷兰）立马狮子大开口：我要额外的6万马克出场费！这个价码相当于乌拉圭去欧洲参加奥运会出场费的两倍。这下子乌拉圭人真的发火了——他们围攻荷兰大使馆，放火烧了荷兰国旗。

由于报名参赛队伍太少，所以就不做预选赛的安排，也就是说，只要报名即可直接去乌拉圭打决赛阶段的比赛。即便如此，参赛的球队还是数量有限，最后只有来自欧洲和美洲的13支队伍参赛，其中欧洲仅来了法国、南斯拉夫、罗马尼亚和比利时4个国家，其余的9支球队皆是美洲国家，这绝对是一届“袖珍型”的世界杯足球赛。

大多数欧洲国家拒绝参赛的理由是距离太远、花费太高、风险太大，虽然主办方乌拉圭愿意承担路费，但还是有七七八八的各种开销难以承受。这个理由现在听来似乎有点讽刺，因为前去乌拉圭参赛的4支欧洲队伍中，南斯

---

① 根据《体坛周报》2018年7月30日报道，中国有申办2030年世界杯的意向，该报在报道此信息时在头版用的通栏标题是：“高层研究申办世界杯　2030年第24届也许是合适的切入点”。同时根据该报的后续报道，意图申办2030年世界杯的已有乌拉圭（计划与阿根廷、巴拉圭、智利联合申办）、英格兰（计划与爱尔兰联合申办）、摩洛哥、韩国、日本、阿联酋等国家和地区。

拉夫和罗马尼亚绝对算得上是欧洲当时的贫困户，他们既然都能万里迢迢去美洲参赛，大英帝国等欧洲的财主家会穷得付不出花销？最主要的原因恐怕还是大家伙对这个刚诞生世间的世界足球锦标赛没太当回事。若不是看在国际足联的主席就是法国人雷米特的份上，并且雷主席还捐了个以他的名字命名的雷米特奖杯，说不定连法国队也不来了。

亚细亚·亚足坛

但是，“距离太远、花费太高”对于亚洲国家来说，倒还真是个事。亚洲国家没有参加只要报名无须预选的第一届世界杯比赛，除了经济因素，也是与当时亚洲的政治状况和足球运动的水平息息相关。

亚洲当时的政治状况，除了中国、日本、泰国、阿富汗等少数几个独立的主权国家以外，其他地区基本上还处于殖民地状态。我们按亚洲地理的五大板块来看一下：

东亚地区的朝鲜半岛被日本占据；

东南亚地区和南亚地区主要是英国的殖民地，其中印度支那地区（今天的越南、老挝和柬埔寨）是法国的殖民地，印度尼西亚是荷兰的殖民地，菲律宾由美国控制；

中亚地区当时属于苏联，跟亚洲没啥关系；

西亚地区主要由英国和法国控制。

那么，世界杯足球赛诞生之时的1930年，亚洲的足球运动又是一个什么状况呢？

中国一直认为自己是足球的起源地，国际足联也认可，这就是著名的蹴鞠（音cù jū）。蹴鞠起源很早，据资料记载在春秋战国时期就已出现，唐宋时期发展到高峰。尤其是宋朝，从宫廷到民间都十分流行玩蹴鞠，连皇帝老儿也好生喜欢，并且由此演绎出一个著名的民间传说：一个名叫高俅的街头混混，踢而优则仕，踢着踢着居然把自己踢成了大宋朝国防部长兼总参谋长（太尉）。

从现代竞技体育运动的角度来看，蹴鞠的游戏成分和演艺成分更多一些，明清之后逐渐失传。蹴鞠与现代竞技足球并没有非常直接的关系，作为现代竞技体育老大哥的足球运动，它的创造者是英国人。所以对于现代足球而言，玩蹴鞠的中国还是出局了。

现代竞技足球运动在英国诞生不久，就被西方商人、殖民者、传教士等带入亚洲，那时亚洲玩足球的区域并不大，主要在印度、菲律宾、日本、中国等地流传。到第一届世界杯举办之前的20世纪20年代，如果我们按照今天亚足联的5个分支协会来观察亚洲足球运动开展情况的话，大致是这样的：

中亚地区：由于这一地区当时属于苏联，所以在亚洲足坛上尚不存在这一分支；

西亚地区：只在极少数地区开展，基本上是足球运动的荒漠，尤其在某些阿拉伯地区，当时对来自西方文化的足球运动持排斥态度；

南亚地区：在英属印度地区开展了足球运动，但水平不高，也几乎没有与外界进行交往；

东南亚地区：在菲律宾（美属）、印度尼西亚（荷属）等地区，开展了足球运动；

东亚地区：中国和日本（包括处于日本殖民统治下的朝鲜半岛）足球运动开展比较活跃。

中国的现代足球运动，最早是由英国人带入香港，以后又传入中国大陆。据考证，由清朝洋务派创办的北洋水师学堂（1880年创办）和上海南洋公学（1896年创办），由法国传教士所创办的上海徐汇公学（1850年创办）和美国传教士创办的圣约翰书院（1879年创办，后更名为圣约翰大学）等校，先后成立了足球队。中国大陆的足球运动从华北和上海起步，上海逐渐成为中国大陆足球运动水平最高的地区。

1912年，菲律宾、中国、日本组建远东奥林匹克体育协会（后来改名为远东体育协会，简称远东体协）；1913年，今天亚洲运动会（亚运会）的前身——远东运动会诞生；从1913年到1934年，一共举办了10届远东运动会。

远东运动会听上去名头虽然不小，其实参赛国也就是菲律宾、中国、日本三国，最后第十届又加上个印度尼西亚。只有三四个国家参加的规模如此小的洲级运动会是当时亚洲政治状况决定的，东亚运动会参加者之中真正的独立国家就中国和日本两家，菲律宾和印度尼西亚并不是独立的主权国家。

菲律宾原本是西班牙的殖民地，在1898年的美西战争中，美国打败西班牙，从西班牙手中接管了菲律宾，美国派遣总督对菲律宾进行管理，一直到第二次世界大战结束之后菲律宾才正式独立；印度尼西亚是荷兰的殖民地，当时的正式名称是荷属东印度——各位读者请记住这个名字，因为在第三届世界杯足球赛中，荷属东印度将代表亚洲隆重登场。

每一届的远东运动会都设有足球比赛项目，可以这么说：在这个时代，远东运动会的足球比赛就是当时亚洲最为重要和最高水准的足球赛事。整个亚洲足球水平最高的是东亚地区，东亚地区水平最高的是中国。为什么这么说，看看下面这张表：

历届远东运动会足球比赛名次表

届数	举办地	举办时间	第一名	第二名	第三名
第一届	菲律宾马尼拉	1913 年 2 月	菲律宾	中国	
第二届	中国上海	1915 年 5 月	中国	菲律宾	
第三届	日本东京	1917 年 5 月	中国	菲律宾	
第四届	菲律宾马尼拉	1919 年 5 月	中国	菲律宾	日本
第五届	中国上海	1921 年 5–6 月	中国	菲律宾	
第六届	日本大阪	1923 年 5–6 月	中国	菲律宾	日本
第七届	菲律宾马尼拉	1925 年 5 月	中国	菲律宾	日本
第八届	中国上海	1927 年 8–9 月	中国	日本	菲律宾
第九届	日本东京	1930 年 5 月	中国、日本（并列）		菲律宾
第十届	菲律宾马尼拉	1934 年 5 月	中国	日本	印度尼西亚 菲律宾（并列）

远东运动会的参赛队伍实在太少，有几届远东运动会的足球比赛只有两支球队参赛，比赛结果非冠即亚，但这基本就是当时亚洲足球运动的顶级水平了。

第一届远东运动会举办时，正值菲律宾马尼拉市举行“嘉年华”活动，匆匆举办的远东运动会实际上是作为“嘉年华”活动的体育助兴节目，后来才被追认为首届远东运动会。因为这么一个因素，所以中国当时参加足球比赛的主要是来自香港的一些球员，观光旅游逛嘉年华，捎带着上场踢踢球，1:2输给菲律宾实属正常。

在这之后，中国从1913年的第二届到1934年的第十届也是最后一届远东运动会，连拿九届足球冠军，绝对是当之无愧的亚洲足坛老大。中国足球在当年真可谓是打遍亚洲无敌手，甚至其他国家的球队看到中国足球队就有点犯怵，能躲就躲着点。

例如：第九届远东运动会足球比赛结果为中国和日本并列冠军。一共才三个队参加的比赛，居然还整出个并列冠军，这个结果是不是有点扯？那一届的比赛，日本队先以7:2战胜菲律宾队，之后中国队以5:0轻取菲律宾队。中日两国的冠军争夺战，水平高于日本的中国队踢得不够理想，90分钟比赛结束时战成3:3，按照当时的惯例应该进行加时赛或重赛一场。那个年头的中国足球队超级“牛”，队内球星云集，其中的超级球星一个是拥有“亚洲球王”名头的李惠堂（李球王后来曾先后出任亚足联首任秘书长、国际足联副主席），另一个则是江湖人称“孙铁腿”的孙锦顺。孙锦顺的“铁腿”诨号绝非浪得虚名，这位老兄脚头重腿力足，当年的球网是用棉纱线织成，强度不如现在的化纤材料，日晒雨淋容易朽；1926年在香港足球甲级联赛一场比赛中，孙锦顺一脚射门居然将足球射得穿网而出，香港记者迅即送上“铁腿”诨号。1930年孙锦顺到印度尼西亚参加比赛时，再次上演射门穿网神技，于是“铁腿”大名传遍东南亚。当时香港《足球世界》杂志记者是这样描绘这位老兄的神勇雄姿：“当其侧身怒射，球出如矢，力挟千钧，能使门将手腕岌岌以将折，鼻子摇摇而欲倒，故不待球影飞来，但望其举足之势，则已瞠目束手。”

日本队当时大概觉得90分钟能与中国队战平已经是神灵保佑，不想再打加时赛或重赛；中国队毕竟是在日本客场作战，继续踢下去也无必胜把握。双方一磋商，不踢了，于是诞生“双黄蛋”并列冠军。日本队第一次得了个足球冠军头衔好生欢喜，非得在历史上留下纪念才行啊——日本队员这场比赛上场时身穿的是蓝色球衣，“从此，代表天空与海水的蓝色，就定格为日本国家足球队的基调色。”“蓝色武士”后来成为日本球迷对日本男足的昵称。

这算不算亚洲足坛最早的“恐华症”呢？几十年后，一个“恐韩症”的魔怔硬是缠绕中国足球若干年，这让当年的中华足球老前辈们情何以堪？

虽然第一届世界杯足球赛的参赛队不需要进行预选赛即可直通决赛圈，

但是这时的中国足球确实没有财力和能力在世界足坛上显山露水，于是中国乃至整个亚洲就这么缺席了第一届世界杯足球赛。

岂料当年亚洲的足坛霸主中国队，在其后的几十年内一直是世界杯的缺席者。其原因，国弱民穷，内忧外患，战火连天，国家分裂……大家都熟悉这一段中国历史，我们也就不用多说了。

荒漠西亚开先河

——1934年第二届意大利世界杯

本章看点：

先声夺人的犹太足球

由犹太人组成的巴勒斯坦队

亚洲足坛的第一次世界杯预选赛

从这一届世界杯开始，在讲述亚洲足球与世界杯的故事之前，我们先简略地记述以下两方面的情况：

第一，“亚细亚·大事件”。说的是在这个世界杯周期内（世界杯周期指的是上一届世界杯闭幕以后到这一届世界杯开幕之前的时间段），我们亚洲土地上发生的重大政治事件，以及亚洲地区国际关系的重大变化；

第二，“亚足坛·大事记”。说的是在这个世界杯周期内，我们亚洲的足坛上发生过什么大事情，举行过哪些重要的赛事。

这是因为，亚洲足坛的风云变幻，亚洲足球与世界杯之间所出现的风波往事和传奇故事，在相当大的程度上，与上述两方面重大事件的发生和演变有着千丝万缕的紧密关系。

亚细亚·大事件（1930年8月—1934年5月）

新建立的国家：沙特阿拉伯（1932.9.23）。

九一八事变：1931年9月18日，日本关东军在中国沈阳向中国军队发动进攻，“九一八事变”被认为是中国抗日战争的开端，中日关系逐步向全面战争演变。

亚足坛·大事记（1930年8月—1934年5月）

第十届远东运动会的足球比赛：1934年5月12日至19日，在菲律宾马尼拉举办第十届远东运动会。参加足球比赛的共4支球队，比赛采用单循环赛制，中国获得冠军，日本获得亚军，并列第三名为荷属东印度（印度尼西亚）和菲律宾。

世界杯·主办地

第一届世界杯的主办权被美洲国家拿去后，整得动静相当大，欧洲国家发现有点失算，不免眼红耳热心有不甘。这回第二届世界杯的申办国是两个欧洲国家：意大利和瑞典。后来瑞典退出，意大利当仁不让地获得了主办权。

第一届世界杯足球赛的参赛国尽管不多，却成功地为足球运动在全球范围内吸引了公众的关注度。所以，第二届世界杯出现了来自欧洲、美洲、亚洲和非洲四大洲31支球队报名参赛的场景（实际参赛27队），这会子终于有了名正言顺“世界”之杯的感觉。

也正是由于报名参赛队伍增多，主办国难以接待这么多支球队，也无法提供这么多的比赛场地，所以从这一届世界杯开始，进行预选赛和决赛阶段两个比赛阶段的划分。参赛队根据国际足联的安排，先被分配到各自的赛区中进行预选赛，从中决出若干支球队，再到主办国来参加决赛阶段的比赛。1934年第二届世界杯的决赛阶段确定为16支队参赛，16队决赛圈的这个数字一直维持到1978年第十一届世界杯。

第二届世界杯的比赛来自美洲大陆的足球队数量很少，7个美洲国家的球队报名，最后实际来到意大利参赛的只有巴西、阿根廷和美国3个国家。上届冠军乌拉圭拒绝参赛，理由是："上次在蒙得维的亚举行比赛，很多欧洲球队都不来参加，不参加就是看不起乌拉圭人，现在该轮到我们报复了。"乌拉圭以拒绝参赛来"惩罚"欧洲人，这种报复方式今天的人们会觉得未免有点滑稽：惩罚和羞辱欧洲人最好的方式，应该是美洲球队在欧洲的土地上打败欧洲球队并夺取冠军。

预选赛·亚非区

缺席第一届世界杯的亚洲球队和非洲球队终于登场了。

国际足联为这两大洲的参赛队设立亚非赛区进行预选赛。参加亚非赛区比赛的只有区区两支球队，两大洲各一支——亚洲的巴勒斯坦和非洲的埃及，少是少了点，毕竟也算是亚洲和非洲的足球队在世界足坛正式亮相。

前面说过，亚洲足球运动开始较早也最为活跃的是东亚地区和东南亚地区，但由于日本侵华战争的爆发，东亚地区国际形势日趋紧张，当时亚洲足坛水平最高的中国与日本两国都没有报名参赛。这样，作为亚洲地区第一个在世界杯赛场亮相的球队，居然是地理与足球运动的双重荒漠地带——来自西亚的巴勒斯坦。

巴勒斯坦当时还不是一个独立的国家，它的准确名称叫作"英属巴勒斯坦委任统治地"，地域范围包括今天的以色列与巴勒斯坦这两个国家，不过在20世纪30年代的时候，既没有以色列国也没有巴勒斯坦国，这里面的来龙去脉需要说道说道。

以色列与巴勒斯坦之间的关系，更广义地说就是犹太人与阿拉伯人的历史纠葛，实在是说来话……非常非常长，可以单写一本书，我们在这里只能用最简短的文字长话短说：

在今天亚洲西部、地中海沿岸的以色列与巴勒斯坦地区，远古时期就有若干民族在这里繁衍生息。公元前1025年，犹太人的祖先希伯来人在这里建立了以色列国，这是这个地区出现的第一个古代国家；之后这个国家分裂为以色列国和犹太国两个国家。公元前722年，以色列国被来自西亚的亚述王国所灭；公元前586年，犹太国又被来自两河流域的新巴比伦王国所灭。至此，犹太人建立的国家在远古时期就走完了兴盛衰亡的历史行程。

之后，这一地区先后被马其顿王国、罗马帝国、阿拉伯帝国等等五花八门的各式帝国入侵和统治。公元7世纪之后，随着阿拉伯帝国的强盛与扩张，这块地区逐渐地阿拉伯化，阿拉伯人成为这里最主要的民族居住群体。1517年，奥斯曼土耳其帝国统治这一地区，它的统治一直持续到第一次世界大战结束，历时400年。

犹太人自亡国之后，在漫长的历史岁月中，生活在这块土地上的犹太民族主体渐渐地远走他乡，漂流四海，留下来的犹太人只是凤毛麟角，有资料统计说巴勒斯坦地区犹太人口最少的时候只有上千人。但是，流落他乡的犹太民族，虽然在世界各地漂泊数千年，多灾多难，命运坎坷，却始终抱着复归故土的念头和重建国家的希望顽强地生存着。

1897年，来自世界各地的犹太复国主义者在瑞士的巴塞尔城举行第一次世界犹太人代表大会。大会通过《世界犹太复国主义纲领》，犹太人正式开始重建现代国家的历程。关于建国的地点在几经争论之后，犹太人最后选定《圣经》中所说的上帝应选之地和历史上犹太祖先的建国之地——巴勒斯坦，为犹太民族重建犹太人之家。自那时开始，犹太民族作为没有土地的民族，加快了向巴勒斯坦地区移民的步伐。

第一次世界大战结束后，巴勒斯坦地区的管辖权从战败国奥斯曼土耳其转到战胜国英国的手中；名义上，英国是受当时国际联盟的委托对巴勒斯坦进行管理，所以，它的正式名称是英属巴勒斯坦委任统治地。作为委任统治地，巴勒斯地区与英国传统的殖民地还是有所区别，英国人主要依托当地土著人士进行间接管理。

在英国人委任统治期间，犹太移民的数量不断增多。犹太移民大多来自欧洲尤其是东欧和中欧，在世界犹太财团的资金支持下，他们主要以土地购买的方式，在移民过程中建立起一座座城镇（包括著名的特拉维夫）。犹太移民的到来也带来了现代文化和体育活动，其中就包括足球运动。

20世纪20年代的时候，欧洲犹太人在欧洲足球运动中表现非常抢眼。犹太足球俱乐部在欧洲的大都市盛极一时，布达佩斯、柏林、布拉格、因斯布鲁克……生活在欧洲的犹太人当中涌现出大量优秀的足球运动员，尤其是奥地利，犹太人一度创造了奥地利足球的辉煌历史。

1924年，奥地利成为欧洲第一个进行足球职业化的国家；1925年，奥地利足球锦标赛冠军被来自维也纳由犹太运动员组成的哈科亚赫队获得，这支犹太全明星的冠军队伍被称为当时世界上最好的球队之一；1927年，银行家出身的奥地利犹太人迈斯尔出任国际足联秘书长并担任奥地利国家队主教练。“从1928年到1933年之间，奥地利是欧洲的无冕之王，人们都将他们称为‘Wunderteam’——‘梦之队’。”当时，奥地利足球号称领导着世界足球的风格和战术，从1931年4月到1932年10月，奥地利足球队18个月期间打遍欧洲无敌手，将苏格兰、德国、瑞士……连续斩于马下。有的足球评论家甚至认为，如果第二届世界杯是在1932年而不是1934年举行的话，冠军非如日中天的奥地利莫属。

欧洲不是犹太民族的故园，足球所带来的“巨大成功的喜悦与孤独寂寞的愁苦交织在一起，久久挥之不去”。于是，来自欧洲的犹太移民把足球带到巴勒斯坦，带到中东。那时候中东地区大多数的阿拉伯人尚不知足球为何物，我们前面曾说过，很多信奉伊斯兰教的阿拉伯人在当时对属于西方文化的足球运动采取排斥态度，“在这个时期，阿拉伯人对足球的唯一兴趣还仅限于烧掉一二座犹太人的足球场”。所以，第一次在世界杯赛场上亮相的亚洲足球的代表——巴勒斯坦足球队（英属巴勒斯坦委任统治地代表队），其实就是这么一支由犹太移民们七拼八凑组成的球队，他们中有种植园主、工人、学生……足球原本是他们工作学习之余的消遣和个人的兴趣爱好。现在，他们可以堂而皇之披挂上阵登上世界杯足球赛的赛场。

这支球队由犹太移民组成，比赛的主场也设在犹太人的聚集地特拉维夫[①]，所以准确地说，这支球队应该是后来以色列足球队的前身。由于这支球队当时被称为巴勒斯坦队，国际足联模棱两可地认可这支球队是如今巴勒斯

① 关于本届世界杯预选赛巴勒斯坦队的主场，多数资料中记载设于特拉维夫，但也有资料记载设于耶路撒冷。

坦足球队的前身，结果今天巴勒斯坦地区的阿拉伯人也把这一出战记录算到自己头上。所以，你如果看到以色列足协和巴勒斯坦足协都在声称自己是第一支代表亚洲出战世界杯的球队时，千万不要犯晕。

亚非赛区本来还有另外一支来自亚洲的球队——土耳其队。土耳其这个国家国土的97%和首都安卡拉都位于亚洲的小亚细亚半岛，只有3%的国土隔着博斯普鲁斯海峡位于欧洲的巴尔干半岛。从历史上看，土耳其与欧洲的政治经济联系确实更多一些，这是个非常典型的身在亚洲心在欧的国家。土耳其憋足了劲一门心思要脱亚入欧，坚持认为自己是欧洲国家，坚持不肯跟亚洲的这帮兄弟们混，坚持要参加欧洲赛区和赛事……土耳其最终加入欧足联是几十年之后的事情，此时，作为亚洲国家的土耳其还是被划入亚非区。土耳其起初报了名，但最后却没有派队参赛（不知道是不是因为没能参加欧洲赛区而心有不甘），反正参加亚非区预选赛的只有巴勒斯坦与埃及，两队争夺一张世界杯决赛圈的入场券。

比赛按照主客场进行两回合较量，埃及先是在本国开罗主场7∶1大胜，接着又在以色列客场4∶1胜出，顺利地拿到决赛圈入场券，由犹太移民组成的巴勒斯坦队被淘汰。

埃及是一个阿拉伯国家，1948年以色列建国之后，阿拉伯人与犹太人之间的关系是你死我活势同水火，战场上的对手已经绝无可能在赛场上交手。眼下还是1934年，阿拉伯人与犹太人的民族矛盾还没有大爆发，双方的比赛得以和平进行。有一个小插曲可以说明当时的比赛气氛：埃及人来以色列比赛时，带来一台在当地还属于稀罕之物的留声机，犹太移民的孩子们非常喜欢，总是围在埃及队周边听留声机。埃及人比赛获胜后心情大好，慷慨地把留声机和埃及流行乐一起留给了犹太孩子们。

亚洲足球与世界杯的渊源，就从巴勒斯坦队（英属巴勒斯坦委任统治地队）的这两场预选赛开端了。

日本足协被打脸

——1938年第三届法国世界杯

本章看点：

巴勒斯坦队为何去欧洲赛区参赛

日本足协报名之后又弃赛

荷属东印度的世界杯绝唱

亚细亚·大事件（1934年6月—1938年5月）

七七事变：1937年7月7日，日军在中国北平（今北京）郊区卢沟桥进行军事演习，借口士兵失踪，向中国军队发动进攻。“七七事变”成为日本帝国主义全面侵华战争的开始，也是中华民族进行全面抗战的起点。

亚足坛·大事记（1934年6月—1938年5月）

远东运动会散伙：在第十届远东运动会举办期间，日本方面企图将其炮制的“满洲国”接纳为远东体育协进会会员，参加远东运动会，中国方面强烈抵制并退出远东体协。远东体协宣告解散，远东运动会随之消亡，亚洲足球的洲一级赛会亦随之消失。

奥运会足球赛亚洲参赛队：第十一届夏季奥运会于1936年8月1日至8月16日在德国柏林举行。来自亚洲的中国和日本参加了奥运会的足球比赛。这是来自亚洲的球队第一次出现在奥运会的足球赛场。

世界杯·主办地

第三届世界杯足球赛1938年6月在法国举行。这一届世界杯主办权的争夺引起很多争议和矛盾。

国际足联主席雷米特的祖国法国这次非常渴望获得主办权。法国首先面临着德国的竞争，雷米特亲自出马劝说德国放弃，他给出的承诺条件是支持德国主办1942年世界杯足球赛，于是德国退出申办。雷主席当时无论如何也不会想到1942年的时候根本不会再有什么世界杯赛——纳粹德国横扫欧洲大陆，他的法兰西祖国被德国占领，法国亡国了。

德国退出后，1938年世界杯的主办权主要由法国和阿根廷两国争夺，最终在1936年的国际足联代表会议上，法国获得主办权，理由是“为了表彰法国人对建立国际足坛秩序所做出的努力”。这一结果引起一些美洲国家的抗议，他们主张世界杯应该在欧洲和美洲轮流主办，而现在欧洲人连续两届获得主办权极为不公。于是，阿根廷拒绝参赛。乌拉圭对于第一届世界杯欧洲球队不肯参赛的余怨，时隔八年依然未消，二话不说地再次拒绝参赛。总共有8个美洲国家拒绝参加法国世界杯比赛。

法国虽然获得主办权，但是国际足联包括雷米特主席本人对于法国是否有能力办好杯赛还是心存忧虑。法国的球场等硬件设施陈旧，财政上似乎也有问题，雷米特甚至考虑愿意将好不容易挣来的主办权分出去，由法国、荷兰和比利时三国共同承办。不过据他自己回忆：国际足联执委会、荷兰与比利时的足协都不赞成这么干，“我的议案被礼貌地拒绝了”。这个由多国共同合办一届世界杯的想法，直到64年后的2002年韩日世界杯才实现。

1938年的世界，战云密布，国际政治的残酷现实也反映到世界杯赛之中。本届世界杯共有35队报名参赛（实际参赛21队），通过分区预选赛决出14支球队，加上东道主法国和上届冠军意大利，总共16队。但是，最后来法国参加决赛的只有15支球队，因为之前获得欧洲赛区出线权的奥地利，竟然在距离世界杯开赛只剩3个月的1938年3月，被纳粹德国出兵吞并，奥地利作为一个主权国家已经不复存在。

亚洲区·预选赛

这届世界杯预选赛，国际足联为亚洲地区设立单独赛区，给一张决赛圈的入场券。亚洲地区报名参赛的有3支队：日本、荷属东印度（印度尼西亚）和巴勒斯坦（英属巴勒斯坦委任统治地）。

但是，这一届的预选赛，巴勒斯坦并没有参加亚洲赛区的比赛，而是被划到欧洲赛区。现有的资料中没有说明巴勒斯坦被划到欧洲赛区的理由，不过可以肯定，在那个交通还不太快捷便利的年代，就近安排是一个重要的考虑因素，而且作为一支主要由来自欧洲犹太移民组成的巴勒斯坦队，移民球员们对于欧洲也有着深厚的情感。巴勒斯坦与希腊、匈牙利分在欧洲赛区第5组，根据规则，先由实力较弱的希腊和巴勒斯坦进行两回合主客场制比赛，胜者再与匈牙利争夺小组的出线权。巴勒斯坦队主场客场两战两败，这支犹太移民球队连续两届在预选赛中被淘汰。

由于巴勒斯坦被划到欧洲区，参加亚洲区预选赛的只剩下日本和当时被称为荷属东印度的印度尼西亚。

印度尼西亚地跨赤道，由太平洋和印度洋之间约17508个大小岛屿组成，是世界上最大的群岛国家。15世纪之后，印度尼西亚先后遭到葡萄牙、西班牙、英国与荷兰的殖民入侵。1602年，荷兰在印度尼西亚成立具有政府职权的“东印度公司”，确立了对印度尼西亚的殖民统治，印度尼西亚从那时起就以“荷属东印度”或“荷属东印度群岛”的名称出现在国际社会，一直到1946年独立后才正式改称印度尼西亚。所以，1938年仍处于荷兰殖民统治下的印度尼西亚，只能打着荷属东印度的名头参赛。

日本是第一次报名参加世界杯的比赛。日本足球在20世纪30年代时期水平并不高，而且很有意思的是，当时全日本足球水平最高的地区，是甲午战争之后被日本吞并的朝鲜半岛。日本第一次出征1936年柏林奥运会时，日本足协专门在国内举行全日本足球锦标赛，原本打算以锦标赛的冠军队为班底来组建奥运足球代表队，结果获得全日本足球锦标赛冠军的恰恰是来自朝鲜半岛一支名为“全京城蹴球团”的足球队，“朝鲜人在决赛中6:1横扫日本足球昔日的旗帜东京文理大学”。这个结果实实在在地打了脸，日本足协只能食言。最后日本参加柏林奥运会的足球队中只有一位朝鲜球员，而且这位朝鲜球员宣称他之所以留在日本奥运代表团，是为了“向世界展示朝鲜民族的力量”。这个故事足可见在那个时代日本政治体制对日本足球运动发展的制约。

从前面我们所介绍的远东运动会足球比赛情况可以看到，日本足球当时基本上无法与中国相抗衡；而且在日本体育界的观念里，觉得奥运会足球赛才是足球人追求的最高梦想——当时很多国家都有相同看法，这也是早年世界杯比赛屡遭弃权的原因之一。世界杯作为世界足球运动顶级赛事的观念是若干年之后逐渐形成的——这也使得日本对世界杯缺乏深入了解和参赛热情。

这一届世界杯日本之所以报名参赛有一个原因：1936年柏林奥运会期间，国际奥委会投票表决1940年夏季奥运会的举办地，日本东京从14个争办城市中胜出，获得1940年夏季奥运会的举办权。这下可把日本人高兴坏了，因此日本就以1936年参加柏林奥运会足球赛的球队为班底报名参加本届世界杯，其中包含着为1940年东京奥运会做宣传吆喝以及锻炼队伍的意味。

但是，1937年“七七事变”，日本发动全面侵华战争，中国奥委会代表向国际奥委会提出抗议，认为日本侵略中国，违反奥林匹克精神，要求剥夺日本举办东京奥运会的资格。国际奥委会最终决定，以芬兰的赫尔辛基作为候补城市取代日本东京（1939年德国入侵波兰，第二次世界大战爆发，这一届奥运会最终未能举行）。

日本人鸡飞蛋打，再加上中国的抗日战争全面爆发之后，日本也无暇顾及这一类体育比赛，亚洲区的预选赛尚未开赛，日本宣布弃权。

亚洲赛区一共就俩队，日本一弃权，荷属东印度就自动晋级出线。

文献资料里还有这么一种说法：日本弃权之后，国际足联考虑让美洲的美国队同荷属东印度队在荷兰的鹿特丹踢一场附加赛，胜者才能晋级决赛圈。但是美国队也放弃了比赛。关于美国队弃权的原因有点匪夷所思：美国足球队的主力是来自英国的雇佣球员，他们对于那场计划安排在星期天的附加赛表示极大愤慨——休息日为什么还要比赛？不踢！美国队于是也弃权。对于这种说法笔者有一点疑问，因为在赛事过程中就这么信手变更赛制和增加比赛对手，貌似国际足联也显得太不专业和太随意了吧？但是相关的资料对此事说得有鼻子有眼，我们也就这么摘录供读者们一乐吧。

总而言之，荷属东印度捡着个大便宜，一场预选赛未打，就进军法国世界杯，成为第一支出现在世界杯决赛圈的亚洲球队。

荷属东印度队的主教练是荷兰人，荷兰队也参加了这届世界杯的决赛，一个宗主国与它的殖民地一起进入同一届世界杯决赛圈，这是世界杯历史上仅有的一次。

从第一届到此时的第三届世界杯，世界杯决赛阶段赛制采用的都是淘汰赛，参赛队伍两两捉对厮杀，一场比赛定生死。看到这一点，我们似乎也可理解那些弃权的球队——那个年代还没有什么跨洋跨洲快捷方便的民航班机，参赛球队得乘坐轮船，花费相当长的时间，千里万里大老远地漂洋过海奔赴赛场，一场球90分钟踢下来，只要输一场球立马打道回府，确实不是一件让人期待的事。

荷属东印度队第一轮比赛的对手是匈牙利队，一共有9000名观众到场观赛，一睹来自亚洲的球队第一次在世界杯决赛赛场的亮相。观众们发现，荷属东印度队有12名队员登场——这第12名球员其实是一个玩偶，是荷属东印度队的守门员带上场的。这位守门员老兄可能是一位印度教教徒，他把这个源自印度教的玩偶挂在球网上，祈求神灵给自己和球队带来护佑。但是，面对强大的匈牙利队，这个来自亚洲的玩偶守护神没有能够在欧洲的土地上显示它的神奇庇护力。比赛的前半个小时，玩偶就在球网上跳动了4次，比赛终场，伴随着玩偶的6次跳动，荷属东印度队以0:6输给匈牙利队，结束了他们的世界杯决赛阶段之旅。

亚洲球队弃权忙

——1950年第四届巴西世界杯

本章看点：

亚洲格局大变局

阿以分治留祸端

“赤脚大仙”印度队

亚细亚·大事件（1938年8月—1950年6月）

新建立的国家：黎巴嫩（1943.11.22）、印度尼西亚（1945.8.17）、越南（1945.9.2）、老挝（1945.10.12）、约旦（1946.3.22）、叙利亚（1946.4.17）、菲律宾（1946.7.4）、巴基斯坦（1947.8.14）、印度（1947.8.15）、缅甸（1948.1.4）、斯里兰卡（1948.2.4）、以色列（1948.5.14）、韩国（1948.8.15）、朝鲜（1948.9.9）。

因为第二次世界大战，这届世界杯周期长达12年。

第二次世界大战深刻地改变了世界。

十二年间，亚洲巨变；天翻地覆，沧海桑田。

我们按时间顺序择要记录：

日本战败投降：1941年12月7日，日本发动太平洋战争；日军曾一度控制太平洋广大的区域，但最终在国际反法西斯同盟的反击下节节败退。1945年8月15日，日本宣布无条件投降；9月2日，日本签署无条件投降书，第二次世界大战结束。投降后的日本由美国占领，对日本进行管制和改造。

朝鲜分裂与朝鲜战争：第二次世界大战结束时，美军和苏军以北纬38度线为界，进驻朝鲜半岛；在冷战的背景下，朝鲜半岛走向分裂。1948年8月15日，大韩民国建立，首都汉城（今首尔）；1948年9月9日，朝鲜民主主义人民共和国建立，首都平壤。1950年6月25日，朝鲜战争爆发。

越南独立与越法战争：1945年9月2日，越南宣布摆脱法国殖民统治获得独立，国名越南民主共和国，首都河内。法国不予承认并派遣法军占领越南南部；1946年12月18日，法军向越南北部发起进攻，越法战争爆发。

印巴分治与第一次印巴战争：1947年8月，英属印度获得独立，根据印巴分治方案，独立后的印度分为印度共和国与巴基斯坦伊斯兰共和国。1947年10月至1949年1月，印巴两国围绕克什米尔的归属问题爆发第一次印巴战争，战争在联合国调停下结束，双方分别控制克什米尔部分地区。

巴以分治与第一次中东战争：1947年11月29日，联合国通过巴以分治决议，将独立后的巴勒斯坦地区分为犹太人控制和阿拉伯人控制的两个国家；1948年5月14日，以色列宣布建国；阿拉伯世界拒绝接受分治决议。1948年5月至1949年7月，围绕巴勒斯坦问题爆发第一次中东战争，以色列获得战争胜利。

中华人民共和国成立：1949年10月1日，中华人民共和国成立，定都北京。

亚足坛·大事记（1938年7月—1950年6月）

奥运会足球赛亚洲参赛队：1948年7月29日至8月14日，第十四届夏季奥林匹克运动会在英国伦敦举行。参加本届奥运会足球比赛的亚洲国家是中国、印度、阿富汗、韩国、土耳其。

世界杯·主办地

第二次世界大战的炮火，中断了全世界的体育赛会。1946年国际足联在卢森堡开会，决定在1949年重新举行世界杯足球赛，这一时间后来被推迟到1950年。

在第二次世界大战刚刚结束的年代，国与国之间的关系尤其战胜国与战败国之间的关系非常微妙，而冷战的出现又使得以苏联为首的社会主义阵营和以美国为首的资本主义阵营处于严峻的对抗态势。国际足联和雷米特主席希望通过世界杯的比赛，打造一个跨越政治隔阂的全球足球大家庭。

这一届的主办权终于落到美洲，巴西作为唯一的申办者，其获得主办权的过程并没有多少争议。位于美洲大陆的巴西远离第二次世界大战炮火，不仅没有受到战争的摧残，经济反而获得快速发展，足球运动也在巴西取得飞速进步。

这届世界杯一共有32支球队报名参赛（实际参赛19队）。乌拉圭在连续两届缺席之后终于回归，但是巴西的邻居阿根廷拒绝参赛。巴西与阿根廷这两国在足球场上向来谁瞅谁都不顺眼，两国足协之间也互相较着劲，不去巴西参赛不给巴西人捧场大概是当时阿根廷足协认为的最佳选择。

为迎接这届世界杯盛会，巴西人在里约热内卢建造了马拉卡纳体育场，这是世界上最大的球场，可以容纳20万名观众。在没有电视转播的年代，想看比赛实况只能亲临现场，否则只有通过看报纸听广播来“脑补”比赛场面，20万人的超级体育场可以最大限度满足球迷的观赛渴望——巴西人最渴望的就是在这里高高举起雷米特杯。谁都没有想到，巴西队居然会在这里败给乌拉圭队，将对手送上冠军领奖台。德国《明镜周刊》这样评论说：“从上往下看，马拉卡纳球场就像是一个巨大的放大镜，巴西人在这里袒露自己的心灵，他们在球场祈祷、抽泣和庆祝。与普通球场相比，马拉卡纳的球场更大，观众人数更多，现场气氛更加火爆，胜利更加精彩，但输球也更加可怕。”几十年之后，巴西队已经头顶着五星的光环，但是“马拉卡纳打击”

的阴影依然盘桓在巴西足球上空，“时至今日也没有消除”。例如：因为在输给乌拉圭队的比赛中巴西队穿着的是白色球衣，巴西队从此以后永久地抛弃白色球衣。

这一届世界杯的赛制发生重大变革，由淘汰制改为两轮循环赛：进入决赛圈的参赛队先分成4个小组打循环赛，4个小组的第一名出线，再打第二轮循环赛排定冠军、亚军、季军和殿军的名次。第一轮采用循环赛制很合理，可以让进入决赛圈的球队不再因为第一场比赛失利就立马打包回家，主办方也可以通过比赛场次的增加获得更多的收益；但是第二轮的比赛仍然采取循环赛就会出现一个问题：事先谁都搞不清楚哪一场比赛才算是真正意义上最激动人心的冠亚军决赛。这届比赛果然就出现了这个场面，由于巴西队在循环赛中输给乌拉圭队，所以巴乌两国之间的那场比赛事实上成为冠亚军之战。

亚洲区·预选赛

这一届世界杯预选赛，亚洲区有一张决赛圈的入场券。

从1938年第三届世界杯到1950年第四届世界杯，时隔12年，亚洲地区的政治版图发生重大变化。亚洲这次报名参赛的队伍是西亚地区的土耳其、叙利亚、以色列，东南亚地区的缅甸、菲律宾、印度尼西亚，南亚地区的印度。这个报名阵营看上去比前几届要壮观不少，但第二次世界大战结束之后，民族独立运动广泛兴起，亚洲地区出现一大波新独立的国家，此时亚洲独立国家的总数已经达到20多个，本应该有更多的国家参加这一届的世界杯赛。可是，看看上面的“亚细亚·大事件”，我们就明白，世界大战虽然已结束，从东亚到西亚，还有这么多局部战争的战火正在亚洲大地上燃烧着，这极大地影响和阻碍亚洲国家参加世界杯的比赛。甚至出现这样一个巧合：1950年6月25日朝鲜战争爆发的那一天，恰好就是这一届世界杯决赛阶段的开赛之日（西半球时间是6月24日）。

我们先看西亚地区报名参赛的三个国家，由于这时候亚足联还没有成立，所以我们还是从亚洲地理版图的角度来看待这些参赛国家。

首先是土耳其。尽管土耳其死活不认同自己是亚洲的球队，但土耳其当时还没有被欧洲足坛正式接纳，我们只能把它看成是亚洲的球队。

其次是叙利亚。叙利亚在第一次世界大战之后，从奥斯曼土耳其手中转变成法国的委任统治地。第二次世界大战之后的1946年叙利亚宣布彻底独立，是西亚地区较早获得独立的阿拉伯国家之一，叙利亚也成为西亚地区较早开展足球运动的阿拉伯国家。

第三个是以色列。这个新出现的国家情况比较复杂，我们在这里需要再次长话短说地进行梳理，因为这涉及作为亚洲国家的以色列为什么最终会被亚洲足坛乃至整个亚洲体坛排除，只能去欧洲地区参加体育比赛。

第二次世界大战结束之后，英国准备放弃对巴勒斯坦地区的委任统治，让这一地区获得独立。巴勒斯坦地区的阿拉伯人以及整个阿拉伯世界，坚决主张建立一个单一的国家——阿拉伯人主导的国家；这一地区的犹太人则主张实行分治，建立两个国家——犹太人和阿拉伯人分别建立自己的国家。围绕着巴勒斯坦地区独立之后到底是建立单一国家还是建立两个国家，犹太与阿拉伯这两个民族的分歧根本无法调和，英国人发现自己玩不转了，就将这一问题提交联合国处理。1947年11月29日，联合国大会以投票表决方式，通过著名的“分治决议”——将巴勒斯坦这一地区划分为阿拉伯人的阿拉伯国和犹太人的犹太国；同时，鉴于犹太人和阿拉伯人对圣城耶路撒冷究竟该归谁争得不可开交，联合国决定谁都不给，单独划出来由联合国管理。

“分治决议”通过半年之后，1948年5月14日，犹太人的国家正式建立，定名以色列，首都暂定特拉维夫。

阿拉伯世界顿时炸了锅，坚决反对分治，宣布举行圣战，消灭以色列，第一次中东战争（又名巴勒斯坦战争）迅即爆发。作战的主要双方，一方是以色列，另一方是阿拉伯世界的埃及、约旦、叙利亚、黎巴嫩和伊拉克5国。

战争过程这里略去，以色列最终赢得战争胜利，成为西亚地区的新兴独立国家。阿拉伯人的巴勒斯坦国没有能够建立，第一次中东战争结束时，根据分治决议应该属于巴勒斯坦国的国土被“三家分晋”，由三个国家分别控制：一部分被以色列占领；一部分被约旦占领，就是约旦河西岸地区；还有一部分被埃及占领，就是加沙地带。本来打算由联合国管理的耶路撒冷，以色列和约旦各攻占一半，以色列占领新城，约旦占领老城。

阿拉伯世界把以色列看作眼中钉肉中刺，双方几十年间使用飞机坦克导弹大炮在战场上打了一仗又一仗，就绝无可能在赛场上作为比赛对手交手了。凡是有以色列参加的体育比赛，阿拉伯国家就坚决抵制，动静闹得很大，闹得亚洲体坛乃至国际体坛实在是一个头两个大。

与土耳其死活不承认自己是亚洲国家不愿意参加亚洲区比赛形成鲜明对照的是，以色列人忠心耿耿地要参加亚洲地区的体育活动。鉴于该国与阿拉伯世界之间的深仇大恨，在各种体育赛会中，赛事主办者都心中有数地尽量避免让以色列与阿拉伯国家的运动队在赛场上相遇。但是，在所有的比赛尤其是亚洲地区的体育赛事中完全做到这一点是不可能的，因此很多赛会就被阿拉伯国家与以色列之间的抵制和对抗搅得七荤八素，赛事主办者苦不堪言。在人多势众的阿拉伯国家的坚决抵制下，以色列最终还是被排除出亚洲体坛，只能去参加欧洲的赛事——这是20世纪70年代之后的事情，在50年代这个时期，以色列还是坚持以亚洲国家身份从事国际体育活动。

这一届的世界杯预选赛，这三个西亚国家土耳其、叙利亚和以色列统统被分到欧洲赛区。实事求是地说，在当时交通条件下，这些西亚国家参加欧洲区的比赛，比起远赴东南亚打比赛，从时间上和经济上来看，要实惠得多。当然，即便他们能获得出线权，拿的也是欧洲地区的参赛名额。

我们把这三个西亚国家参加欧洲区预选赛的比赛结果介绍一下：

以色列与法国、南斯拉夫同分在欧洲区第3组。先由以色列队与南斯拉夫队交手，胜者与法国队争夺小组出线权。以色列队根本不是足球强国南斯拉夫队的对手，先是客场0∶6惨败，接着主场2∶5再败，两战皆北，结束了预选赛的征程。

土耳其、叙利亚和奥地利被分在欧洲区第2组，先由土耳其与叙利亚交手，胜者与奥地利争夺小组出线权。这一组状况百出：先是土耳其队在主场7∶0狂胜叙利亚队，接下来是叙利亚队的主场，叙利亚人大概不想在自己的主场被人家痛扁，反正干不过土耳其，宣布弃权；接着奥地利也宣布弃权，土耳其就这么拿到了世界杯决赛圈的入场券。也不知道土耳其人哪根筋搭牢了，在得到出线权的两个月之后，土耳其居然也宣布弃权，不去参加世界杯的决赛。这样一来，这个小组最后没有任何队去参加世界杯决赛，白白浪费一个出线名额。

我们再来看参加亚洲区预选赛4支队伍的情况：

印度尼西亚：第二次世界大战期间，日本占领印度尼西亚。1945年8月，借助二战胜利日本投降的机缘，印度尼西亚宣布独立。卷土重来的荷兰人并不认账，于是双方谈谈打打，直到1950年8月，正式宣布成立印度尼西亚共和国，获得真正意义上的独立。从此，印度尼西亚再也不用顶着荷属东印度的名头来打比赛。但是，由于原来加入国际足联的是荷属东印度足协，独立后的印度尼西亚足协必须以新国名重新申请加入国际足联，这一手续直到1952年才完成。所以，印度尼西亚尽管报名参加1950年的世界杯预选赛，由于还不是国际足联的正式成员，不具备参赛资格。

这样，具备参赛资格的只有3支队：菲律宾、缅甸和印度。

菲律宾报名参赛，最后宣布弃权；缅甸报名参赛，最后也宣布弃权；只剩下一个印度。

英属印度于1947年获得独立，独立后的印度根据宗教信仰，分为印度教教徒为主的印度共和国和伊斯兰教教徒为主的巴基斯坦伊斯兰共和国。在分家过程中，围绕着某些国土的归属应该归你还是归我，闹得不可开交。两个国家刚刚宣布独立，就为克什米尔的归属干了一仗，两国的军队当时还都由英国军官指挥，只不过现在是各为其主——英国军官指挥的印度军队与英国军官指挥的巴基斯坦军队打得不亦乐乎。巴基斯坦本打算报名参赛来着，一看到主客场的赛制，觉得在这种对立状态下，巴基斯坦人怎么能踏进印度的国土？干脆连报名都省了。

由于印度的三个对手，一个（印度尼西亚）没有获得参赛资格，还有两个（菲律宾、缅甸）报名后宣布弃权，独立后的印度第一次报名参加世界杯，一场球未踢，就白得一张进军决赛圈的入场券。根据抽签结果，印度被分在决赛阶段的第3小组，与瑞典、意大利和巴拉圭同组。

不可思议的事情来了：印度虽然获得进军决赛圈的资格，但最后却没有参加世界杯决赛阶段的比赛。

印度没有去巴西参赛的原因，有一些不同的说法。

一种说法是因为印度太穷，负担不起去巴西的路费。这个说法应该不太靠谱，因为印度的参赛费用是由主办国巴西方面承担的。

流传最广的说法是，印度球员个个都是“赤脚大仙”，他们擅长赤脚踢球，穿上球鞋就懵圈。印度队要求赤脚上阵比赛，可是这不符合竞技足球比赛的规则，而且对方球员穿着带钉的足球鞋，一脚踩上来"赤脚大仙"岂不是皮开肉绽？所以，坚持赤脚上场的印度就无法参赛了。球鞋之争确实在印度和国际足联之间产生过分歧，但关于印度球员只会赤脚踢球的说法应该带有调侃成分，穿上球鞋的印度球员还是会踢球的；听上去比较靠谱的解释是国际足联对于决赛阶段上场球队的球鞋品牌有要求，而印度队的球鞋品牌不符合国际足联的要求，必须更换，否则不能穿着上场比赛。

再有一种说法是：由于印度队一场比赛没踢就进了决赛圈，对于那些擅长玩曲棍球和板球的印度人的足球水平，国际足联心中实在没底，鉴于印度队此前刚刚以0∶11输给一支瑞典的球队，因此，国际足联雷米特主席给印度足协写了一封信，邀请印度队先来欧洲踢场球，按照雷主席的说法是"以检验状态"，真实意图是想看看印度队的成色究竟如何，是不是像传说中说的那样只能赤脚上阵，一穿上球鞋就不会踢球。印度人本来就没有把世界杯太当回事，也不买雷主席的账，对于这场"状态检验赛"印度队表示来不了，于是连带着世界杯的决赛阶段也就此告吹。

作为曾经的大英帝国殖民地，印度足球运动受到英国的熏染。印度是亚洲较早成为英国殖民地的区域，追溯现代竞技足球在亚洲的开展历史，有的足球著作认为"亚洲足球的先驱是印度"，印度在1898年就出现地区性的足球联赛，这比一些欧洲国家还早。在20世纪50年代，印度的足球水平在亚洲还是排得上号的。印度队是1951年第一届亚运会的足球冠军，还获得1956年第十六届奥运会足球比赛的第四名，这两个成绩拿出来在当时就颇有点亚洲足球一流球队的感觉。但是，印度队错过这次进军世界杯决赛圈的机会之后，真可谓过了这个村就没这个店，今天的印度足球水平在亚洲最多就是个三四流，离世界杯决赛圈的距离是越来越遥不可及。

总之，无论是参加欧洲区预选赛并获得出线权的西亚球队土耳其，还是参加正宗亚洲区预选赛的亚洲球队，最后全部彻底统统地弃权，这在今天来看，简直无法想象，但在当时并不稀奇。世界杯足球赛的早期阶段，各国都还没有像今天这样，这么重视世界杯足球赛所蕴含的政治、经济能量和国家的荣誉地位，所以弃权拒赛这类事情经常发生。这届巴西世界杯获得进军决赛圈资格的球队除了土耳其和印度弃权，还有第三支弃权的球队——苏格兰。苏格兰的弃权理由更加搞笑：这届预选赛国际足联把大不列颠四兄弟英格兰、苏格兰、威尔士和北爱尔兰分在一个组，4支队就给两张决赛圈入场券——国际足联真是相当给英国人面子哦。这四兄弟从1898年起每年打一次传统比赛排座次，这一年的世界杯预选赛就等同于每年四兄弟的传统比赛。苏格兰挺硬气，赛前就宣布："如果苏格兰队获得第二名，我们将不参加世界足球锦标赛。因为以第二名的身份参加决赛有损于苏格兰的荣誉。"最后的比赛结果，苏格兰败给英格兰名列小组第二，于是——出线诚可贵，荣誉价更高——视荣誉为生命的苏格兰人毅然决然地放弃了世界杯决赛圈的入场券。

土耳其、印度和苏格兰3支球队弃权，1950年世界杯的决赛阶段，最终只有13支球队参赛。

顺带说一下，接下来1954年世界杯欧洲区预选赛，国际足联依然把不列颠四兄弟分在同一组，依然给两张决赛圈入场券，依然是英格兰队小组第一苏格兰队小组第二，不过这一回苏格兰人脑筋终于转过弯来——荣誉诚可贵，出线价更高——屁颠屁颠地跟着英格兰一起出线打世界杯去了。

韩国受难世界杯

——1954年第五届瑞士世界杯

本章看点：

亚足联正式成立

日韩足球初交锋

韩国队惨遭“屠杀”

亚细亚·大事件（1950年7月—1954年6月）

新独立的国家：柬埔寨（1953.11.9）。

朝鲜战争停战：1953年7月27日，朝鲜停战协议签订，持续了三年零一个月的半岛大战画上休止符。

“日内瓦协议”签订：1954年7月20–21日，在瑞士日内瓦签订关于恢复印度支那各国（越南、老挝、柬埔寨）和平的若干协议，通称“日内瓦协议”。根据协议，法国最终结束在这一地区的殖民统治。

亚足坛·大事记（1950年7月—1954年6月）

第一届亚运会足球赛：1951年3月4日至10日，第一届亚运会在印度的新德里举行。获得本届亚运会足球赛前三名的球队是：冠军印度，亚军伊朗，第三名日本。

奥运会足球赛亚洲参赛队：第十五届夏季奥运会于1952年7月19日至8月3日在芬兰的赫尔辛基举行。参加本届奥运会足球比赛的亚洲球队是印度。

第二届亚运会足球赛：1954年5月1日至9日，第二届亚运会在菲律宾的马尼拉举行。获得本届亚运会足球赛前三名的球队是：冠军中国台湾，亚军韩国，第三名缅甸。

亚足联成立：1954年5月8日，亚洲足球联合会（简称亚足联）在菲律宾的马尼拉成立。

世界杯·主办地

1946年国际足联卢森堡会议的时候，瑞士就表达过举办世界杯的意愿，鉴于1934年和1938年两届世界杯都由欧洲国家主办，所以1950年的世界杯主办地最后给了南美洲的巴西。1948年国际足联在伦敦开会，确定由瑞士主办1954年的世界杯。瑞士获得本届世界杯主办权的一个重要因素是：1954年是国际足联成立50周年庆典年，国际足联的总部就设在瑞士的苏黎世，世界杯大赛加50周年庆典可以一并办了。

选择瑞士主办1954年的世界杯后来还产生一个歪打正着的效果：第二次世界大战结束之后，国际政治格局形成西方资本主义阵营与东方社会主义阵营之间的尖锐对抗。在朝鲜战争宣布停战仅一年之后的1954年，让作为永久中立国的瑞士来承办世界杯的确是一个合理的选择，因为在这块中立的土地上，能够最大限度地把刚刚结束在战场上兵戎相见的双方召唤到绿茵场上，用足球来进行一番和平的对抗。

亚足坛·亚足联

就在本届世界杯开赛之前的一个月，亚洲足坛发生了具有里程碑性质的大事件：1954年5月8日，亚洲足球联合会（简称亚足联）在菲律宾的马尼拉成立。

进入20世纪50年代时期，国际足联和世界杯已经在世界体坛具有相当的影响力。亚洲此时有20多个国家和地区，这些国家和地区基本上都建立了足协，大家伙都觉得亚洲足坛长期以来群龙无首无组织无纪律的状态不能再持续下去了。1952年赫尔辛基奥运会期间，参加奥运会的亚洲各方凑在一起开了个小会，商讨建立组织的事宜；经过一番筹备，待到马尼拉亚运会举行期间，参赛的各方趁热打铁一鼓作气就把亚足联建立起来了。

参加这一届亚运会足球比赛的共有12支队伍，这12家于是乎就成为亚足联的创始会员（以拼音首字母排序）：阿富汗、巴基斯坦、菲律宾、韩国、缅甸、日本、中国香港、新加坡、印度、印度尼西亚、中国台湾、南越（西贡政权）。

关于亚足联的创始会员单位究竟是多少家，各种资料中说法不一。参加这一届亚运会足球赛的12家毫无疑问都是创始会员，这里面并没有马来西亚，但本书作者在马来西亚足协官网里，看到马来西亚足协宣称自己是亚足联的“创始成员之一”。好吧，既然人家这么主张，我们也就把这种说法列在这里。

亚足联是世界上建立的第二个洲级足球组织。第一个是南美洲足联，成立于1916年，欧足联于1954年6月建立，仅比亚足联成立晚一个月，从时间上排就只能当老三。

亚足联总部起初设在香港，后来搬到马来西亚吉隆坡。亚足联成立之初的头几年，主席由香港人担任，之后直到20世纪末，基本上都是由马来西亚人出任主席，由此可见亚足联创会之初，亚洲足坛上东亚和东南亚势力之兴盛。20世纪50年代亚洲足坛的基本格局就是东亚、东南亚和南亚这三家的天下，中亚尚不存在，西亚除了以色列和伊朗，阿拉伯世界基本上还在沉睡。

亚足联的成立，对于亚洲各国和各地区的足协，用一句咱们中国人喜欢说的俏皮话就是——这下总算是找到组织了。

且慢，亚洲的政治格局让各家足协找组织这件事变得并不是那么简单。

在那个社会主义和资本主义两大阵营横眉怒对的冷战年代，亚洲两大阵营之间的对抗绝对是壁垒分明。冷战时期最大的两场局部战争——朝鲜战争和越南战争——都发生在亚洲的土地上，从朝鲜半岛到印度支那半岛，两大阵营的几百万大军你来我往直杀得日月无光。冷战状态下政治制度与意识形态的对抗反映到亚洲体坛，最常见的场面就是两方各自抱团，互不往来，你玩你的，我玩我的。在亚足联成立的初期阶段，社会主义国家这边就都没加入亚足联，所以这个亚足联只能说是个残缺不全的亚洲足球组织，这种情况直到20世纪70年代之后才发生根本性的改变。

预选赛·亚洲队

这届世界杯各大洲一共有45支球队打算报名参赛，最后实际上有33支球队参加预选赛，决出16支球队进入决赛圈。有一些球队打算参赛却因为各种原因最后错过报名时间（这在今天恐怕很难想象），根据资料记载，其中就包括亚洲的印度和越南。

印度错过报名时间也一点不奇怪——印度足球界当时对于世界杯的懒散和淡漠我们在上届世界杯时已经领教过。

但是越南，情况就要复杂得多——究竟是哪个越南？因为在1954年的时候，越南已经分裂成南北两个越南。

回顾一下越南分裂的简要过程：1884年的中法战争之后，越南沦为法国的殖民地。第二次世界大战期间，日本人赶跑法国人侵占越南。1945年8月，借助日本投降的机会，越南的民族领袖胡志明宣布越南独立，定都于河内。接着，法国人很快卷土重来占领越南南部地区，越南于是分裂为由法国控制的南越地区和胡志明政权控制的北越地区。从1946年12月起，胡志明政权的北越与法国之间进行了多年战争，一直到1954年7月21日，在日内瓦召开的国际会议上签订日内瓦协议，根据协议，法国撤出越南并承认越南独立，以北纬17度线为界，越南分裂为两个国家：北部的越南民主共和国，首都河内；南部的越南国，首都西贡（今天的胡志明市）。当时国际社会简称这两国为北越与南越（类似于东德与西德）。在阵营归属上，北越属于社会主义阵营，南越（西贡政权）属于资本主义阵营。两个越南的出现并分属于不同的阵营，是后来60年代越南战争爆发的直接原因。

参加马尼拉亚运会和参与组建亚足联的，是两个越南之中的南越（西贡政权），如果真如资料记载中所说的越南错过报名时间而没有赶上参加世界杯亚洲区预选赛，那就是南越（西贡政权）。

最终的情况是：亚洲地区一共有4支球队参加1954年世界杯的预选赛：西亚的以色列与土耳其；东亚的日本与韩国。

以色列与土耳其再次被分到欧洲区。这两国此时还都不是欧洲足坛成员，所以我们还是把它们看作是亚洲国家被分到欧洲区参赛，因此这两国的相关比赛情况还得说道说道。

以色列与南斯拉夫、希腊分在欧洲区第10组。在主客场制的比赛中，以色列队全部告负，小组赛垫底被淘汰。

土耳其与西班牙分在欧洲区第6组，这一组就这俩队，谁赢谁出线。世人皆知西班牙足球实力远超土耳其，但是“足球是圆的”这一铁律开始发威。土耳其队虽然在客场1∶4输球，却在主场1∶0拿下西班牙队。当时还没有两队积分相同的时候比净胜球和总进球的规定，而是要再踢一场附加赛（或叫补充赛）。两队在第三方场地罗马踢的这场附加赛，居然又以2∶2踢平，那时也没有踢点球的比赛规则，碰到这种情况，就抽签定输赢，大家看运气。运气爆棚的土耳其一签就把西班牙给抽出了世界杯——亚洲的土耳其从欧洲赛区出线！

我们再看真正亚洲区的预选赛，亚洲区有一张决赛圈的入场券，争夺这张入场券的只有两支球队：日本与韩国。

谁都知道这两国是一对冤家。

1894年甲午战争之后，朝鲜半岛被日本逐步吞并。1945年第二次世界大战结束，日本战败，朝鲜半岛得以摆脱殖民地身份。在冷战的政治大背景下，朝鲜半岛分裂为朝鲜与韩国两个国家，分属于社会主义和资本主义这两个对抗的阵营。正是因为朝鲜半岛的分裂和两大阵营的对抗，导致朝鲜战争的爆发。

日本在第二次世界大战之后作为战败国被美国占领，美军占领下的日本没有国家主权和国际地位，完全由美国对其进行军事管制与国家改造，直到1951年9月召开旧金山和会，签署《旧金山和约》与《美日安保条约》，美国结束对日本的占领，日本才重返国际社会。

1954年世界杯的预选赛，是在美国结束对日本的占领和韩国独立之后，也就是这两国成为正常的主权国家之后，第一次在重大的国际赛事中相遇。此时距离旧金山和会结束还不满3年，距离韩国建国也不过6年时间，韩国对日本当年的殖民统治余恨未消。虽然这回日本人穿的是球衣而不是军衣，但韩国人当时还是难以接受在韩国的球场上空飘扬起日本国旗，韩国总统宣布拒绝日本足球队来韩国比赛。这样，韩国只能以牺牲主场的代价，将主客场两场比赛都放在日本举行。尽管丧失主场优势，但韩国人有底气，因为在当年，韩国队实力高于日本队。

日本错过了1938年的世界杯，16年后，他们终于第一次出现在世界杯的足球赛场上。1954年3月7日，日本与韩国进行了两国之间第一次的正式国际比赛，比赛在东京的明治神宫竞技场举行，在这个年代，日本民众观赛的热情与日本足球的水平呈正比——都不高，到场的观众总共才6千人，并且大部分还是居住在日本的朝鲜半岛侨民，专门来给韩国队加油，日本球员几乎感受不到什么主场的气氛。日本队打入比赛中的首粒进球，接下来被韩国队连灌5球，最后以2∶5输掉首场比赛。

3月14日，双方在同一场地举行第二回合比赛，这回日本队顽强地2∶2打平，依然无法阻挡韩国队以1胜1平的战绩成功晋级瑞士世界杯决赛圈。

日本的首次世界杯之旅就这么结束了，日本人似乎也不怎么失落。在当时的他们看来，奥运会才是最重要的，甚至连亚运会足球赛的重要性都远远超过世界杯。因此，下一届世界杯预选赛的时候，由于担心赛程会影响日本备战奥运会，日本直接选择弃权，缺席了1958年的世界杯。

其实这也并不是日本人认死理，到现在为止，除了足球、网球等少数项目，大多数的体育项目，比如篮球、游泳、田径，人们把奥运会冠军的地位看得比单项世界锦标赛的冠军更崇高更显赫。

补一句后话：1965年12月韩国与日本建立正式外交关系，两国的体育交往从那之后也就进入正常轨道。但到现在为止，朝鲜半岛的另一个国家朝鲜与日本仍然没有建立外交关系。

韩国队从亚洲区出线。今天在亚洲足坛威风八面的韩国队，那时还真算不上是亚洲的顶级球队，与其他球队的水平半斤八两。举个实例：与世界杯同一年举行的1954年马尼拉亚运会的足球赛，韩国与香港、阿富汗分在同一个小组。韩国队与香港队都战胜阿富汗队，而两队之间的比赛则是3:3战平，根据赛制，积分相同就抽签，韩国队抽签淘汰香港队。在接下来的半决赛中，韩国又与缅甸队2:2战平，又靠抽签淘汰缅甸队。决赛中韩国队的对手是中国台湾队，这回韩国队就捞不到抽签的机会了——中国台湾队5:2战胜韩国队获得亚运会足球赛冠军。

决赛圈・亚洲队

虽然进入决赛圈的土耳其和韩国都是来自亚洲的球队，但由于土耳其是从欧洲出线的，手里攥着欧洲区的入场券，所以，第一轮的小组赛，土耳其和韩国被抽到同一小组。这一小组绝对称得上是死亡之组，因为这个小组的另外两支球队，就是本届杯赛的冠亚军——联邦德国与匈牙利。

进入决赛圈的16支球队分成4组，每小组前两名出线共8支球队再进行淘汰赛，这一赛制已经基本接近如今的大赛。但是，本届世界杯小组赛采用的是一个非常奇怪的赛制：每个小组的4支球队设定两支种子队（也称强队）和两支非种子队（也称弱队），小组赛的比赛只在种子队与非种子队之间进行，而种子队与种子队之间、非种子队与非种子队之间不进行比赛。如果出现两队在小组赛中积分相同时，则需要进行附加赛（而不是计算胜负关系或净胜球或总进球数）来确定出线权。后来几乎所有讲述世界杯历史的书籍都对这一赛制“吐槽”不已，换成今天的说法，大概就是“脑残”的赛制。

土耳其队和韩国队所在的小组里，匈牙利队是当之无愧的种子队，而另一支种子队居然是土耳其队而不是联邦德国队！按照赛制，土耳其队需要与两支非种子队联邦德国队和韩国队各赛一场，韩国队则需要与两支种子队匈牙利队和土耳其队各赛一场。

联邦德国队在小组赛中表现出极高的足球智商。这一组里匈牙利队如日中天，他们是1952年的奥运会足球冠军，之后又在1953年11月和1954年春分别以6∶3和7∶1两次打得足球豪门英格兰队颜面皆无，结束了英格兰足球队本土不败的历史纪录；匈牙利队当时被公认为是世界上最好的球队，也是本届世界杯夺冠呼声最高的球队。德国人避其锋芒，在小组赛中以板凳阵容出战，虽然3∶8输给匈牙利队，但他们算好只要拿下土耳其队就能出线。联邦德国队在小组赛中4∶1战胜土耳其队，由于土耳其队战胜韩国队，与联邦德国队都是一胜一负积分相同，两队又进行一场附加赛，联邦德国队在附加赛中以7∶2狂胜土耳其队将其淘汰，与匈牙利队携手出线。

再补一句：最后的冠亚军决赛，就是在联邦德国与匈牙利这两队间进行，小组赛的成绩让匈牙利人有些轻敌，结果联邦德国队将士用命，以3∶2战胜匈牙利队，首获世界杯。匈牙利人的足球黄金期消逝之后，直到今天再也没有这么近距离地从这只金杯边上飘过了。

再看韩国队的征程，这是真正来自亚洲区的出线代表。虽然已是20世纪50年代，可是从亚洲韩国前往欧洲瑞士的行程依然颇费周折，这一趟行程后来被冠名为“冒险之旅”——韩国球员先从汉城（今首尔）乘坐火车到达釜山，然后乘船前往日本。抵达日本后，队伍又分成两拨，一拨买票乘坐民航班机，还有一拨去蹭美国空军的飞机（不知道是不是想省钱）。韩国队历经55个小时的长途跋涉，途中不停地转机，等到最后一拨人马到达苏黎世全部会齐时，距离开赛只剩1天时间。韩国队必须立刻适应场地——因为瑞士的球场是草皮球场，而韩国队员平时都在裸露的土地上踢球。韩国队的教练在连着几天不停地赶路之后，脑筋可能也有点短路，没有安排球员做一些温和的恢复性训练，而是下令球队立刻进行高强度的实战训练，这一训练的成果在比赛中立马见效——韩国队员跑不动了。

韩国队与匈牙利队这场比赛成为迄今为止世界杯决赛阶段赛场上最大的“屠杀”。上半场匈牙利队就以5∶0领先，下半场匈牙利人继续蹂躏着韩国人，疲于防守的韩国队连中场都很难跨越，刚经过高强度赛前训练的韩国球员体力不支疲于奔命，接二连三地抽筋倒在草坪上。匈牙利队的队长后来这样描述：“每进一球之后，我都能感觉到韩国球员如释重负，因为他们至少可以在等待重新开球时喘口气。”不可一世的匈牙利队以9∶0大胜，世界杯决赛阶段净胜9球这一记录一直保持到现在，只有被追平（1974年南斯拉夫9:0胜扎伊尔，1982年匈牙利10:1胜萨尔瓦多），从没被超越。

韩国队的厄运还没有结束，接下来，他们又被土耳其队以0:7狂虐。两场比赛，尽吞16蛋。国际足联编撰的《世界杯官方传记》一书，心疼地用“韩国受难记”的标题来描述韩国队的世界杯首次亮相，以表达对韩国球员的无限同情。

中国足球初登场

——1958年第六届瑞典世界杯

本章看点：

中国足球首次亮相预选赛

遇上以色列就弃权

威尔士队捡了个大便宜

亚细亚·大事件（1954年7月—1958年5月）

新独立的国家：马来亚联合邦（1957.8.31）

1956年10月，第二次中东战争（亦称苏伊士运河战争）爆发，战争在埃及与英国、法国、以色列三国之间进行。

亚足坛·大事记（1954年7月—1958年5月）

亚足联成员：到本届世界杯举行时，亚足联的成员数发展到19个（按拼音首字母排序）：阿富汗、巴基斯坦、菲律宾、韩国、柬埔寨、马来西亚、缅甸、南越（西贡政权）、尼泊尔、日本、斯里兰卡、泰国、中国香港、新加坡、伊朗、以色列、印度、印度尼西亚、中国台湾。

亚洲杯：1956年9月1日至15日，在中国香港举办第一届亚洲杯足球赛，获得前三名的球队是：冠军韩国，亚军以色列，第三名中国香港。

奥运会足球赛亚洲参赛队：第十六届夏季奥运会于1956年11月22日至12月8日在澳大利亚的墨尔本举行。参加本届奥运会足球比赛的亚洲球队是印度、印度尼西亚、日本、泰国。印度队最终获得本届奥运会足球比赛的第四名。

亚运会足球赛：第三届亚运会于1958年5月24日至6月1日在日本东京举行。获得本届亚运会足球赛前三名的球队是：冠军中国台湾，亚军韩国，第三名印度尼西亚。

世界杯·主办地

瑞典获得本届世界杯的主办权。对于连续在欧洲举办世界杯，国际足联的解释是："瑞士世界杯的4年之后，又选择另一个中立国家瑞典来举办世界杯，确保了世界杯能吸引到最广泛的国家。"这一策略还是有效的，这一届，两个最大的社会主义国家苏联和中华人民共和国都报名参赛。

欧洲和南美洲以往为主办世界杯就不断发生争端，如今世界杯已经成为香饽饽，为防止足球强国之间因为主办地的争端导致出现抵制世界杯的事件，从这一届世界杯开始，国际足联决定，原则上世界杯将由欧洲和美洲轮流主办。主办国须事先提交申请书，国际足联要组织人员进行考察，只有考察通过之后才能进入申办程序。世界杯的组织和运行越来越规范，比赛场地、城市环境、交通条件、安全保障……都成为考察主办地的重要衡量标准。

预选赛·亚非区

足球作为世界第一运动的巨大魅力开始显现，这一届的预选赛有56支球队报名，争夺14张决赛圈的入场券（上届冠军和东道主除外）。由于参赛队伍数量急剧增长，预选赛提前两年就安排开打。

本届世界杯预选赛，是国际足联继第二届世界杯预选赛之后，再次把亚洲球队与非洲球队合为一个赛区，也就是亚非区。

与第二届世界杯预选赛亚非区只有两支球队参赛相比，这一届参赛队伍的阵容壮大许多，共有9支球队报名参加亚非区预选赛，它们分别是：亚洲的中国、中国台湾、印度尼西亚、土耳其、以色列、塞浦路斯、叙利亚；非洲的埃及和苏丹。

上届进入世界杯决赛圈后被虐得极惨的韩国也打算报名，但最后并没有参赛，其原因根据有的资料记载似乎是韩国错过了报名截止日期。

9支球队先按照地域分成4个小组进行第一阶段比赛，每组的第一名出线之后再进行第二阶段的比赛，最后的冠军则获得亚非区唯一一张世界杯决赛圈的入场券。

亚非区·中国队

第1组：由位于东亚和东南亚的中国队、印度尼西亚队和中国台湾队组成；另外3个小组分别只有两支球队，唯独这一组有3支，3支球队并不打循环赛，而是先由印度尼西亚队和中国台湾队进行资格赛，胜者再与中国队对垒。

1949年中华人民共和国建立之后，原国民党政权退居台湾，但是依然以“中华民国”的名头在国际场合包括国际体坛开展活动。1954年亚足联成立时，中国台湾成为创始会员之一，正因为台湾问题，中国这时候并没有加入亚足联。在与印度尼西亚队比赛之前，中国台湾队宣布弃权，这让赛事各方都松了一口气，因为如果是中国台湾队获胜晋级的话，中华人民共和国政府是不承认两个中国的，中国队不可能与打着“中华民国”旗号的中国台湾队进行体育比赛，只有弃权一条路可走。

这是中华人民共和国建立之后第一次正式在世界杯足球赛的赛场上亮相。中国的对手印度尼西亚在作为荷兰殖民地的时候，以荷属东印度队的身份参加1938年世界杯。独立之后的印度尼西亚曾报名参加1950年世界杯，未获批准；1954年世界杯印度尼西亚没有报名。所以，与新中国一样，独立后的印度尼西亚也是第一次正式在世界杯足球赛赛场亮相。

虽然20世纪20到30年代中国足球曾经称霸亚洲，但新中国只能从头起步。与中国同为社会主义阵营的匈牙利号称20世纪50年代世界足坛的无冕之王，这无疑是极好的近水楼台。从1954年4月到1955年10月，中国派遣一支25人组成的青年足球队到匈牙利留学。匈牙利真不愧是社会主义阵营的好兄弟，按照他们的说法就是："我们小小的匈牙利能为伟大的中国做一点事非常荣幸。"匈牙利方面派著名教练阿姆别尔·约瑟夫担任中国队教练，中国球员在留学期间不仅接受严格全面的专业训练，还经常与苏联、匈牙利等足球强队进行比赛，球员进步极快，实力迅速跃升亚洲前列。参加这一届世界杯预选赛的中国队主要由这些留学匈牙利的球员组成，担任主教练的就是留学匈牙利时的教头约瑟夫。

中国和印度尼西亚第一回合比赛在印度尼西亚首都雅加达进行，中国队训练时的场面就让印度尼西亚人颇感震撼：中国球员年轻俊朗，身材高大，球风凶猛，纪律严明；反观印度尼西亚队，球员身材矮小，年龄偏大（平均30岁），水平业余。两支球队的实力立见高下。

不过，足球比赛的胜负并不是由球员的身材长相、奔跑速度、球技球风就能决定的。

印度尼西亚的天气首先让中国球员叫苦不迭，雅加达40摄氏度的高温，潮湿闷热，中国队经费有限，住宿的宾馆没有空调，队员们夜不能寐，严重水土不服。

1957年5月12日下午4点30分，新中国历史上第一次世界杯比赛正式开打。

上半场，中国队攻势如潮，身材矮小的印度尼西亚队很难攻过中场，给观众的感觉是印度尼西亚队如果能熬过90分钟已经要谢天谢地。可惜中国队得势不得分，上半场比分为0∶0。

那时世界杯比赛规则也很奇怪，没有换人这一说，11个队员由始至终全场打到底，哪怕受伤也不能换人，否则就只能以少打多干吃亏。下半场，中国队体力不支和缺乏大赛经验的弱点开始显露，而对手那帮平均年龄30岁的球员虽然水平比较业余，但个个都是"老油条"，熬过上半场的困境之后，下半场抓住中国队的弱点开始反攻，印度尼西亚队连入两球，0∶2，中国队客场先折一阵。

6月12日，第二回合在中国队的主场北京先农坛体育场进行。

那时候我国还没有电视实况转播，想看球赛只能去球场。只能容纳一万多人的北京先农坛体育场一票难求，球迷们提前两天就在售票处排队抢购球票。

国务院总理周恩来前来观赛，十大元帅来了四个，山呼海啸的球场盛景和只能取胜的比赛前景让中国球员背负巨大压力。

上半场开赛1分56秒，中国队踢进首粒世界杯预选赛的进球，上半场中国队以2:1领先，最后以4:3取得比赛胜利。尽管获胜，可中国队在主场被印尼队攻进3球，这个结果有点窝囊，最后事实证明这的确是一个灾难性的结果。

两队各胜一场，积分相同。当时的比赛规则还没有进化到积分相同时比总进球、净胜球、客场进球率啥啥的，只比较两回合比赛的积分，积分相同就加打第三场附加赛。

按照规则，附加赛必须放在第三国举行，中国和印度尼西亚附加赛的地点放在缅甸。缅甸也是个高温潮湿的热带气候国家，中国球员想起在印度尼西亚那蒸笼般的日子就心里发怵。国家体委有人支招，让中国队先到有火炉之称的重庆进行赛前备战，以适应高温天气。结果球员们尤其是北方球员们在重庆火炉中“蒸烤”，在没有空调的房间内彻夜无眠，有的球员干脆把浴缸放满水，躺进浴缸里去休息，尚未开赛已消耗大量体能。

6月23日，附加赛在缅甸首都仰光[①]的昂山体育场进行。90分钟之内双方均无建树，加时30分钟依然如此，中国队与印尼队0:0战平。

上一届世界杯的规则是：附加赛两队还是打平的话，就直接抽签撞大运，当时土耳其队就是这么活活地把西班牙队给抽死了。但这届世界杯的规则变了：第三场附加赛如果双方打平，先比较两队前两场的总进球数，总进球数领先者出线；如果总进球数还相同，再通过抽签决定谁能晋级（西班牙人大概要哭晕了，因为上一届他们两回合的总进球数4:2领先土耳其）。

世界杯的赛制和比赛规则那时候几乎每届都在变，给人的感觉是国际足联似乎有点不太靠谱。

---

① 2005年，缅甸政府将首都从仰光迁到内比都。

比较前两回合的总进球数，中国队4，印度尼西亚队5；印度尼西亚队小组出线，中国队被淘汰。

中国足球首次冲击世界杯的征程，就这样结束了。

中国足球的一些痼疾如面对弱旅拿不下比赛，心理素质差，关键场次失常……还有就是一些莫名其妙的瞎指挥和出馊招（例如到重庆去体验火炉天有多热），在世界杯征程的初始就已埋下，正如中国记者所评论的："中国队现在的缺点从他们爷爷、大爷那一辈就开始了。"

参加过这届世界杯预选赛后，接下来中国队长达20多年缺席世界杯预选赛。因为当时国际足联、国际奥委会、亚足联等很多国际体育组织，继续承认中国台湾以"中华民国"的名义参赛，这当然受到中国方面的坚决抵制，与这些机构断绝了关系。直到20世纪70年代之后，随着国际形势的变化，国际体育组织认定中国台湾只能以"中华台北"（中国）名义参赛后，中国体育界才恢复与这些国际组织的交往，重返国际体坛。中国下一次再出现在世界杯预选赛的赛场，是1982年第十二届世界杯的时候。

亚非区·其他组

第2组：位于西亚中东的土耳其、以色列。

土耳其宣布弃权。弃权的原因，一来是土耳其人对于国际足联居然又把他们视为亚洲国家分到亚非区参赛极为不满；二来是中东战争的影响。1956年，英国、法国联合以色列，为苏伊士运河的控制权问题，与当时阿拉伯世界的带头大哥埃及打了一仗，史称"第二次中东战争"（因为是为苏伊士运河问题爆发的战争，也叫"苏伊士运河战争"）。以色列与阿拉伯世界的对抗也连带着和整个伊斯兰世界结下仇怨，梁子越结越深，土耳其正是个伊斯兰国家。两因相加，土耳其果断地宣布弃权，以色列不战而胜出线。

土耳其足协于1962年加入欧足联，正式"脱亚入欧"，从下一届世界杯开始，土耳其就以欧足联的成员身份名正言顺地参加欧洲区的比赛，我们关于土耳其队比赛情况的介绍也就到这一届为止。

第3组：位于地中海和中东的塞浦路斯、埃及。

塞浦路斯弃权，埃及出线。

这一届又冒出个塞浦路斯。塞浦路斯是个位于地中海之中的岛屿国家，面积9千多平方千米。从地理位置上看，它靠近地中海东岸的小亚细亚，属于亚洲国家。塞浦路斯国内的人口构成主要是希腊族和土耳其族，希腊族占塞浦路斯人口的百分之八十多，希腊族信奉东正教，土耳其族信奉伊斯兰教，近代以来塞浦路斯先是受奥斯曼土耳其帝国的统治，后来又成为英国的殖民地，在这期间希腊族和土耳其族两族之间结怨颇深。

塞浦路斯也是一个坚决不承认自己属于亚洲、坚决认为自己属于欧洲的国家。塞浦路斯对于国际足联居然将其算为亚洲国家，要去参加亚非区的预选赛，一百个不愿意，塞浦路斯情愿弃权。

第4组，位于西亚的叙利亚和非洲的苏丹。

叙利亚队客场负于苏丹队，主场战平，苏丹队出线，叙利亚队被淘汰。

这样，小组赛之后半决赛的对阵形势是：

印度尼西亚对以色列；苏丹对埃及。

印度尼西亚当时没有与以色列建交，而且印度尼西亚百分之八十多的人口信奉伊斯兰教，所以，印度尼西亚向国际足联提出与以色列的比赛安排在第三国的中立场地进行。国际足联没有同意印度尼西亚的要求，印度尼西亚宣布弃权，以色列再次不战而胜。

苏丹对埃及，埃及队弃权，苏丹队也不战而胜。

最后一轮决赛，以色列对苏丹，胜者获得出线权。

以色列结下的梁子再次显灵：苏丹是一个阿拉伯民族占人口多数和信奉伊斯兰教的国家，苏丹说，咱不和犹太人踢球，弃权。以色列第三次不战而胜。

总之，在当时的国际政治环境下，阿拉伯国家和伊斯兰国家几乎都拒绝与以色列交往，也不同以色列在赛场上比赛，碰上就弃权。

由于以色列的对手全部弃权，以色列队一场预选赛未踢就成为亚非区的冠军，按照往届的惯例，以色列人可以预订去瑞典的机票了。

但是这次以色列人没捡着这只大馅饼。有鉴于以往历届预选赛经常出现因对手弃权不战而胜的晋级球队，国际足联觉得太便宜了这些球队，而且对于那些苦苦鏖战通过预选赛打出来的球队也不公平，所以从这届世界杯预选赛起，国际足联规定，除东道主和卫冕冠军可直接参赛外，其余球队必须真正确实踢过预选赛的比赛，才能进入决赛圈。

现在，以色列正是因为一路上的对手都弃权而得以出线，国际足联马上在苏黎世召开紧急会议，会议做出决定，欧洲区预选赛9个小组的9个第二名来瑞士洛桑抽签，随机抽出一支球队，与以色列队进行附加赛，获胜的球队才能进军世界杯决赛圈。这等于给欧洲增加0.5个名额。

好事多磨。

先是欧洲国家并不领情，他们认为与以色列争夺出线权的那支球队，不应该是抽出来，而应该是比出来。第9组的第二名西班牙主动表示愿意承担在马德里组织9个小组的第二名进行淘汰赛，决出一支球队与以色列争出线权。

但是其他欧洲国家不干——这不是你们西班牙白白占了主场的便宜嘛。

南美国家也不干——以色列又不是欧洲国家，凭什么只能欧洲人抽签，我们也要参加抽签。

国际足联一看这架势，好吧好吧，比赛就甭比了，还是抽签，哥几个都来吧。欧洲国家与美洲国家所有的预选赛小组第二名一起抽签。

临到抽签时，乌拉圭、比利时、哥斯达黎加、玻利维亚和秘鲁宣布弃权，最后参加抽签的是爱尔兰、保加利亚、威尔士、荷兰、波兰、罗马尼亚、西班牙和意大利。

威尔士人捡到这个大馅饼，抽中了这支签。①

从这一届的欧洲区预选赛开始，不列颠四兄弟被拆散分在欧洲区的各组参赛，在此前的预选赛中，英格兰、苏格兰和北爱尔兰分别以小组第一获得决赛圈的入场券，威尔士名列小组第二被淘汰，现在突然天上掉下个大馅饼，威尔士队欣然笑纳。在随后的附加赛中，他们毫不客气的以主客场两个2∶0击败以色列队，第一次也是迄今为止唯一一次进入世界杯决赛圈。这样，1958年的瑞典世界杯，也是世界杯历史上唯一一次不列颠四兄弟英格兰、苏格兰、威尔士和北爱尔兰在世界杯决赛圈里全都凑齐了。

被这么一折腾，亚洲地区彻底无缘这一届的世界杯决赛圈。

---

① 有的报道称第一次中签的是比利时，但比利时放弃，第二次再抽，威尔士才中签。这种说法费解之处在于，比利时如果对此有异议，压根不来抽签就行了，何必抽中再弃权多此一举？

亚洲折戟鉴定赛

——1962年第七届智利世界杯

本章看点：

空前绝后的近东区

日本队终于踏上朝鲜半岛

“幺蛾子”的鉴定赛

亚细亚·大事件（1958年7月—1962年5月）

新独立的国家：塞浦路斯（1960.8.16）、科威特（1961.6.19）。

越南战争爆发：20世纪50年代后期，南北两个越南之间的关系日趋紧张。1960年至1961年，两个越南之间的战争爆发。美国采取支持南越（西贡政权）的立场，直接卷入战争，越南战争演变为国际性战争。

亚足坛·大事记（1958年7月—1962年5月）

亚足联新成员：沙特阿拉伯（1959）、也门（1962）。

亚洲杯：1960年7月14日至7月21日，在韩国举办第二届亚洲杯足球赛。获得前三名的球队是：冠军韩国，亚军以色列，第三名中国台湾。

奥运会足球赛亚洲参赛队：第十七届夏季奥运会于1960年8月25日至9月11日在澳大利亚的墨尔本举行。参加本届奥运会足球比赛的亚洲球队是印度、中国台湾。

世界杯·主办地

1956年6月9日，国际足联在葡萄牙里斯本会议上，将1962年世界杯的主办权授予智利。

提出主办本届世界杯意向的还有西班牙、英国、德国等欧洲国家。欧洲国家已经连续主办两届世界杯，本来上一届就应该轮到美洲国家，所以这一届的主办权无论如何也不可能再给欧洲国家。

智利获得世界杯主办权引起一些南美国家的不满。从足球的竞技水平来看，智利在南美洲也就是个二流角色，一流角色的乌拉圭和巴西都主办过世界杯，南美洲再主办世界杯的话怎么看似乎都应该是轮到另一个一流角色阿根廷了。阿根廷的经济水平和场地条件都强于智利，阿根廷人也的确在努力争办。但是在争取主办权的过程中，貌似口技比球技更重要——南美足联主席、智利人卡洛斯·迪特沃恩是这样对国际足联陈情的：“正是因为我们一无所有，所以我们才会竭尽全力。”而阿根廷人在陈述中则拍着胸脯满打包票：“我们明天就可以举办世界杯，我们已经拥有一切条件。”

这是在1956年，国际足联并不需要明天就办世界杯赛，所以他们还是挑选智利来办6年之后的1962年世界杯赛。

预选赛·近东区

这一届世界杯共有56支球队报名参赛，除东道国和上届冠军，其余54队要参加预选赛。预选赛分为6个赛区：欧洲区、南美区、中北美区、非洲区、亚洲区、近东区。与亚洲球队相关的是亚洲区和近东区。

这一届世界杯预选赛的分区突然冒出个近东区，并且也是前无古人后无来者的唯一一次。其他几个赛区的地理概念都很清晰，这个近东区要解释一下，因为“近东”是一个今天已经基本废弃的地理术语。

所谓近东的说法，源自欧洲人。欧洲人站在欧洲的土地上向东望去，将遥远广袤的东方按照距离欧洲的远近，由远及近地划分为远东、中东和近东。远东和中东的地理概念今天依然在使用；近东的概念则有狭义和广义之分：狭义的近东通常指地中海东岸，也就是最邻近欧洲的东方地区；广义的近东还包括亚洲西南部和非洲东北部，这个广义的近东范围，其实与中东的范围发生了重叠，大概因为这个因素，因此在当代以后，近东的概念已经基本不用。现在人们所说的中东地区，实际上涵盖着过去的中东与近东。

因此，被分到近东赛区的球队就是这个广义范围内的国家，一共有3支球队：亚洲的以色列、塞浦路斯，东非的埃塞俄比亚。

第一轮，埃塞俄比亚轮空，以色列与塞浦路斯进行比赛，两队的胜者再与埃塞俄比亚比赛，争夺出线权。以色列队客场与塞浦路斯队战平，然后在自己的主场获胜，得到与埃塞俄比亚队争夺出线权的机会。

塞浦路斯这次是以近东国家而不是亚洲国家的身份参加世界杯预选赛的比赛，这个模棱含混的身份塞浦路斯尚能接受。塞浦路斯足协后来在1962年正式加入欧足联，从这时开始，人家就彻底地算欧洲球队，再也不用担心被看成是亚洲的球队。

埃塞俄比亚当局原来一直盼着塞浦路斯队把以色列队干掉，现在一看要与以色列队争夺出线权，顿时感到怵头。这倒不是因为球技，而是埃塞俄比亚国内有将近一半的人口信奉伊斯兰教，中东地区的那些糟心事大家都门清，埃塞俄比亚人生怕犹太人抵达自己国家之后，连机场都迈不出来，万一有个三长两短这娄子可就捅大了。于是，埃塞俄比亚干脆不要这个主场，两场比赛都放在以色列的特拉维夫。

比赛结果，以色列队连胜两场，获得近东区的出线权。

预选赛·亚洲区

这一届世界杯预选赛亚洲区报名的球队很少，只有日本、韩国和印度尼西亚3个国家。印度尼西亚报名后又弃权，所以只剩下日本与韩国两国争夺这张决赛圈入场券。

又是这对冤家。

1954年第五届世界杯预选赛时，韩国人对过去日本殖民统治的历史余恨未消，不想在韩国的土地上接待日本球队，情愿舍弃主场。如今多年过去，韩国的心态已经有所变化，何况当时韩国的足球水平在日本之上，如果能在主场当着千万韩国民众的面痛扁日本队一场岂不是更爽？所以韩国人这次并不拒绝日本球队来韩国比赛。

日本足球队第一次踏上韩国的土地。

韩国的主场设在汉城①。球票绝对是一票难求，可群众的智慧是无穷的，比赛当天无数韩国观众爬到体育场附近的山上居高临下观赛，虽然远了点，视野很开阔。

现在的日本队也已不是当年的吴下阿蒙。20世纪50年代，日本足协痛感日本足球水平的低下，他们一方面走出去考察，另一方面决定请进来，让足球强国的教练来提升日本足球水平。自打明治维新开始，日本人对于“走出去、请进来”就很有体会和经验。那么，究竟请哪个国家的教练呢？很多人主张请球技出神入化的巴西人，这可是1958年刚刚出炉的新科世界冠军，还有人觉得现代足球的创始国英国底蕴深厚挺合适。最后，精通德语、也是德国哲学爱好者的日本足协主席野津拍板：“德国，唯有德国！”

日本决定以德国足球为师。做事精细的日本人可不会凑凑合合地找个

① 2005年1月，韩国政府宣布“서울”的中文翻译名称由汉城正式更改为“首尔”。为了尊重历史，本书中涉及首尔地名时，在2005年之前依然沿用汉城，2005年之后改称首尔。

二三流的德国足球教头来蒙事，他们请来的是德国足球名教头克莱默。克莱默的足球教练生涯辉煌无比，他曾经率领拜仁慕尼黑队两夺欧洲杯，他培养的弟子中有席勒、贝肯鲍尔、舒尔茨……一堆大名如雷贯耳的足球明星。克莱默来日本后仅仅一周，就遇上日本与韩国的世界杯亚洲区预选赛。

1960年11月6日，日韩两队之间的第一回合较量在汉城进行，由韩国人担任主裁判。

读者肯定会有疑问：有没有搞错啊？日本队与韩国队之间的正规国际比赛，主裁判怎么会是个韩国人？

是的，的确如此。韩国人的解释是，原来担任主裁判的菲律宾人因为飞机航班晚点，赶不上趟了，而咱家这位韩国裁判是有国际裁判证书的，只能这么安排。

让克莱默感到愤怒和纳闷儿的还不是韩国人的安排，而是日本人对这一安排居然一声不吭，克莱默这才发现，日本不仅足球水平不高，而且看来对国际足球比赛的基本常识也是半通不通。

开场20分钟，日本队在客场首先进球，吓韩国人一跳。之后韩国队连入两球，在克莱默看来，韩国队这两粒进球都是越位球，韩国裁判愣是不吹哨。最后，1∶2，日本队首场告负。

韩日之间的水平差距毕竟在那明摆着，之后的第二回合在日本主场东京，韩国队2∶0再胜一城，没有悬念地获得亚洲区的第一名。

日本队虽然被淘汰，但克莱默却坚定了帮助日本发展足球的信念。60年代初期的日本经济还不富裕，堂堂日本足协连指导费都付不起，只能承担克莱默的住宿费和伙食费，这丝毫不影响他的工作热情。克莱默一直带领日本队到1964年东京奥运会打入前八名后，才结束他在日本的教练生涯。尽管20世纪80年代之后，日本足球转而以学习巴西为主，聘请巴西教练，日本现代足球也被认为具有巴西足球的风格，有“亚洲巴西队”之称，但克莱默对日本足球的影响依然深远：“这位‘日本足球的恩人’决定了日本足球整个60年代的走向，从德国足球汲取的养分从此成为岛国足球发展历程中不可分割的一部分。”

克莱默与亚洲足球的缘分还没尽：30多年后的1998年，克莱默应中国足协的要求，受国际足联的委托来中国承担教练员培训，“工作地点是秦皇岛足球学校，他在那里默默工作了五年”。此乃后话。

其实，亚洲地区还有一个国家也报名参赛，但是准确地说，它当时已经不能算是一个亚洲国家，甚至都不能算是一个国家，就是叙利亚。

1956年的第二次中东战争（也叫“苏伊士运河战争”），虽然埃及在战场上失利，但在国际社会的帮助下，成功地从英国和法国手中收回苏伊士运河主权，名声大振；再加上埃及在与以色列的战争中，始终承担着第一主力军的重任，所以，埃及在阿拉伯世界中享有极高的威望，说它是盟主也不为过。叙利亚的领导人在当时对埃及一片狂热拥戴的气氛之中，宣布将叙利亚并入埃及，组成一个新国家，国名为“阿拉伯联合共和国”，简称“阿联”。我们看看地图就明白，叙利亚与埃及这两个国家的边界根本就不挨着，当中隔着个以色列。几年之后热乎劲散去，叙利亚又宣布退出阿联，还是做自己的叙利亚。总之，这一届世界杯预选赛开打的时候，叙利亚这个国家暂时不存在，取而代之的是阿联。阿联队报名参加非洲区的预选赛，但是最后弃权。

预选赛·鉴定赛

国际足联又出幺蛾子了——这一届预选赛的规则再生变化。本届预选赛赛制规定：除欧洲区和南美区，其余四个区（中北美、非洲、亚洲和近东）的小组第一名并不能直接获得决赛圈的入场券，需要和欧洲区、南美区的球队进行鉴定赛，胜者才获得入场券。国际足联给出的理由是以往世界杯决赛阶段的比赛成绩表明这些地区的足球水平太烂，为了决赛阶段的比赛不要那么水，所以，需要鉴定一下这些地区球队的成色。

这个规定明摆着有点欺负人，因为这样一来，中北美、非洲、亚洲和近东四个赛区，等于每个赛区只有0.5张入场券，而且那个0.5张基本上也就是画张饼。虽然四个区的人民群众群情激昂抱怨不公，但是，国际足联的规定就是王法，谁让自己以往的战绩这么烂呢？

于是，亚洲区的韩国队、近东区的以色列队、非洲区的摩洛哥队和中北美区的墨西哥队只能再披挂上阵，为了把0.5变成1而一搏。

韩国队鉴定赛的对手是欧洲区的南斯拉夫队。韩国队与南斯拉夫队的比赛，客场1∶5惨败，主场虽然奋勇搏杀，但实力差距在那里摆着，1∶3又输一阵。亚洲区的0.5就这么被南斯拉夫收入囊中。

以色列鉴定赛的对手是欧洲区的意大利。意大利队轻松地以4∶2和6∶0两胜以色列队，进军决赛圈。

韩国与以色列的失利，再加上前一届预选赛以色列败给威尔士，亚洲就这么连着两届被欧洲弄走了世界杯决赛圈的入场券。

另外两个赛区的鉴定赛情况也捎带着介绍一下：

摩洛哥队鉴定赛的对手是西班牙。摩洛哥队能从非洲出线很不容易。他们先和突尼斯队进行小组赛，双方各胜一场，只好加赛第三场，结果加赛双方又打平，再一算双方进球数，居然又都一样。没说的，抽签吧。摩洛哥队最后通过抽签“胜”出，然后又与非洲区预选赛的另一组出线队加纳比赛，摩洛哥队艰难地胜出，现在遇到斗牛士军团西班牙。鉴定赛中，西班牙队两胜摩洛哥队，非洲区的0.5也被欧洲人拿走。

唯一的例外由墨西哥人创造。他们的对手是南美洲的巴拉圭队。墨西哥的足球水平本身并不弱，对手又是南美洲的二流球队巴拉圭，墨西哥人憋着一口气，最终以主场1∶0、客场0∶0的战绩，淘汰巴拉圭队，总算给受歧视的足球“第三世界”的人民群众挣回些许面子。

“红色蚊子”征战记

——1966年第八届英格兰世界杯

本章看点：

非洲足协让国际足联闹心

越南战争使亚洲足球黯淡

朝鲜足球为亚洲足坛增色

亚细亚·大事件（1962年6月—1966年7月）

新独立的国家：1963年9月16日，马来亚联合邦同新加坡、沙捞越、沙巴合并，更改国名为马来西亚；1965年8月9日，新加坡退出马来西亚，后宣布独立；

中印边界战争：针对印度军队在中印边界不断越过非法的“麦克马洪线”行为，1962年6月至11月，中国军队对印军的行为发动坚决的反击。

越南战争升级：1964年，美国派遣成建制的军队进入南越地区，社会主义阵营则对北越给予全方位的援助，越南战争规模不断扩大。

第二次印巴战争：1965年8月初至1966年1月，印度与巴基斯坦围绕克什米尔地区的归属问题再次爆发战争。

亚足坛·大事记（1962年6月—1966年7月）

亚足联新成员：科威特（1964）、黎巴嫩（1964）。

土耳其与塞浦路斯加入欧足联：1962年，土耳其与塞浦路斯正式加入欧足联，不再参与亚洲的任何足球赛事。

亚运会足球赛：第四届亚运会于1962年8月24日至9月2日在印度尼西亚雅加达举行。获得本届亚运会足球赛前三名的球队是：冠军印度，亚军韩国，第三名马来亚联合邦。

亚洲杯：1964年5月26日至6月3日，在以色列举办第三届亚洲杯足球赛。获得前三名的球队是：冠军以色列，亚军印度，第三名韩国。

奥运会足球赛亚洲参赛队：第十八届夏季奥运会于1964年10月10日至10月24日在日本东京举行。参加本届奥运会足球比赛的亚洲球队是日本（东道主）、韩国、伊朗。

世界杯·主办地

这届世界杯之所以称作英格兰世界杯而不是英国世界杯，是因为英国的四个部分——英格兰、苏格兰、威尔士和北爱尔兰——在国际足联中都享有独立的会员资格，申办并主办这届世界杯的是英格兰，并不是英国的四个部分共同承办这届世界杯。

英国是现代足球的故乡，按照国际足联的说法："英国给了足球生命"。1963年是世界上第一个足球协会——英格兰足球总会成立100周年，英格兰人热切盼望能借此机缘，在不列颠的土地上迎来一场世界足球的顶级盛会。英格兰与联邦德国展开了一场激烈的主办权竞争大战，英格兰最后以微弱优势胜出，国际足联把1966年世界杯主办权交给英格兰。

足球回家——这应该是对英国人创造这项世界第一运动的最好犒赏；英格兰队挺争气，用夺冠也自己犒赏了自己一把。

预选赛·席位战

这届世界杯的报名队伍达到创纪录的74支球队，说明足球在世界人民心中受欢迎受重视的程度大大增加，而且还第一次出现了来自大洋洲的球队。本来这是一个世界各大洲人民群众在足球场大团圆的好时机，但是在国际足联治下，足球"第三世界"人民"受压迫受歧视"的地位没有改变，反而进一步加剧，所以这个大团圆的美事最终还是被一场风波给搅黄喽。

这场风波由进军决赛圈的席位分配问题引发。国际足联的分配方案是：除东道主和上届冠军，本届世界杯决赛阶段需要通过预选赛决出的14个席位，欧洲给9个，南美洲给3个（算上东道主英格兰和上届冠军巴西，欧洲和南美洲加在一起共获得14席），中北美洲给1个，亚洲、非洲和大洋洲这三大洲合起来居然只给——1个！

非洲大陆自殖民时代开始逐渐沦为西方国家的殖民地，在第二次世界大战之前，偌大个非洲只有区区两三个独立国家。第二次世界大战之后的20世纪50–60年代，非洲开始逐步摆脱殖民统治，出现一大群独立国家，到1966年第八届世界杯举办之际，非洲的独立国家已经达到30多个。

新独立的非洲国家在国际舞台上非常活跃，对于体育事业也很热情，有十几个国家报名参加这一届世界杯预选赛，是亚洲、非洲、大洋洲这三个洲中报名参赛队伍最多的，结果却只有三分之一的出线名额。非洲人一看，国际足联这不是在逗我玩吗？刚刚获得独立的非洲国家革命干劲正足着呢，立马在国际足坛上演了一场"哪里有压迫哪里就有反抗"的非洲版革命。非洲人提出来给非洲和亚洲各一张入场券（非洲人民知道亚洲人民对于只有三分之一的份额也不高兴，希望亚洲兄弟跟他们一起闹革命），国际足联断然拒绝。于是，1964年7月，非洲足协成员云集埃及首都开罗开会，开罗会议做出决定——国际足联，你逗我玩，我不跟你玩——非洲国家宣布集体退赛。

最后，偌大一个非洲报名参赛本届世界杯的国家只剩下一个南非。

南非之所以没有和非洲国家一起向国际足联闹革命，与当时南非的国情及国际环境有关。南非历史上先后被荷兰殖民者和英国殖民者入侵，英国人还与荷兰人的后裔布尔人持续多年干仗（英布战争），最后在1910年南非成为英国的自治领，可以算是非洲最早独立的国家之一。南非的独立与后来大多数非洲国家获得独立的一个重要区别在于：南非的独立是在当年白人殖民者后裔的领导下获得，南非的土著民族仍然还是被白人统治着。因此，南非独立之后占统治地位的白人与占人口大多数的土著黑人之间矛盾很深，特别是南非当局推行的种族隔离政策，造成国内冲突不断。20世纪60年代的时候，南非黑人运动还没有成气候，著名的民族领袖曼德拉还被关在南非罗本岛的监牢里种蔬菜。非洲新独立的国家为声援南非黑人兄弟，要求国际社会对由白人领导的南非政权实行全面制裁，其中就包括禁止南非参加国际体育比赛。

所以，白人领导的南非与其他的非洲国家不是一路人，南非并没有因为参赛名额的分配问题跟着非洲国家一起抵制世界杯，倒是非常愿意参赛，但国际足联最后还是遵从国际政治的规则，禁止南非参赛，这样非洲区连一支球队都没有剩下。

实际上南非如果在非洲区参赛，其结果就与以色列在亚洲区参赛一样，一路上遇到的非洲国家球队都会罢赛抵制，而且非洲国家对南非的抵制强度要远远高于一些亚洲国家对以色列的抵制——非洲国家不仅对南非实行抵制，如果有非洲以外的国家与南非进行体育交往，对这个国家也要抵制。这方面最经典的案例就是1976年在加拿大蒙特利尔举行的第二十一届夏季奥运会：由于大洋洲的新西兰在奥运会举办之前派遣一支橄榄球队到南非进行访问比赛，非洲国家召开首脑会议，商讨如何处理这个问题。在奥运会开幕的前两天，非洲各国奥运代表团的团长联名致信国际奥委会，要求取消新西兰参加本届奥运会的资格。国际奥委会的答复是：找不出取消新西兰参赛资格的依据，无法满足非洲国家的要求。于是，27个非洲国家最终抵制本届奥运会，蒙特利尔奥运会的规模由此大为缩小，国际奥委会和主办方加拿大也只能干瞪眼。

预选赛·亚洲队

扯得有点远，我们再回到亚洲的球队来。

亚洲这次报名参赛的球队是韩国、朝鲜和以色列，还有的资料说叙利亚也报过名，但后来弃权未参赛。

亚洲报名的球队确实有点少，参赛热情远远不如非洲兄弟。为什么？因为这时候亚洲的好事坏事糟心事一大堆，我们一个一个道来。

先说说日本为什么没参赛。这届世界杯的预选赛是从1964年5月开打，这个时间点遇上日本正在紧锣密鼓筹办即将在这一年10月开幕的东京奥运会，这是由亚洲国家第一次承办奥运会。前面已经说过，"日本是一个对奥运有着偏执痴迷的国度，"那个年月里，在日本人心目中，奥运会甚至亚运会足球赛的重要性都远远超过世界杯，奥运会比赛必定投入国家队主力，而世界杯预选赛反而会派出年轻球员权当锻炼队伍，足见奥运会在日本人心目中具有的神圣象征意义；何况这回是由日本承办奥运会，日本足球界投入全部的精力和最优秀的选手，一门心思打算创造出奇迹。所以，日本没有什么闲情来应付世界杯（顺带说一下，东京奥运会日本足球队打入前八名）。

再说说以色列。就在预选赛开打之前的1964年6月，在以色列举行了第三届亚洲杯足球赛，以色列最终获得冠军。虽然以色列一直坚定不移咬定自己亚洲人的身份，并且还是刚出炉的亚洲杯冠军，但这届预选赛以色列依然被安排到欧洲区参赛。以色列与比利时、保加利亚分在一个小组，以色列队在主客场两回合的比赛中，4战4负，亚洲冠军碰到欧洲球队依然没有一点生路。

亚洲的参赛队伍如此之少，还有一个非常非常重要的原因，就是此时正值亚洲的一段战乱岁月、多事之秋，中东地区一直闹腾不休冲突不断，60年代东南亚地区又爆发一场大战——越南战争。

还记得1954年第五届世界杯时我们介绍的越南情况吗？我们再接着往下说：日内瓦协议签订之后，越南分裂为越南民主共和国（通称北越，首都河内）与越南共和国（通称南越，首都西贡），两边起初尚相安无事。进入60

年代后，随着两个越南之间关系的不断紧张恶化，南越（西贡政权）危机四伏、风雨飘摇，紧急向美国求援，希望美国出手，帮助南越抵御来自社会主义北越的军事压力。西方阵营的老大美国经过一番权衡之后，最后决定出兵南越，著名的越南战争就此爆发。

越南战争中的交战双方，一方是北越，得到了来自社会主义阵营的中国、苏联等国在人力、物力、财力等方面的大力支持；另一边是美国和南越（西贡政权），得到西方阵营一些国家的支持。

美国在越南战争中采取的军事战略叫作“南剿北炸”——一方面出动地面部队在南越地区与北越军队作战；另一方面出动空军轰炸北越。这场战争持续整个60年代和70年代的上半段，而且作战区域并不局限在越南，印度支那半岛的另外两个国家老挝和柬埔寨也先后沦为战区。

放眼亚洲大地，从西亚中东戈壁沙漠到东南亚印度支那热带丛林，炮火连天，烽烟遍地，这怎么让人会有什么踢球的好心情？亚洲参赛的球队如此之少也就完全可以理解。

这样一来，真正代表亚洲参加预选赛只剩下两个国家：朝鲜与韩国。

这朝鲜半岛兄弟俩也是生死冤家，朝鲜战争结束之初的岁月里两国是绝无可能在赛场上交手的，眼下已是60年代，朝鲜开始进入世界体坛参加一些体育活动，这就有了朝鲜第一次报名参加世界杯预选赛。

但是，这两兄弟在政治上是死对头，没有交往，国际足联安排他们到第三国的中立场地进行比赛，来争夺这张决赛圈门票。这个第三国的选择，又惹出新的麻烦。

根据有关资料的记载，国际足联原来打算就近安排在日本，朝鲜不干。虽然韩国与日本的心结已经逐渐打开，可是朝鲜与日本的关系没有什么改变，还是这么紧张，更不要说建立外交关系。

再换一个第三国，这回新换的国家是柬埔寨，韩国又不干了。越南战争炮声隆，印度支那挺闹心。更重要的是，柬埔寨的国家元首西哈努克亲王与朝鲜关系很近乎，在韩国看来，这不是等于送半个主场给朝鲜嘛。

再换一个国家？国际足联又不是你们亚洲人开的，想干嘛就干嘛？于是，韩国宣布弃权。

其实，韩国的弃权，表面上看起来是中立方主办地的选择不合心意，其实还有一个更重要更真实的因素，就是论当时朝鲜半岛这两兄弟的足球实力，韩国足球还不是朝鲜足球的对手，韩国怕朝鲜。1963年朝鲜组建国家足球队以来，30场国际比赛战绩是29胜1负，这个战绩让韩国人肝颤，在球场上输给"北部敌人"对韩国人心理打击太大，在政治上代价太大。

国际足联发话，谁再弃权罚款5000美元，韩国情愿向国际足联奉上5000美元。

我们现在来盘点一下：国际足联把亚洲、非洲和大洋洲合成一个赛区，非洲集体罢赛抗议，南非愿意参赛但被禁止参赛，非洲全军覆没；亚洲经过一番折腾，还剩下一个朝鲜；大洋洲只有澳大利亚报名参赛。最后，三大洲合一的亚/非/大赛区就只剩下朝鲜和澳大利亚两国来争夺一张决赛圈入场券。

澳大利亚是朝鲜战争时期联合国军成员之一，此时距朝鲜战争停战已经十多年，但朝鲜和澳大利亚并没有建交，所以比赛就放在第三国柬埔寨首都金边举行，以两个回合决定胜负。

朝鲜一直是个让国际社会感到比较神秘的国家，在朝鲜战争结束之后的战后初期岁月里，朝鲜的体育运动队很少出现在国际赛场，运动水平和竞技风格其他的地球人一般摸不清。20世纪60年代之后朝鲜开始比较多地参加国际体育运动。朝鲜国家足球队成立于1963年，在国际赛场一亮相就让人刮目相看。别看澳大利亚足球队如今在亚洲大地上横冲直撞活得挺滋润，亚洲杯冠军也被它拿过，但在当时水平并不太高，因为地理因素的限制，澳大利亚足球队那时候主要也就是和东南亚的一些国家和地区打打比赛。

两队一交手，高下立分：第一场比赛朝鲜队6∶1大胜，第二战朝鲜队又3∶1胜出，干脆利落地拿下澳大利亚队，进军世界杯决赛圈。

决赛圈·朝鲜队

朝鲜打入决赛圈让英国有点挠头。英国也是朝鲜战争时期联合国军的成员，1953年在板门店签署的是《朝鲜停战协议》，战争结束后只有签订和约，才能算是战争状态终结，这个停战协议可以理解为只是战争的暂时休停而不是最终结束，所以从法理上讲，朝鲜与英国仍是交战国，两国也并未建立外交关系。“英国政界进行了一番争论后，并且在国际足联施加压力的情况下，才给朝鲜队发放了签证，并且要求开赛前不准奏国歌”。

朝鲜第一次参加世界杯的比赛，就闯入决赛圈。在决赛圈的赛场上，他们创造了一系列的第一次，给亚洲足坛带来前所未有的大惊喜。英国广播公司（BBC）专门拍摄了一部名为《他们生命中的比赛》的纪录片，记录朝鲜队的比赛历程。

进入决赛圈的16支球队按照地域和水平分成4档，组成4个小组打循环赛，各小组前两名出线进入前八名的淘汰赛。朝鲜作为第4档球队，被分在第4小组，比赛地点是位于英国中部的城市米德尔斯堡，同组的另外三支球队分别是意大利、苏联和智利。

这三支球队可没有一个是善茬，每个队的战绩拿出来都足以“亮瞎”那个谁谁谁的眼睛：意大利队，老牌劲旅，两次获得世界杯冠军；苏联队，上两届世界杯都打入前八，1960年欧洲杯冠军和1964年欧洲杯亚军；智利队，上届世界杯的第三名。这个小组，按照今天的习惯说法，绝对的“死亡之组”。当时媒体的预测是：意大利队当仁不让的小组第一；智利队和苏联队争第二；朝鲜队，没人听说过。

朝鲜队第一场与苏联队交手，似乎也在印证媒体的看法，0∶3，输得没脾气。

朝鲜队第二场与智利队交手，1∶1打平智利队。朝鲜队一下子创造两项亚洲足球在世界杯决赛圈的第一：第一次进球，第一次得分。不过这时还是没人看好朝鲜队，因为他们的最后一个对手是世界杯老牌冠军意大利队。

意大利队遇到一点小麻烦，他们首场轻松地2∶0胜智利队，但是第二场比赛却以0∶1败给苏联队。此刻他们并不担心，因为只需打平朝鲜队，意大利队依然稳稳出线。对于意大利队而言，战胜或打平朝鲜队还会有什么问题吗？意大利知名记者布雷拉比赛前在报纸上赌咒发誓说：“如果连朝鲜都打不赢，我一辈子再也不写足球了。”博彩公司给朝鲜队获胜出线开出的赔率高达1赔1000。“没有人认为这些陌生的亚洲人能够威胁到意大利的球星们”。

朝鲜队对于能打平智利队已经心满意足，他们也没奢望自己真能战胜意大利队，已经开始预定小组赛之后的返程机票。

朝鲜队与意大利队的小组赛开始。朝鲜队在意大利队凶猛的攻势下顽强死守，转机出现在上半场35分钟，意大利队长受伤下场，意大利队只能10人应战（这时候的比赛规则还是不允许比赛中途换人），第41分钟，朝鲜队一次漂亮的反击攻破意大利队的球门。之后的时间，意大利人始终无法攻破朝鲜人的防线，最善于防守的意大利人突然发现原来朝鲜人的“混凝土防线”比他们的更坚固。

被国际足联称为“世界杯历史上最大的冷门之一”就此诞生：1∶0，朝鲜队掀翻了意大利队！朝鲜队再创亚洲足球的一个第一：获得亚洲球队在世界杯决赛圈的第一场胜利，而且胜的是老牌世界冠军。

至于那位夸下海口的意大利名记布雷拉，他不写足球靠什么吃饭呢？只能食言而肥，老老实实地写他的足球。

这里必须要提一下米德尔斯堡市的英国观众，他们给予朝鲜队主场的待遇，每场比赛都卖力地为朝鲜队呐喊助威。朝鲜球员与欧美球员相比身材矮小，喜欢穿红色球衣，正好米德尔斯堡足球队球衣的颜色也是红色，这让米德尔斯堡的观众倍感亲切，给朝鲜队员起了个“红色蚊子”的绰号，形容他们身材虽矮小但满场飞来飞去，以表达对朝鲜队的喜爱。本书作者从当时的比赛纪录片中看到，朝鲜队进球后，看台上米德尔斯堡的观众纷纷起立喝彩，送给朝鲜队最热烈的掌声和欢呼。看着神气活现的意大利队被这么一支谁都瞧不上眼的弱旅干掉，英国人感觉倍儿爽。

朝鲜队的这场胜利还不能确保他们小组出线。小组赛的最后一场比赛是苏联对智利，两战两胜的苏联队已经稳获小组第一，智利队如果获胜，完全有可能以进球数多挤掉朝鲜队。苏联队并不怎么关心朝鲜队的命运，为迎接下面的八强淘汰赛，苏联队让主力队员休息，上去一帮板凳队员对付智利队。好在苏联足球队的板凳够深，面对只有取胜一条路可走、杀红眼的智利队，苏联队靠这帮板凳队员2∶1就把智利队干掉，送朝鲜队进入前八名。朝鲜队创造的第四个第一诞生——第一支闯入世界杯决赛圈八强的亚洲球队。

朝鲜队又差点制造一个更大的惊喜和冷门。朝鲜队八强淘汰赛的对手是葡萄牙队，虽然葡萄牙队与朝鲜队都是决赛圈的新军，但是葡萄牙队的实力绝对厉害。他们的球员大部分来自大名鼎鼎的葡萄牙本菲卡队，在小组赛中，葡萄牙队三战全胜，其中包括将上两届的世界杯冠军、本届夺冠大热门巴西队淘汰出局！

朝鲜队与葡萄牙队的八强淘汰赛在利物浦进行。米德尔斯堡涌来3000观众，继续为朝鲜队加油。朝鲜人上场先给风头正劲的葡萄牙人一记闷棍，他们猛打猛冲，快速进攻，一下子把葡萄牙人打蒙——比赛开始后的25分钟内，朝鲜队连入三球，3∶0领先！这在足球比赛中，是一个很不容易追上的比分。

后来的分析家们认为，朝鲜队缺乏国际大赛经验的缺陷给自己挖了个大坑。他们没有改变战术，依然还在闷头进攻。缓过劲来的葡萄牙队毕竟技高一筹，在接下来的比赛中，葡萄牙队神奇地连扳5球，葡萄牙人5∶3翻盘。

朝鲜队虽败犹荣，他们不是通过抵制而是用战绩让国际足联看到，把亚洲非洲大洋洲合成一个赛区只给一张决赛圈入场券，完全是一个错误的决定。

欧洲人对第一次出现在世界杯赛场的朝鲜人为什么这么神勇十分感兴趣，他们似乎找到了答案：本届世界杯第一次引入兴奋剂检测，而且每支球队的每个队员都得检测。各位读者可以“脑补”一下这样的场景：比赛结束之后，一群大老爷们每人手里举着装满尿样的试管，在那儿排队等待检测。朝鲜队的检测结果，没有发现兴奋剂，但是却发现大量的人参成分！

朝鲜足球队员给高丽参做了一次活广告。

灵光一现以色列

——1970年第九届墨西哥世界杯

本章看点：

亚洲区出现了非洲的球队

澳大利亚队竹篮打水一场空

以色列队在亚洲足坛的闪耀时刻

亚细亚·大事件（1966年8月—1970年5月）

第三次中东战争：1967年6月5日至6月9日，以色列与埃及、叙利亚、约旦三国爆发战争。阿拉伯国家战败，以色列控制全部巴勒斯坦地区，并且占领埃及的西奈半岛和叙利亚的戈兰高地。

亚足坛·大事记（1966年8月—1970年5月）

亚足联新成员：巴林（1969）、文莱（1970）。

亚运会足球赛：第五届亚运会于1966年12月9日至12月20日在泰国曼谷举行。获得本届亚运会足球赛前三名的球队是：冠军缅甸，亚军伊朗，第三名日本。

亚洲杯：1968年5月10日至5月19日，在伊朗举办第四届亚洲杯足球赛。获得前三名的球队是：冠军伊朗，亚军缅甸，第三名以色列。

奥运会足球赛亚洲参赛队：第十九届夏季奥运会于1968年10月12日至10月27日在墨西哥的墨西哥城举行。参加本届奥运会足球比赛的亚洲球队是日本、泰国、以色列；日本队获得第三名。

世界杯·主办地

1964年10月8日，国际足联选定墨西哥作为本届世界杯的举办地。

上一届世界杯由欧洲的英格兰举办，这一届自然要换个洲举办。南美洲的阿根廷非常积极，呼声也很高。南美洲的足球大户乌拉圭、巴西都举办过世界杯，1962年的世界杯阿根廷就想承办，结果又被智利给拿去，算下来这次总应该轮到了吧，谁知道半路里又杀出个墨西哥。说起来人家老墨也是美洲国家，而且地处北美洲，这还是一块世界杯尚未踏足过的土地。墨西哥之前获得1968年夏季奥运会主办权，他们非常希望趁热打铁锦上添花再拿下1970年的世界杯主办权。

决定权掌握在国际足联的执委们手中。阿根廷与国际足联的关系有点疙疙瘩瘩，很多执委还记得当年巴西承办世界杯时阿根廷竟然拒绝参赛。反之，墨西哥人对于世界杯的执着和热情则给执委们留下很深的印象，从第一届世界杯开始，墨西哥几乎报名参加每一届的世界杯赛，而且是决赛圈的常客；墨西哥Televisa集团作为拉丁美洲以及西班牙语世界最大的电视和媒体公司，承诺世界杯决赛阶段的比赛将首次以卫星转播的方式向全世界做现场直播。最后投票结果，墨西哥胜出。

阿根廷人再一次吞下失利的苦果。

预选赛·亚大区

上一届国际足联把亚洲非洲大洋洲三大洲合在一起却只给一张决赛圈入场券，结果惹出一场大风波，最后亚洲代表朝鲜队的世界杯战绩又让国际足联有点打脸的感觉。这一届国际足联的出线名额分配方案终于做出改变：非洲单独一个赛区，给一张决赛圈入场券，亚洲与大洋洲合为一个赛区（亚大赛区），给一张决赛圈入场券。

虽然亚洲与大洋洲合为一个赛区，但亚大区并不吃亏，因为非洲区有11支队报名参赛，亚大区只有6支队。

不过，后来国际足联把非洲的一支球队划到亚大区，这样就变成非洲区10支队，亚大区7支队。

被划到亚大区的非洲球队是罗得西亚队。一个非洲国家的球队为什么要到亚洲来参赛?

罗得西亚就是今天的津巴布韦，曾经被英国殖民统治过。1965年，这一地区的部分白人宣布独立，建立起白人统治的政权。这个政权建立之后，有点类似南非的情况，遭到国内土著黑人的强烈反对和其他非洲国家的坚决抵制，可以想见，如果罗得西亚在非洲参赛，与其对垒的那些非洲国家一个个都会罢赛弃权，罗得西亚可以一球不踢就出线。国际足联当然不愿意闹成这个局面，既然亚大区球队这么少，亚洲兄弟也比较听话，得嘞，罗得西亚你就去亚洲区踢球吧。

除非洲的罗得西亚之外，亚大区报名参赛的其他球队是：亚洲的日本、朝鲜、韩国、以色列；大洋洲的澳大利亚、新西兰。

以色列从建国之后就被划到欧洲赛区参赛，每一届预选赛都被欧洲球队扁得够呛，离世界决赛圈越来越远，这一届终于回到亚洲参赛。放眼亚洲足坛，以色列的感觉还相当不错：在20世纪60年代举行的3次亚洲杯赛上，以色列分别获得1960年的亚军，1964年的冠军和1968年的季军，凭这个战绩，说以色列是亚洲的一流球队一点儿不为过。

不过，中东那里麻烦事太多，就在这个世界杯周期内，这里又发生大事情——第三次中东战争。

1967年6月5日，第三次中东战争爆发，以色列在三条战线上，同时与埃及、约旦、叙利亚作战，这场战争从6月5日打到10日，统共6天就完事（这场战争也叫作“六日战争”），以色列大获全胜。战争结果，以色列从约旦手里拿下约旦河西岸和耶路撒冷老城，从埃及手里拿下加沙地带，也就是说，当年联合国分治决议划给巴勒斯坦的土地，到这时候就全部被以色列控制。①不仅如此，以色列国防军还打出国界，占领叙利亚的戈兰高地和埃及的西奈半岛，直抵苏伊士运河东岸。

以色列的军事胜利，使它一跃成为中东地区的头号强国，但是，阿拉伯国家旧恨未消又添新仇，以色列和阿拉伯国家真正是仇深似海。

那时候西亚的绝大多数阿拉伯国家可不像现在这么迷足球，西亚国家热衷于足球事业还得等上若干年，这一届之前的历届世界杯，除个别国家比如叙利亚之外，几乎就没有什么西亚的阿拉伯国家报名参加世界杯；而这一届预选赛西亚地区的阿拉伯国家干脆没一个参赛。当然如果来的话，阿拉伯国家遇到以色列，肯定气血上涌，又是一路的抵制罢赛。

但是，罢赛弃权事件依然出现，这个国家就是上一届世界杯给亚洲足球挣回面子的朝鲜。

亚大区预选赛虽然没几个参赛队，轮次倒不少，需要进行三轮比赛才能决出进军决赛圈的球队。赛制是这么安排的：

第一轮：新西兰和罗得西亚轮空，直接进入第二轮。日本、韩国、澳大利亚为一个小组，朝鲜和以色列为一个小组，两组各决出一支球队进入第二轮。

第二轮：日、韩、澳小组的胜出者对罗得西亚；朝、以小组的胜出者对新西兰；胜出者进入第三轮；

第三轮：两支胜出队争夺决赛圈入场券。

问题出在第一轮朝鲜与以色列的比赛，朝鲜拒绝与以色列比赛，宣布弃权；以色列不战而胜进入第二轮。

---

① 根据联合国1947年11月29日通过的“第181（二）号决议”（“分治决议”），巴勒斯坦国的国土面积为11202平方千米；犹太国的国土面积为15850平方千米；联合国管理的耶路撒冷面积为177平方千米。

朝鲜既不是阿拉伯国家也不是伊斯兰国家，为什么碰上以色列也要罢赛抵制？

这是当时国际政治格局和冷战的大背景所决定。在那个美苏对抗、社会主义阵营与资本主义阵营对抗的年代，处于对抗中的很多国家往往是以阵营的归属为依据来处理国际关系。具体到中东地区，在处理以色列和阿拉伯国家的国际关系时，由于美国是以色列的大国背景和主要支持者，所以社会主义国家一般都采取支持阿拉伯国家的立场。

因此，朝鲜作为社会主义阵营的一员，作为朝鲜战争中与美国作战的一方，在国际体育赛事中采取支持阿拉伯国家的做法实乃不足为奇。

也正是这个大背景，社会主义国家在国际赛场上遇到以色列运动队，拒赛弃权的情况屡见不鲜，包括我们中国运动员在内，遇上以色列运动员也是拒赛弃权。例如在1974年第七届亚运会网球混合双打决赛时，获得决赛权的恰好是中国和以色列的选手，由于中国运动员拒赛弃权，以色列运动员不战而胜获得混双冠军。这种局面一直到20世纪90年代中东和平进程全面启动，中国与以色列建交后才结束。

韩国、日本、澳大利亚的第一轮小组双循环赛，比赛地点房子在韩国。比赛结果：澳大利亚2胜2平，战绩最佳，获得小组出线权。

第二轮：以色列对新西兰，澳大利亚对罗得西亚。

以色列与新西兰的比赛都放在以色列进行，以色列两战全胜，进入第三轮。

澳大利亚与罗得西亚的主客场比赛都放在第三国葡属东非（就是今天的莫桑比克）进行。双方两战皆平。两队接着在莫桑比克又打一场附加赛，这回澳大利亚胜出，进入第三轮。

第三轮：以色列对澳大利亚。

以色列主场1∶0获胜，客场1∶1打平，终于获得这张宝贵的决赛圈入场券。

给澳大利亚队一点小同情——他们从1969年10月到12月两个月的时间里，马不停蹄风尘仆仆，在亚洲、非洲和大洋洲之间来回折腾，打了9场比赛（比以色列队多打5场），取得4胜4平1负的成绩，只输这么一场球，最后还是竹篮打水一场空。

决赛圈·以色列

以色列人终于作为亚洲的代表来到1970年墨西哥世界杯的决赛场。

以色列被分在第2组，同组的是意大利、乌拉圭和瑞典。以色列人苦命啊，当时一共有5个世界杯冠军，这个组里就有俩，剩下一个瑞典也不是善茬，曾经获得过第四届世界杯的季军和第六届世界杯的亚军。更糟心的是，以色列队的旅馆旁边紧邻一家夜总会，每天入夜之后，灯红酒绿莺声燕语，搞得以色列队的小伙子们辗转反侧夜不能寐，最后只能换旅馆才算消停。

与以色列同一小组的对手个个都很威猛，以色列队首场比赛0∶2输给乌拉圭队；第二场比赛顽强地1∶1逼平瑞典队；最后一场比赛居然0∶0与意大利队战成平手（意大利队最后获得本届世界杯的亚军）！以色列队虽然小组垫底，但在这个小组里能取得1负2平这样的战绩也还算差强人意。

战场遮了球场光

——1974年第十届联邦德国世界杯

本章看点：

亚洲冲突殃及世界体坛

英国人保住了四个会员

西亚足球腾飞的战场因素

亚细亚·大事件（1970年7月—1974年6月）

新独立的国家：阿曼（1970.7.23）、孟加拉国（1971.3）、巴林（1971.8.14）、卡塔尔（1971.9.3）、阿拉伯联合酋长国（1971.12.2）。

第三次印巴战争：1971年3月，在印度的支持下，东巴基斯坦宣布脱离巴基斯坦独立，建立孟加拉国；巴基斯坦拒绝接受。1971年11月21日至12月17日，围绕东巴独立问题爆发第三次印巴战争，巴基斯坦战败，孟加拉国正式建国。

尼克松访华：1972年2月21日至28日，美国总统尼克松访问中国，双方发表《上海联合公报》，中美两国关系开始迈入正常化轨道。

中日邦交正常化：1972年9月25日至30日，日本首相田中角荣访问中国，两国政府发表联合声明并建立外交关系，两国实现邦交正常化。

美国撤出越南战争：1973年1月27日，在法国巴黎签订《关于在越南结束战争、恢复和平的协定》（简称《巴黎协定》），根据协定，美军撤出越南，结束越南战争。

第四次中东战争：1973年10月6日至10月26日，埃及、叙利亚等国组成联军与以色列进行了第四次中东战争。阿拉伯方面先胜后败，战争在大国和联合国的干预下停止。

亚足坛·大事记（1970年7月—1974年6月）

亚足联新成员：约旦（1970）、叙利亚（1970）、伊拉克（1970）、卡塔尔（1972）。

亚运会足球赛：第六届亚运会于1970年12月9日至12月20日在泰国曼谷举行。获得本届亚运会足球赛前三名的球队是：冠军缅甸、韩国（并列），第三名印度。

亚洲杯：1972年5月7日至19日，在泰国举办第五届亚洲杯足球赛。获得前三名的球队是：冠军伊朗，亚军韩国，第三名泰国。

奥运会足球赛亚洲参赛队：第二十届夏季奥运会于1972年8月26日至9月6日在联邦德国的慕尼黑举行。参加本届奥运会足球比赛的亚洲球队是伊朗、马来西亚、缅甸。

世界杯·主办地

1966年，国际足联将1974年第十届世界杯的主办权授予联邦德国。

德国人对世界杯的忠诚度和足球水平举世公认：在已经举办的9届世界杯上，除1930年和1950年这两届世界杯没有报名，其余7届世界杯德国（联邦德国）每一次都打入决赛圈，而且联邦德国把世界杯的季军、亚军和冠军拿了个遍。

就在本届世界杯开赛前两年的1972年，德国的土地上发生了两件大事：

第一件：两个德国建交。第二次世界大战后，德国被苏联、美国、英国和法国实行分区占领；1949年，美国、英国和法国三个占领区合并，建立德意志联邦共和国，简称联邦德国，通称西德；苏联占领区建立德意志民主共和国，简称民主德国，通称东德。两个德国分属于资本主义和社会主义两大阵营，两国互不承认，关系相当紧张。20世纪70年代，这一状况发生改变。1972年，联邦德国与民主德国互相承认，建立外交关系，1973年同时加入联合国。民主德国打进了本届世界杯的决赛圈，并且与联邦德国抽在了同一个小组。两个德国终于用和平的战争形式——足球来交手，国际足联高兴地将两个德国之间的这场比赛称之为“足球外交的一次重大胜利。”

第二件：慕尼黑奥运会惨案。这次惨案是亚洲的政治冲突惹的祸。1972年，在联邦德国慕尼黑举行第二十届夏季奥运会。在这之前，无论是奥运会、世界杯或是其他大型体育赛事，安保措施都比较松散，因为世界人民都觉得这种大型体育赛会就是各国运动员和体育爱好者的聚会，大家开开心心乐乐呵呵，把赛会活动整得像个大“派对”。按照惯例，奥运会举行期间，世界上那些打仗的地方还应该进行“奥运休战”，因为奥运会是“和平欢乐的盛会”。不料想慕尼黑赛会进行途中，来自巴勒斯坦的武装人员突袭几乎没怎么设防的奥运村，绑架了以色列代表团部分成员。联邦德国警方随之发起营救行动，行动以失败告终，巴勒斯坦武装人员杀掉全部人质，共有11名以色列运动员、教练员遇难。从这以后，但凡重大体育赛事，举办方无不如临大敌，百倍警惕。慕尼黑惨案两年之后举办的这届世界杯，“安保便成了世界杯的突出话题”。联邦德国警方安保工作层层加码，球队出行必须警察随行，“系统性的人身搜查成为标配，各体育场顶棚上都配备了狙击手”。亚洲地区民族仇恨的火焰，就这么烧到欧洲，并且把世界体育运动统统殃及。

世界杯·名额战

世界杯办到这个时候，世界各国对世界杯的影响力和重要性感同身受，世界杯创办初期一言不合就弃权的场面早已一去不复返，取而代之的，是每一届世界杯举办前为了决赛阶段各大洲的名额分配，吵成一锅粥，纠纷不断，甚至还闹出非洲国家的罢赛事件。

由于名额的分配争夺非常激烈，在本届世界杯开赛前两年的1972年，国际足联在巴黎开会的时候还发生过一场风波，差点造成国际足联分家。事情是这样的：会议进行中，乌拉圭代表突然在会上发难，认为英国作为一个国家，居然在国际足联有四个代表（英格兰、苏格兰、威尔士、北爱尔兰），可以派出四支球队参赛，实在太不合理，这个局面作为历史应该到此结束。乌拉圭提出今后英国的四个成员只能以一个“大不列颠国家队”的身份参赛。不少国家足协对乌拉圭的提议暗中鼓掌——本来决赛名额就是僧多粥少分不过来，而英国人有的年份居然还一下子占走四个名额。

乌拉圭的提议把英国人惹毛了：搞什么搞？这现代足球运动还是我们盎格鲁撒克逊民族发明的，当年我们成立足协的时候，国际足联还不知道在哪个犄角旮旯呢。英国人发话：如果国际足联通过这个提议，我们就退出国际足联，另立山头，与那些支持英国的国家和地区的足协重新组建一个国际足球协会，倒要看看究竟谁的山头更“牛掰”。

大英帝国作为现代足球的发源地举世皆知，人家对于足球运动发展的贡献有目共睹，当初国际足联成立时英国还不稀罕不想加入，在国际足联反复邀请下英国同意加入，条件就是英国四兄弟一起入会，算四个会员。德国和法国最初反对，认为国际足联里面一个国家就只能是一个协会，经过反复商量，大家还是予以认可，这可以看作是国际足联对于英国为足球事业做出开创性贡献的褒奖和尊重。

饮水思源，英国人一发飙，大家还都买他的账，国际足联也知道缺少英国的话世界足球就不好玩了。所以，会议最后的结果：“再次确认了国际足联赋予的英国四个地区足协‘独立’的特权。”

发生这场风波时咱们中国与国际足联还没建立关系，我们之所以在这里要说一下这个故事，就在于幸亏乌拉圭的提议没通过，正是因为有英国的先例——一个主权国家可以有不止一个足协加入国际足联并参加世界杯比赛，若干年后，才会有我们中国的四家足协——中国、中国香港、中国澳门、中华台北（中国）——同时参加世界杯预选赛的场面。

这一届足球杯，仍然碰到每一次的老问题——决赛圈入场券的分配问题和改革竞赛制度的问题。欧洲和南美依然强势，14个名额拿走11个（加上东道主联邦德国和上届冠军巴西，在决赛圈一共占13个名额），另外3个赛区是亚洲和大洋洲区、非洲区、北美及加勒比海区，每个赛区一张决赛圈入场券。即便如此，欧美有的国家还不满足，提出要仿照第七届智利世界杯的赛制，亚大区、非洲区和北美及加勒比海地区的球队出线后，不能直接进军决赛圈，必须要和欧洲与南美的球队进行附加赛，如果获胜才有资格参加决赛。果真这样的话，有可能这三个地区一个名额都轮不上，世界杯还是更名为欧洲与南美杯算啦。国际足联当年吃过苦头，而今已经与时俱进，这个提议没有被采纳。

预选赛·亚大区

对于亚洲而言，这一届还是与大洋洲合一个赛区，还是只有一张决赛圈入场券；与上届不同的是，这一届亚大区报名参赛的球队有21支（后来实际参赛的是15支球队），足足是上一届的3倍！一张决赛圈入场券实在是太少。

亚大区这一次预选赛的赛制整得挺复杂。国际足联与亚足联都知道：亚洲政治水太深，一言不合就罢赛；亚大赛区地太大，来回折腾很心塞。所以，这次预选赛的分组，就按照政治和地域的原则，把亚大赛区分为A赛区和B赛区两个分赛区，先决出分赛区的第一名，然后两个分赛区第一名再进行主客场比赛，争夺亚大赛区那张进军世界杯决赛圈的入场券。

先看A赛区。被分到这一赛区的是日本、菲律宾、香港、泰国、马来西亚、韩国、以色列、南越（西贡政权），一共7支球队。

A赛区主要由东亚和东南亚的球队组成，以色列是西亚球队，也放到这一区，这是必须的，放到西亚赛区肯定又要闹翻天，这个缘由我们前面已经说过多次。

香港从这一届开始出现在世界杯的赛场上，这个时候香港还是英国的殖民地，它以中国香港身份参赛是1997年回归之后的事情。

南越（西贡政权）第一次也是最后一次参加世界杯的预选赛，算是为这个政权在世界杯的竞赛榜上留下一个名。就在南越（西贡政权）报名参加世界杯预选赛的1973年，关于解决越南问题的巴黎协议签订，根据协议，美军撤出南越地区，结束越南战争。美国撤军之后，南越（西贡政权）失去保护，忽喇喇似大厦倾，这个政权即将寿终正寝。

A赛区的比赛采用赛会制，全部放在韩国首都汉城进行，虽然只有7支队，却打了四轮比赛。

第一轮是排位赛，韩国是东道主，享受特殊待遇，排位赛轮空，其他6个队的排位赛对阵形势和战绩是：

南越（西贡政权）胜泰国；

以色列胜日本；

香港胜马来西亚。

第二轮是资格赛，排位赛的两个胜队南越（西贡政权）、中国香港和一个负队日本组成第一小组；另一个胜队以色列和两个负队泰国、马来西亚再加上排位赛轮空的韩国组成第二小组。两个小组进行组内循环赛，各小组前两名出线。

资格赛的比赛结果是：

第一小组：香港队和日本队出线。

第二小组：以色列队和韩国队出线。

第三轮是半决赛，两个小组的出线队交叉对阵。

第二小组第二名韩国队战胜第一小组第一名香港队，进入决赛。

第二小组第一名以色列队战胜第一小组第二名日本队，进入决赛。

最后一轮是A赛区决赛：韩国队胜以色列队，获得A赛区第一名。

我们再来看B赛区。被分到这一赛区的是澳大利亚、新西兰、伊拉克、伊朗、科威特、叙利亚、朝鲜、印度尼西亚。

B赛区主要由西亚和大洋洲的球队组成，有两个例外：东亚的朝鲜和东南亚的印度尼西亚。为什么，主要是为避开以色列。朝鲜上一届碰上以色列，结果因为政治原因罢赛弃权，这一届亚足联自然要避免两国对阵；印度尼西亚虽然不是阿拉伯国家，但全国有百分之八十多的人口信奉伊斯兰教，是世界上穆斯林人口最多的国家，1962年印度尼西亚承办第四届亚运会时，就因为拒绝以色列亚运代表团入境，惊动了国际奥委会和整个国际体坛，惹出来一场大麻烦。所以，这两国就安排到B赛区。

B赛区的赛制比A赛区简单多了，一共打两轮。

第一轮，小组赛，B赛区分成两个小组，每个小组各4支球队，进行循环赛，小组第一名出线。

第一小组由伊朗、朝鲜、科威特、叙利亚组成，在伊朗的德黑兰进行会制比赛。伊朗队获小组第一名出线。

第二小组是澳大利亚、伊拉克、印度尼西亚、新西兰，在澳大利亚的悉尼和墨尔本进行双循环比赛。澳大利亚队获小组第一名出线。

第二轮：B赛区决赛，两个小组的第一名伊朗与澳大利亚进行主客场比赛。

第一场在澳大利亚悉尼进行，澳大利亚队3∶0胜；第二场在伊朗德黑兰进行，伊朗队2∶0胜；双方各胜一场，积分相同。

从这一届世界杯开始，两队积分相同，就要比总进球数。总进球数澳大利亚3，伊朗2，澳大利亚比伊朗多1个，从B赛区出线。

亚大赛区A、B两个分赛区第一名韩国与澳大利亚进行总决赛：

澳大利亚队和韩国队第一场比赛在悉尼举行，双方0∶0战平；第二场比赛在汉城举行，双方2∶2又战平。

这样一来，双方积分、总进球数、净胜球数均相等，于是在第三方场地香港安排附加赛。澳大利亚队1∶0小胜，就靠这一个进球，澳大利亚第一次打入世界杯的决赛圈。

亚洲球队再一次与世界杯无缘。

澳大利亚以大洋洲国家身份赢得亚大区的决赛圈入场券，它在这一届世界杯决赛圈的经历再简单说一下：

澳大利亚与联邦德国和民主德国这德国哥俩以及智利分在同一个小组。澳大利亚队第一仗输给民主德国队，第二仗再输给东道主联邦德国队，最后一仗打平智利队。按照28年后中国队进军世界杯时制定的“进一球、得一分、赢一场”之标准，第一次入围决赛圈的澳大利亚还算过得去了。

再啰嗦一下。这一小组出线的前两名被民主德国和联邦德国包干。民主德国队以1∶0战胜联邦德国队名列小组第一。不过笑到最后的是联邦德国队，他们获得本届世界杯的冠军。

澳大利亚人再回到世界杯决赛圈是32年之后的2006年德国世界杯，物是人非——德国已经是统一后的德国，而澳大利亚已经成为亚洲足坛的成员。

坦克战·石油战

这段故事要放在这里说一下，因为与这与亚洲足坛格局内西亚足球圈的兴起有重大关系。

本届世界杯亚大区的预选赛从1973年5月开打，一直打到11月份。就在这个期间，不消停的中东，又在搞事情——1973年10月6日，第四次中东战争爆发。

在1967年第三次中东战争中，阿拉伯国家被以色列打得一败涂地，但这只不过是新的复仇大战的伏笔。1973年10月6日，埃及和叙利亚同时从东西两线向以色列发动进攻——埃及要收回西奈半岛，叙利亚要夺回戈兰高地。前线作战的主力军是埃及和叙利亚，后面是几乎整个阿拉伯世界给予各种支持和帮助。战争共持续20来天，如果我们把这场战争当成足球赛事来比喻的话，战（赛）况大致是这样的：一开始埃及和叙利亚打了以色列一个措手不及，迅速突破以军防线（打入对方半场）；以色列军队稳住阵脚后发动快速反击，先对叙利亚实行反击，攻入叙利亚境内重夺戈兰高地（攻入对方球门将其淘汰出局）；以色列接着集中兵力对付埃及，两军在西奈半岛上进行了一场第二次世界大战以来最大规模的坦克战，埃军坦克部队损失惨重（埃及中场被突破）；以军又对埃及来个长途奔袭（一个长传反击），穿过埃军防线偷渡苏伊士运河抄了埃军后路（将球吊到防守队员身后反越位成功，破门得分），以色列反败为胜。

第四次中东战争结束之后，以色列与阿拉伯世界双方军事对抗的格局没有发生根本变化，依然仇恨似海，但是带来两个后果：

第一个后果是对中东地区国际关系的影响。长期战争给双方带来巨大的压力和沉重的负担，促使双方开始寻求政治解决的途径，这成为以后中东和谈大门开启的契机。

第二个后果是对亚洲足坛格局的影响。第四次中东战争期间，中东产油国打了一场石油战，他们收回石油标价权并大幅度提高油价，以石油为武器来惩罚支持以色列的西方国家，随着石油美元滚滚流入，西亚产油国一夜暴富，这为西亚地区足球运动的广泛开展和水平迅速提高奠定下雄厚的经济基础。

西亚已然成气候

——1978年第十一届阿根廷世界杯

本章看点：

以色列被逐亚足坛

新中国重返亚足坛

伊朗队首进世界杯

亚细亚·大事件（1974年7月—1978年5月）

越南统一：美国退出越南战争之后，北越发起统一越南的军事行动，1975年4月30日，西贡被攻占，南越（西贡政权）灭亡，越南全境统一，西贡更名为胡志明市。

中东和谈：1977年11月19日至21日，埃及总统萨达特访问耶路撒冷，与以色列领导人举行会谈，中东和平进程启动。

亚足坛·大事记（1974年7月—1978年5月）

亚足联新成员：中国（1974）、朝鲜（1974）、阿联酋（1974）、孟加拉国（1974）。

中国加入亚足联：1974年9月14日，在伊朗德黑兰召开的亚足联第六届大会上通过决议，中华人民共和国足球协会被接纳为亚足联成员，中国台湾（打着“中华民国”旗号）被取消亚足联会籍。此举为中国重返世界杯大家庭铺平道路。

以色列被取消亚足联会籍：同一届大会上，在部分西亚国家的强烈要求下，以色列被亚足联取消会籍。

亚运会足球赛：第七届亚运会于1974年9月1日至9月16日在伊朗德黑兰举行。获得本届亚运会足球赛前三名的球队是：冠军伊朗，亚军以色列，第三名马来西亚。

亚洲杯：1976年6月3日至6月13日，在伊朗举办第六届亚洲杯足球赛。获得前三名的球队是：冠军伊朗，亚军科威特，第三名中国。

奥运会足球赛亚洲参赛队：第二十一届夏季奥运会于1976年7月17日至8月1日在加拿大的蒙特利尔举行。参加本届奥运会足球比赛的亚洲球队是伊朗、朝鲜、以色列。

世界杯·主办地

阿根廷人终于等来主办世界杯比赛的这一天。

阿根廷人热爱足球，足球在阿根廷有着悠久的历史，布宜诺斯艾利斯被称为南美足球历史最悠久的城市，阿根廷队在世界各大洲包括咱们中国有着众多的“粉丝”。但在20世纪60年代以前，阿根廷人对足球的热情和足球水平与他们对国际足联和世界杯的态度正好成反比，这里面还掺杂着阿根廷与巴西这两家足球豪门在球场上的恩恩怨怨，所以，阿根廷人拒绝了1938、

1950、1954年的世界杯。等阿根廷人终于醒过神来，热情高涨地投身世界杯时，又在申办1962和1970年的世界杯主办权上，分别败给了美洲大陆的智利和墨西哥。

就在阿根廷世界杯开赛前两年的1976年，阿根廷发生军事政变。政变上台后的军政府实行严酷的独裁统治，一时间国际上兴起抵制热潮，连著名的荷兰球星克鲁伊夫也一度表示他将退出阿根廷世界杯，有人提议由比利时与荷兰取代阿根廷。不过，在阿根廷政府的强硬坚持和国际足联的努力协调下，阿根廷涉险过关，世界杯如期在阿根廷举办，阿根廷队一路过关斩将，在自己的国土上第一次捧起冠军奖杯。

预选赛·亚大区

这一届的世界杯预选赛，亚洲和大洋洲球队还是同在一个赛区，还是只有一张决赛圈入场券。

这次亚大赛区报名参赛的球队，有的资料说是22支球队，有的资料说是21支球队，为什么会出现不同的数字？世界杯早期资讯不够发达完备的时代，很多资料记载总是出现互相矛盾之处，而这会儿已经是20世纪70年代，怎么还有这样的出入？本书作者认为这个数字的差异应该出在南越（西贡政权）身上。当初南越是报名参加这一届世界杯预选赛的，但是等到预选赛开始编组的时候，这个政权已经不存在，越南统一成一个国家。不过，统一后的越南并没有报名参赛，于是，最初的22队变成21队。

这次亚大区预选赛赛制相对比较简单，分为两个阶段。

第一阶段，小组赛，参赛队分为5个小组，通过小组内的主客场循环赛，决出各小组第一名；

第二阶段，5强赛，5个小组的第一名采用主客场双循环赛制进行决赛，第一名获得世界杯决赛圈入场券。

第一阶段小组赛分组情况和比赛结果是这样的：

第1组：中国香港、新加坡、马来西亚、印度尼西亚、泰国、斯里兰卡。

中国香港队获得小组第一名出线。

第2组：韩国、以色列、日本、朝鲜。

一看这个小组的名单，我们就知道又要出状况。

由于以色列与西亚阿拉伯国家结下的梁子始终无解，随着阿拉伯国家陆续加入亚足联，西亚势力日益壮大，这时他们已不局限于比赛中与以色列相遇时弃权罢赛，而是坚决要求将以色列从亚洲体坛驱逐出去。1974年德黑兰亚运会期间，这一边以色列队在球场上冲锋陷阵为亚运会奖牌奋勇拼杀，那一边亚足联在会场上唇枪舌剑为以色列存留斗嘴吵架；这一边以色列队最终获得亚运会足球赛亚军登上领奖台，那一边亚足联最终通过决议开除以色列会籍。

以色列队从亚运会领奖台上下来，就直接被赶出亚足联，从此与亚足联组织的比赛如亚运会、亚洲杯等等足球赛事无缘。但是以色列人坚持认为自己是亚洲国家，亚足联不要他，他一时也不愿意加入其他洲的足协，所以1974年以后，以色列只有国际足联的会籍，没有洲一级足联的会籍，哪个洲都不算，直接由国际足联管辖，以色列就这么在国际足坛逛荡着。世界杯是国际足联的比赛，国际足联这一届预选赛仍旧把以色列分在亚大赛区，亚足联也只能听而且必须听国际足联的招呼。

为避开西亚国家，以色列被分到东亚这一组。问题是亚足联究竟是哪根神经又搭牢啦？东亚这一组里有朝鲜啊！虽然不能把以色列与西亚阿拉伯国家分在一组里，但是，把以色列与朝鲜分在一个小组会有什么后果，是已经有前车之鉴的。

后果是用脚后跟想想都知道的——朝鲜弃权，这个小组剩下3支球队。

韩国队获得小组第一名出线。

第3组：伊朗、沙特、叙利亚、伊拉克（弃权）

伊朗队获得小组第一名出线。

第4组：科威特、巴林、卡塔尔、阿联酋（弃权）

科威特获得小组第一名出线。

第5组：澳大利亚、新西兰、中国台湾。这一组由大洋洲足协的成员组成。

问题是，中国台湾怎么会变身为大洋洲足协的成员？

这涉及这一时段亚洲足坛发生的大事件——中国加入亚足联。

20世纪70年代，伴随着中国开始重返世界政治舞台，中国体育界也开始了重返亚洲体坛和世界体坛的历程。

1973年11月，中国加入亚洲最重要的体育组织——“亚洲运动会联合会”，这个机构就是今天亚奥理事会的前身。

1974年9月，在德黑兰举行第七届亚运会，亚足联也在此时此地，召开第六届代表大会，会议的一项重要议题是我们上面介绍的取消以色列亚足联会员资格，最终通过了；还有更重要的一项，就是讨论中国足协的入会申请。

中国加入亚足联遇到一个障碍：“当时的亚足联章程规定只有国际足联在亚洲的会员组织，才能加入亚足联。中国足协不是国际足联会员，亚足联拒绝中国足协的入会申请。”中国如何才能跨越这道障碍入会成功？

代表香港出席亚足联会议的是香港足球总会会长霍英东。霍会长在会上埋头研究亚足联章程，发现其中有这样的规定：只要有四分之三的代表同意，就可以修改章程条款。霍会长迅即联络若干个国家足协的代表，向大会提出修改亚足联章程的提案，要求把章程修改为“亚洲足联不限于吸收国际足联成员，凡曾被批准参与亚运会足球比赛者都可以被吸纳为会员”。这个提案的奥妙之处，在于霍会长充分发挥中国人的聪明才智，一招“瞒天过海、暗度陈仓”——只要参加过亚运会足球赛就可以申请加入亚足联——绕开了“亚足联会员必须首先是国际足联会员”这个障碍。由于提案表决时采用的不是投票表决而是举手表决方式，霍会长生怕出现啥意外，万一会议主席老眼昏花数胳膊数错了事后说不清楚，特地吩咐他的大公子霍震霆：“你到台上去照相，台下一举手就拍下来，知道谁支持，谁反对。”这个提案在会上顺利获得通过，这样一来，已经是亚运会联合会会员的中国就被顺利地接纳为亚足联会员，仍然打着“中华民国”旗号的中国台湾则被取消亚足联会籍。

中国被接纳为亚足联成员，打响了20世纪70年代中国重返国际体坛的开门炮：“为中国全面恢复在奥林匹克委员会和其他国际单项体育组织的合法席位，打开了一个缺口。”

被取消亚足联会籍的中国台湾为什么还能参加世界杯？我们排一个时间顺序就会清楚：

1974年，亚足联取消中国台湾会籍，接纳中华人民共和国为会员；

1975年，中国台湾（打着“中华民国”的旗号）以国际足联会员的身份加入大洋洲足协；

1977年，世界杯亚大区预选赛开赛；

1979年，国际足联接纳中国足协为正式会员，国际足联规定中国台湾必须取消“中华民国”的名头，降格为地区，以“中华台北”（中国）足协的名称成为国际足联的会员。

根据上面的时间表，可以看出，本届世界杯预选赛开赛的时候，中国还不是国际足联的成员，未能参加本届世界杯；中国台湾在被取消亚足联会员资格后，又以国际足联会员（打着“中华民国”的牌子）的身份申请加入大洋洲足协，所以他是以大洋洲足协成员的身份，参加本届世界杯亚大区的预选赛。

澳大利亚获得这一小组第一名出线。

第二阶段比赛：5个小组的第一名中国香港、韩国、伊朗、科威特、澳大利亚，采用主客场双循环赛制进行决赛，最后伊朗队以6胜2平的不败战绩，获得决赛第一名，从亚大区打入世界杯决赛圈。

从整个世界杯预选赛的过程来看，足球“第三世界”的人民一直抱怨遭受了不公平的待遇，还是有一定道理的：

欧洲区总共踢了80场预选赛，就有9支队伍出线；

亚大区、非洲区和中北美及加勒比海区三大赛区，一共踢了151场预选赛，才有3支出线队；

欧洲的球队出线只需要踢6场球，亚洲的伊朗队为出线一共踢了12场球！

世界杯扩军迫在眉睫，世界杯决赛圈只有16支球队即将成为历史。从下一届开始，世界杯决赛圈将扩充为24队。

亚足坛·西亚圈

伊朗队千辛万苦地从亚大区杀出，尤其是主客场两胜强悍的澳大利亚队，为亚洲在与大洋洲的对抗中保住了这张宝贵的决赛圈门票，没有让上一届预选赛的悲剧重演。

伊朗的胜利成为亚洲足坛一个重要的标志性事件：西亚足球在亚洲足坛强势崛起，并且日益显示强劲势头。

伊朗是西亚地区除以色列之外足球运动开展比较早的国家。伊朗，古称波斯，历史悠久；伊朗是波斯族为主体民族的国家，不属于阿拉伯世界。20世纪40年代到70年代，伊朗处在巴列维王朝时期，在巴列维国王执政期间，伊朗对外与美国等西方国家保持密切关系，对内实行政教分离的世俗化统治。这一时期正逢阿拉伯世界与以色列陷入有我没你不共戴天的中东大战，伊朗则对中东战争保持着一种较为超脱的姿态，与以色列往来频繁。伊朗与以色列两国的足球界多有交往与比赛，两国的足球水平实力相当，都获得过亚洲冠军。在20世纪70年代之前，亚洲足坛里面西亚足球的代表，主要也就是伊朗与以色列这两个非阿拉伯国家。

20世纪60年代之后，西亚地区的阿拉伯国家基本上获得独立，他们在亚洲政治、经济、文化、体育等各个方面的地位与影响开始显露，其中就包括足球。尽管对于来自西方文化的足球运动，伊斯兰世界里存在一些不同的看法，比较极端的看法是“把足球视为西方魔障，是对本族宗教的亵渎”；但在这个全球化的时代，体育文化的传播具有极大的穿透力，体育语言具有强大的包容性和普适性，阿拉伯主流社会还是接受了足球，并且进而狂热地喜欢上了足球。1974年，阿拉伯足球协会联盟成立，足球运动在西亚地区非常迅猛甚至是以疯狂的速度遍地开花，西亚国家纷纷加入亚足联，投身亚洲各项足球赛事，打入世界杯决赛圈成为他们追求的最高目标。

西亚足球圈形成之后，亚洲足坛演变为东亚、东南亚、南亚、西亚四大板块；竞技格局呈现为东亚和西亚相抗衡；权力格局则逐渐从东南亚向西亚过渡。

亚洲足坛西亚势力壮大之后带来的另一个结果就是——以色列终于被从亚洲足坛排除出去。

长期以来，亚洲足坛东亚和西亚之间的关系复杂而微妙，这种复杂微妙的关系对于亚洲足球运动的发展究竟影响如何？足球界的人士对此似乎并不乐观，有这么一种看法：“东、西亚的地理区域自然划分而形成的亚洲政治、经济及体育权力的割据，相对给发展亚洲足球带来一定困难甚至是畸形的发展，这与舆论界一直呼吁国际足联增加亚洲在世界大赛的名额有实质的差别。”

决赛圈·伊朗队

伊朗第一次出现在世界杯决赛阶段的赛场上，与荷兰、苏格兰和秘鲁分在D组。

伊朗队在首场小组赛中输给橙色军团荷兰队（荷兰队后来获得本届世界杯亚军）。

伊朗队第二场比赛逼平苏格兰队，伊朗人在这一场比赛中踢进世界杯决赛阶段的第一球，取得第一分。

伊朗队最后一场比赛负于秘鲁队，1平2负排在小组最后一名。

这届世界杯虽然中国没有参加，但对于中国足球界和中国球迷们却具有特殊意义。1978年中国开始改革开放的进程，也就在这一年，中央电视台第一次向全国转播世界杯的比赛实况。根据中央电视台有关部门领导的回忆，中央电视台当时并没有购买这一届世界杯的报道权，也没有租用国际卫星电路。当比赛进入到最后的决赛阶段时，电视台突然接到电话，说是超级球迷邓小平先生想看球，“聪明绝顶的中央电视台体育转播前辈，愣是稀里糊涂的从国际卫星公共信号中接收了从大西洋和太平洋卫星转回的阿根廷世界杯信号，第一次向全国转播了世界杯三四名比赛和冠亚军决赛。”本书作者也正是在那一年生平第一次看到世界杯的现场比赛实况。

亚洲足坛猫腻多

——1982年第十二届西班牙世界杯

本章看点：

两伊战争炮火下的西亚足球

中国队初识足坛猫腻

“酋长”冲入绿茵场

亚细亚·大事件（1978年7月—1982年6月）

以色列与埃及媾和：1978年9月17日，以色列、埃及、美国三方领导人在美国签署《戴维营协议》，中东和平获得突破性进展；1979年3月26日，以色列与埃及在美国白宫签署《埃以和平条约》，两国结束战争状态，建立外交关系；1982年4月25日，以色列撤出埃及西奈半岛，实现以土地换和平。

柬埔寨战争：1978年12月26日，越南军队进攻柬埔寨，柬埔寨战争爆发。

伊朗伊斯兰革命：1978至1979年，伊朗宗教领袖霍梅尼领导伊斯兰革命，推翻巴列维王朝；1979年4月1日，伊朗伊斯兰共和国建立，霍梅尼成为伊朗最高领袖。

阿富汗战争：1979年12月25日，苏联军队入侵阿富汗，在阿富汗扶植亲苏政权，阿富汗境内爆发反对苏军入侵的战争。

两伊战争：1980年9月22日，以领土争端为导火索，伊拉克领导人萨达姆发动对伊朗的进攻，两伊战争爆发。

亚足坛·大事记（1978年7月—1982年6月）

亚足联新成员：越南（1978）、澳门（1978）、阿曼（1980）、老挝（1980）。

中国加入国际足联：1979年10月13日国际足联执委会通过决议，重新接纳中华人民共和国足球协会为会员，把中国台湾的“中华民国足球协会”降格为“中华台北足球协会”，并不得使用前“中华民国”的任何标志；这一决议在1980年7月7日国际足联的第42届代表大会上得到批准。中国重返世界杯的大门完全打开。

亚运会足球赛：第八届亚运会于1978年12月9日至12月20日在泰国曼谷举行。获得本届亚运会足球赛前三名的球队是：冠军朝鲜、韩国（并列），第三名中国。

亚洲杯：1980年9月15日至9月28日，在科威特举办第七届亚洲杯足球赛。获得前三名的球队是：冠军科威特，亚军韩国，第三名伊朗。

奥运会足球赛亚洲参赛队：第二十二届夏季奥运会于1980年7月19日至8月3日在苏联的莫斯科举行。参加本届奥运会足球比赛的亚洲球队是伊拉克、科威特、叙利亚。

世界杯·主办地

这一届世界杯，国际足联将举办权授予西班牙。

西班牙的足球历史悠久。西班牙最早的足球俱乐部成立于1878年，大名鼎鼎的巴塞罗那俱乐部和皇家马德里俱乐部分别成立于1898年和1902年。西班牙的足球水平并不低，但是西班牙足球被认为具有两面性——超牛的俱乐部水平和不怎么理想的国家队战绩。

这一次西班牙得到世界杯的主办权，本土作战，本来是个长脸的大好时机，结果却有点打脸，小组赛1胜1平1负，得分与小组第三名相同，靠总进球数多一个惊险地以第二名出线；复赛的两场比赛1平1负被淘汰；西班牙队总共踢了5场球，1胜2平2负，才赢下一场球。

亚大区·小组赛

这一届的世界杯终于扩军，决赛阶段参赛队数量由16支扩军到24支，原来的“第三世界”亚大区、非洲区和中北美区出线名额也从原来的各一个增加到各两个。不过整体看下来，扩军之后带来更多实惠的那还得是欧洲——欧洲的出线名额从10个增加到14个。

我们先把亚洲国家以色列的情况说一下。虽然以色列已经在1974年被亚足联除名，但是以色列除名后哪个洲都不去，像个流浪儿在国际足坛逛荡着，由国际足联直接管理。所以，只要以色列还在流浪，我们就还是继续记述这个亚洲国家世界杯的流浪之路。

这一届以色列流浪到欧洲赛区参加预选赛。以色列被分在欧洲区第6组，同组的球队是苏格兰、北爱尔兰、瑞典和葡萄牙。在主客场双循环比赛中，以色列1胜3平4负，小组垫底。唯一的胜利是主场4∶1大胜葡萄牙，葡萄牙本来只要取胜以色列便可出线，由于这一败而功亏一篑。

这一届亚大区除以色列之外共有20支球队报名参赛，争夺2张决赛圈入场券。

比赛分为两个阶段：

第一阶段，小组赛，参赛队大致按地理区域分成4个小组进行比赛，各组的第一名出线；

第二阶段，4强赛，4个小组的第一名进行主客场双循环赛，得分最高的前两名获得进军西班牙的门票。

第一阶段小组赛的情况概述如下：

A组：澳大利亚、新西兰、斐济、中华台北（中国）、印度尼西亚。

这一组由大洋洲足协的4支球队，加上地理位置最靠近大洋洲的亚洲国家印度尼西亚组成。中华台北（中国）此时仍是大洋洲足协的成员，在国际足联接纳中华人民共和国足协为会员后，大洋洲足协曾暂停打着“中华民国”旗号的中国台湾的会籍，等到其降格并更换名称为“中华台北”（中国）后，才重新恢复其大洋洲足协的会籍。

大洋洲足坛向来是澳大利亚的天下，但这一届新西兰人发威，在与澳大利亚队的主客场比赛中取得1胜1平的成绩，最终获得小组第一名出线。

B组：沙特阿拉伯、伊拉克、卡塔尔、巴林、叙利亚。

沙特阿拉伯队获得小组第一名出线。

C组：科威特、韩国、马来西亚、泰国、伊朗。

科威特队获得小组第一名出线。

科威特出线有一个重要的外部因素——伊朗退赛。这是亚洲足坛受亚洲政治冲击的又一个典型案例。

伊朗原来报名参加本届的预选赛，但后来弃权。伊朗的弃权退赛与当时打得热火朝天的两伊战争有重要关系。

伊朗与伊拉克这两国在20世纪80年代为什么要打一场两伊战争？从中东地区战略格局的演变来看，与以色列埃及两国媾和、中东和平进程取得突破性进展之后，中东地区国际冲突的内涵发生改变有关。

阿拉伯世界与以色列作为不共戴天的死敌，从1948年以色列建国到1973年，25年间打了4场大规模战争，其他的小打小冲突几乎是接连不断。阿拉伯世界与以色列作战的主要国家是与以色列接壤的埃及、约旦、叙利亚以及黎巴嫩，这些国家被称为“前线国家”，尤其是埃及，是前线国家中的主力国家，也是唯一一个打满全部4次中东战争的前线国家。由于埃及在与以色列的战争中发挥着举足轻重的作用，从而为自己赢得阿拉伯世界带头大哥的地位。但是，这个带头大哥地位的代价太沉重，沉重到埃及已无法承受：在第三次中东战争中埃及战败，以色列占领埃及的领土西奈半岛，一直打到苏伊士运河；埃及与以色列两军隔着苏伊士运河对峙，河中遍布水雷；1967年之后，苏伊士运河被迫关闭，埃及人守着这棵巨大的摇钱树却再也摇不下一分钱。

对于以色列来说，尽管在与阿拉伯世界的战争中屡战屡胜，但是这么一个小国，犹如孤岛漂浮在阿拉伯世界仇恨的汪洋大海之中，必须寻找和平之路。以色列采取以土地换和平的策略与埃及媾和，既是这一策略的成果，同时也分化了阿拉伯世界联合对付以色列的阵线。

由于埃以成功媾和，化干戈为玉帛，埃及总统萨达特与以色列总理贝京共同获得1979年诺贝尔和平奖。

不过这时阿拉伯世界与以色列的关系整体上还处在敌视紧张状态，埃及与以色列媾和在当时并没有得到阿拉伯世界普遍认同，有人甚至将埃及总统萨达特视为叛徒，1981年，萨达特被本国的激进分子刺杀。

但是，带头大哥埃及开了这个头之后，阿拉伯世界与以色列之间的关系还是逐渐地由战转和，对抗的尖锐性不断下降。这样一来，原来被掩盖的中东地区其他国家之间的历史矛盾和利益纠葛开始显露出来，逐渐取代阿拉伯世界与以色列之间的矛盾，成为中东地区的主要矛盾。

两伊战争就是在这样的背景下爆发的。

上一章我们说过，伊朗不是阿拉伯国家，国内的主体民族是波斯族，这也是伊朗与中东地区很多阿拉伯国家发生矛盾的民族因素；再加上那个年代，伊朗的巴列维王朝与美国以及西方的关系挺不错，所以当中东的阿拉伯国家同仇敌忾一致对付以色列的时候，伊朗则站在一边事不关己置之度外。

1979年，伊朗发生伊斯兰革命，巴列维王朝被推翻，国王逃亡国外，在外流亡多年的伊斯兰什叶派领袖霍梅尼回国掌权。伊朗的内政与外交方针发生根本性的转折。

伊朗西边的邻居是伊拉克，当时掌权的是总统萨达姆。两伊之间本来就有许多历史积怨和现实矛盾，伊朗革命之后，两伊之间矛盾迅速激化。1980年9月22日，伊拉克军队以领土争端为由向伊朗发动攻击，两伊战争爆发，这一打就是八年。

两伊战争初期，伊拉克军队攻入伊朗境内，伊朗大片国土被占，军事形势非常严峻。此时正值世界杯预选赛开赛，上一届世界杯伊朗首次打入决赛圈，对伊朗民众和足球事业鼓舞很大，如果这一次伊朗足球队能够再次凯旋而归，对于鼓舞战争中的民心士气，肯定是件好事。

但是，问题出在分组上。两伊战争爆发后，中东的政治格局被撕裂，中东地区的国家纷纷根据自己国家的利益选边站队，从站队之后形成的阵营来看，阿拉伯国家基本上都支持伊拉克兄弟，仅有很少的国家支持伊朗。由于伊朗与阿拉伯国家之间的纠葛和过节，它在西亚地区其实是比较孤立的，这一点从今天亚足联下属5个分支协会的成员构成就可以看出一些端倪——伊朗加入的并不是西亚足球协会，而是中亚足球协会。

以色列被逐出亚足联之后，西亚足坛足球实力最强的就是两伊，80年代仿佛是亚洲足坛一个时间的分水岭，两伊开仗之后，西亚其他国家的足球水平和成绩突然蹭蹭见长，尤其是沙特阿拉伯和科威特，这两家成为亚洲足球大赛（亚洲杯和亚运会）前三甲的常客。

伊朗与科威特分在同一个小组，科威特恰好是选边站队中站在伊拉克这一边的国家。科威特可不是光要嘴皮子喊口号，而是动真格的——伊拉克的出海口被伊朗军队封锁后，科威特同意伊拉克借道将石油出口，换取宝贵的美元购买武器继续与伊朗作战，从这点来看，科威特在两伊战争中着实帮了伊拉克一个大忙。伊朗对科威特的做法当然很恼火，不愿意与科威特比赛，干脆退赛。①

科威特队最后能一路过关获得世界杯决圈赛门票，伊朗的退赛在相当大程度上成全了科威特，虽然说足球是圆的，两队交手起来也很难说科威特就一定没有胜算，但总体来看，毕竟伊朗的足球实力是高于科威特的。

D组：中国、日本、朝鲜、新加坡、中国香港、中国澳门。

这一组除新加坡，其他都是东亚地区的球队。

澳门和香港一样，在这个年代还没有回归，澳门仍然在葡萄牙手中。澳门足协早在1939年就成立，澳门队这次是第一回参加世界杯的比赛。

中国在时隔20多年后重返世界杯赛场，这一组最大亮点毫无疑问是中国队的参赛，甚至也可以说是这一届世界杯预选赛的亮点之一。

D组所有的比赛都安排在香港进行。D组的赛制设计也比其他三个组要复杂，分成三个轮次。

第一轮次，排位赛，也叫编组赛，1974年世界杯亚大区预选赛A赛区就

① 国际足联《世界杯官方传记》中提供了另外一种说法：伊斯兰革命之后建立的伊朗新政权对于源自西方的足球运动暂时还难以容忍，所以没有参赛；一直到伊朗当局的看法改变后，伊朗才重新回到亚洲足坛。

是这么干的。排位赛的赛制是：小组里的6个队先两两对阵，打一轮比赛，然后根据比赛结果，两个胜队和一个负队组成第一小组，另外的一个胜队和两个负队组成第二小组。这一阶段的比赛不淘汰任何球队，只是按比赛成绩分小组。我们现在回头看这个排位赛，怎么看都觉得没啥必要，白白地多踢一场球。

排位赛的结果：中国队胜中国香港队；朝鲜队胜中国澳门队；日本队胜新加坡队。

中国、日本、中国澳门组成第一小组，朝鲜、中国香港、新加坡组成第二小组。

第二轮次，小组赛，通过小组循环赛，前两名小组出线。

第一小组：中国队排名小组第一；日本队排名小组第二；中国澳门队被淘汰。

第二小组：朝鲜队排名小组第一；中国香港队排名小组第二；新加坡队被淘汰。

第三轮次：交叉赛和决赛。

第一小组第一名中国队对第二小组第二名中国香港队，中国队获胜。

第二小组第一名朝鲜队对第一小组第二名日本队，朝鲜队获胜。

中国与朝鲜进入决赛，争夺D组的出线权。自70年代以来，中国队与朝鲜队10次交锋，中国队2胜2平6负，从战绩看处于下风。中朝两队这一场球打得是荡气回肠，朝鲜队率先进球，中国队连进两球后来居上，朝鲜队再进一球。90分钟双方打平。加时赛，中国队三军用命再入两球，4:2，中国队从D组出线。

4强战·中国队

亚大区第二阶段：4强战，由4个组的第一名中国、新西兰、沙特阿拉伯和科威特进行主客场双循环赛，前两名获得世界杯决赛圈入场券。

我们以中国队的比赛为中心点来看这一阶段的4强战。正是从这一届世界杯开始，中国足球运动与世界足球运动接轨，这是中国队真正意义上的世界杯之战，也是中国民众真正了解和观看世界杯的开端。

4强赛首先在中国与新西兰之间展开。

1981年9月24日，中国队在北京主场迎战新西兰队。这是改革开放后的中国足球第一次与世界足球接轨。国门初开，对于世界竞技体育圈内的游戏规则，中国体育界还有点懵圈：第一，中国体育界长期以来一直强调“友谊第一比赛第二”的体育交往原则，一上场才发现，对手根本不理你这个茬，赛场上只有比赛不讲友谊。新西兰人的凶狠动作，把中国队员整得都不知道怎么踢才是；第二，中国队对于如何依据主场和客场的不同条件来制定不同的战术也缺乏经验，尤其是怎样利用主场优势尽可能拿下比赛认识不足，强调主场比赛“能赢更好，至少别输”（这分明是客场作战的目标）；第三，要求观众为双方运动员加油，认为只有这样才显出我们有悠久的历史文化和泱泱大国的风度。

中国队与新西兰队首战的结果0∶0，果然不输不赢。“新西兰队在0∶0打平之后，教练和队员互相拥抱狂喜庆贺之时，对当时在世界大赛中客场战平就是胜利毫无认识的中国足球队，上上下下都感到莫名其妙。”接下来10月3日，中国队客场对新西兰队0∶1告负。两战1平1负，仅积1分，中国队开局黯淡。

不过接下来中国在与科威特和沙特阿拉伯这两支西亚球队的比赛中，大放光芒。

10月18日，中国队在主场迎战科威特队。科威特队是亚洲杯的新科冠军，对中国队保持着2胜1平的不败战绩。主场作战的中国队这次改写了从未战胜科威特队的历史，而且是以3∶0大胜。

接下来在马来西亚吉隆坡与沙特阿拉伯队的两场比赛，更是把中国队一下子带到西班牙的大门口。

由于当时沙特阿拉伯还与中国台湾保持着“外交”关系，所以，中沙两国之间的比赛只能放在第三国马来西亚的吉隆坡进行。这对中国队来说是个利好消息，毕竟中国距离马来西亚比起沙特阿拉伯可近得太多，而且大马有着数量众多的华侨华人，可以在观众席上营造出主场气氛。

中沙第一场比赛踢得惊心动魄，开赛仅10分钟中国队就以0∶2落后，谁料得下半场中国队踢得风生水起，连扳4球，4∶2获胜；挟首战余威，第二场中国队又获胜利。

短短一个月内，中国队对包括新科亚洲杯冠军在内的西亚球队3战3胜。也正是这样的战绩，中国队之后在对阵西亚球队时，无论是心理状态还是球场对抗，似乎还占一些优势，至少是不怵。这种局面一直到伊朗队成为中国队的苦主之后才发生变化。

1981年11月30日，中国队最后一战在科威特客场失利，结束了4强战的比赛。

这一届预选赛赛程安排的怪异之处开始显灵。现在的地球人都知道，最后一轮的比赛必须安排在同一时间进行，可在那时，当中国队的比赛全部结束时，其他3强的比赛居然还都各有两轮比赛尚未进行——后来中国人才知道，原来这里面隐含着多么宽阔的辗转腾挪的空间。难怪当中国队无缘决赛圈之后，中国媒体人愤愤地这么评论："这是白痴才能安排的赛程，是傻子才能接受的赛程。"

4强赛的最后一场比赛是沙特阿拉伯队主场对新西兰队。当时的得分情况是这样的：科威特队积9分铁定出线；沙特阿拉伯队积1分彻底没戏；中国队积7分；新西兰队少赛一场积5分，净胜球比中国队少5个。

最后一战，新西兰队要想出线，必须取胜，而且净胜球必须多于5个；如果取胜但净胜球少于5个，新西兰队被淘汰（当时的规则是胜一场得2分，积分相等时只比净胜球数，不比总进球数）。

之前新西兰队主场作战时也只是非常艰难地与沙特阿拉伯队2:2打平，现在轮到沙特阿拉伯队主场作战，那时中国人普遍的也是非常正常的想法是：虽然沙特阿拉伯队已经被淘汰，但是当着这么多主场观众的面，面子总还得要吧？沙特阿拉伯队就算不赢，至少可以打平吧？就算输球，输一个两个也就撑破天了吧？

这么一想，中国队铁定出线！人生第一次看中国队冲击世界杯就打进决赛圈，中国球迷心情那叫一个激动。

中国球迷是这么想的，中国足球队队员也是这么想的，中国足球的管理者也是这么想的。中国队刀枪入库马放南山，先回家休息。

1981年12月19日，4强赛最后一战沙特阿拉伯与新西兰开赛。那个年头中国经济不宽裕，实况转播球赛不太多，没有中国队参加的比赛一般不直播，但是这回中央电视台破了例，中国球迷都候在电视机前等着比赛结束之后好好庆祝一下。

诡异的事情在众目睽睽之下发生：从第15分钟到第30分钟，新西兰队头顶脚踢，连灌沙特阿拉伯队5球，平均3分钟进一个。本书的作者当年也在看直播，这场球看完，感觉有点颠覆了对足球比赛的认知。

之后的60分钟，双方你来我往，但是谁都不进球。5:0，新西兰队不多不少就赢5个球，总积分和净胜球与中国队一模一样。

按照规则，双方必须在第三方场地，再打一场附加赛，决定那张决赛圈入场券的归属。

中国人如梦初醒，原来足球是可以这样踢的。

这之后，多少年过去，提起这场球，中国球迷对沙特阿拉伯队就气不打一处来，认为他们把中国队给算计了。不过如今细想起来，感觉人家放水放得还挺艺术，不多不少刚刚5个，并没有一放到底，把事做绝。沙特阿拉伯队等于撂下一句话：中国和新西兰，你俩真刀真枪再干一仗吧。

附加赛的中立场地选择挺费周折：新西兰在场地选择上相当积极主动，先是提出放在西班牙，这样不管胜败，也算是来过一趟西班牙。国际足联否决此提议，决定还是放在马来西亚。没料想马来西亚不同意，他们不想再当第三者。新西兰又提出澳大利亚的墨尔本和美国的洛杉矶，好家伙，这俩地离中国可都不近，一个南半球一个西半球。国际足联否决了洛杉矶并增加新加坡为候选地。最后抽签，新加坡中签。

新加坡距离适中，场地优良，华裔众多，天时地利人和，对于中国队而言至少是占地利与人和。

中国队是在沙特阿拉伯与新西兰之战结束之后的第二天，紧急将分散在全国各地休息的队员重新召集备战。原来以为去西班牙已经铁板钉钉的中国球员，“多数人带着一股愤慨、似被人坑害而被迫来打这场又无把握的比赛的心情”。

沉浸在这种心情里，中国队的竞技状态明显受到影响，面对打法简单球风凶悍的新西兰队，取胜无门，最后以1:2败北。

这次4强战的结局让中国足球界和球迷们记忆深刻，心情郁闷至极。中国队似乎一只脚已经迈进西班牙，又生生地被人家给涮了一把，空欢喜一场。

媒体的说法是：煮熟的鸭子飞了。中国久离亚洲足坛和世界足坛，哪里知道里面居然有这么多的花花肠子。其实说到底，应该还是自己的失算失误失策的因素更多一些。

1958年的世界杯年代距离中国人太久远，而且那时的中国并没有与世界接轨，对于绝大多数中国人来说，记忆之中的中国队第一次世界杯征程就是始于1982年西班牙这一届。也是从这一届开始，中央电视台正式购买世界杯报道权，实况转播22场比赛，让中国球迷和电视观众真正认识和了解世界杯。那个年头的娱乐活动不多，世界杯足球赛是少有的能给中国民众带来无比激动和无尽谈资的文体项目，让人们对精彩纷呈火花四溅的世界杯赛场充满着期待和向往。

决赛圈·科威特

以往亚洲和大洋洲赛区只有一个出线名额，只能有一个洲胜出，这次分配两个名额，正好亚洲和大洋洲各拿一个，因此，这也使得世界杯举行到这一届，才第一次在决赛阶段的赛场上出现六大洲大团圆的场面。

科威特与英国、法国和捷克斯洛伐克一起分在D组。初次来到世界杯决赛圈的科威特人闹出了不小的动静，让国际足联和现场观众开了眼，不过不是因为科威特的球技：

科威特队小组赛首场比赛的对手是捷克斯洛伐克队。科威特队带着吉祥物来到世界杯赛场，这个很正常，很多球队都有自己的吉祥物；科威特队提出要在开赛之前带着吉祥物绕场一周，这个要求看起来似乎也很正常，按照我们中国人的说法就是讨个吉利嘛。科威特队的吉祥物是骆驼，很符合沙漠民族的特性。可是问题在于，他们的吉祥物并不是一只公仔毛绒骆驼——而是一只活骆驼。科威特队要求牵着活骆驼吉祥物绕场一周，大概是想把好运气撒遍全场，这个要求被国际足联拒绝。这场比赛，科威特队与捷克斯洛伐克队1∶1战平；也不知道如果真能牵着骆驼绕场一周，科威特队会不会取胜。

科威特队第二场比赛对法国队。在比赛进行中，法国队攻入一球，在场观赛的科威特官员立马提出抗议，他们认为在法国人射门前，从看台上传来哨音，科威特球员被误导停止防守，所以这球不能算。在看台上观战的科威特埃米尔（相当于国王）的弟弟法赫德亲王——他也是科威特足协主席——甚至冲下看台，命令科威特队员罢赛抗议，并对国际足联出言不敬。结果，本场执法的苏联裁判斯图帕尔不知道是不是被亲王的强大气场给镇住，居然改判进球无效。国际足联的相关记载用“酋长冲入球场”来记述这一事件。虽然如此，在法国队面前科威特队还是无计可施，以1∶4败北。赛后，国际足联以“反体育”的行为对法赫德亲王罚款25000瑞士法郎，至于那位气场过于弱小立场太不坚定的倒霉蛋苏联裁判，则被国际足联永远禁止在世界杯比赛中上场执法。

科威特队小组赛最后一场对英国队，以0∶1小负。1平2负，科威特队小组垫底。

在预选赛中让中国队饮恨而归的新西兰队比赛结果我们也记述一下：

新西兰与巴西、苏格兰、苏联分在F组。新西兰队首战2∶5输给苏格兰队，次战1∶4败给巴西队，第三战0∶3负于苏联队，三战皆负，也是小组垫底。

东亚足球大变局

——1986年第十三届墨西哥世界杯

本章看点：

亚洲终于成为独立赛区

中国足球刻骨铭心的“黑色5·19”

日本足球崛起改变东亚格局

亚细亚·大事件（1982年6月—1986年5月）

两伊战争战火蔓延：1982年7月，伊朗军队发动反攻，打入伊拉克境内；两伊使用导弹和空军向对方城市以及波斯湾航行的各国船只进行攻击；两伊战争呈现国际化趋向。

亚足联·大事记（1982年6月—1986年5月）

亚足联新成员：马尔代夫（1986）。

亚运会足球赛：第九届亚运会于1982年11月19日至12月4日在印度新德里举行。获得本届亚运会足球赛前三名的球队是：冠军伊拉克，亚军科威特，第三名沙特阿拉伯。

亚洲杯：1984年12月1日至12月16日，在新加坡举办第八届亚洲杯足球赛。获得前三名的球队是：冠军沙特阿拉伯，亚军中国，第三名科威特。

奥运会足球赛亚洲参赛队：第二十三届夏季奥运会于1984年7月28日至8月12日在美国的洛杉矶举行。参加本届奥运会足球比赛的亚洲球队是伊拉克、卡塔尔、沙特阿拉伯。

世界杯·主办地

按照洲际轮转，1986年世界杯应该轮到美洲。

国际足联起初把这一届的主办权授予南美洲的哥伦比亚。主办地确认之后，世界杯决赛圈开始扩军，从16支球队扩为24支，这就意味着主办国必须要具备与扩军后的球队数量相匹配的运动场、训练场、酒店宾馆、配套设施……上一届西班牙是在扩军后第一个主办世界杯的国家，哥伦比亚国力有限，与西班牙没法比。1982年9月，哥伦比亚议会经过长达40天的辩论，权衡再三，感觉实在无力承受，哥伦比亚总统满含酸楚地宣布放弃举办，将承办权交还给国际足联，“哥伦比亚就成了唯一拒绝举办世界杯的东道主”。

国际足联一回身把这个幸运大馅饼砸到墨西哥头上，时隔16年，墨西哥再次得到世界杯主办权。墨西哥足球水平并非世界一流，却成为第一个两次举办世界杯的国家，羡煞多少足球强国。此时留给墨西哥人的准备时间只有3年。

好事多磨。就在比赛开幕前一年的1985年9月19日，墨西哥附近太平洋底发生8.1级地震，仅首都墨西哥城的中心区域就有30%的建筑物被毁，人员伤亡超过一万，这次地震被认为是墨西哥历史上震级最强、损失最为严重的地震。

地震没有摧毁墨西哥人承办世界杯的信念，最为神奇的是，墨西哥在9个城市为世界杯准备的12座足球场，在地震中全部安然无恙。一年后，世界杯如期举行。墨西哥队一路过关斩将高歌猛进，墨西哥观众也十分给力，他们演示出一项让全世界电视观众叹为观止的场景：墨西哥人在观众席上如接力赛一样逐次站起挥舞手臂，形成浪潮涌动的视觉效果。这一场景被冠名为“墨西哥人浪”，如今墨西哥球迷的这项发明创造已经成为全球大型体育赛事尤其是足球赛事的观众助兴活动标配。墨西哥队战绩也十分辉煌——最后的排名是本届世界杯第六名，这个名次创造了墨西哥足球运动的历史。

率领墨西哥队创造这一神奇业绩的主教练是个南斯拉夫人，他的名字叫米卢蒂诺维奇……他的神奇在20世纪90年代还将延续，并在古老的东方延续到下一个世纪。

预选赛·亚洲区

世界杯决赛圈扩军给亚洲足球带来的影响愈发明显：

首先，亚洲最终恢复为一个独立的预选赛分区。在这之前亚洲与大洋洲纠缠了5届20年，亚洲对国际足联硬把南半球的大洋洲强行拉郎配“嫁”到北半球一直怨言不止，这回总算姻缘散尽各奔前程。从此以后，亚洲就一直作为一个单独的预选赛赛区。

第二，决赛圈入场券变相增加。虽然这一届亚洲区还是两张决赛圈入场券，但是这是在排除大洋洲球队之后的两张。多年来澳大利亚和新西兰在亚洲左冲右突，亚洲球队与他们合一个赛区吃亏不小，排除掉这澳洲哥俩，无形之中等于给亚洲涨了名额。

这一届亚洲区预选赛的赛制安排有点意思——不是全亚洲的球队共同来争这两张决赛圈入场券，而是把亚洲分成东西两个分区，每个分区各自争一张决赛圈入场券。

这两个分区，国际足联称为远东区和中东区，我们亚洲人习惯叫东亚区和西亚区。

这一届的这种分区法，估计东亚和西亚都挺满意：

西亚那一区，虽然这些年西亚的石油国狠命地往足球运动里砸钱，但足球水平的提高不是一时半会的事，那个年头西亚足球对付东亚足球似乎信心不足，这样一分开，西亚就避开东亚，可以确保一张决赛圈入场券。

东亚这一区，虽然把东南亚、南亚也都划拉进来，但是真正的足球牛国并不多，主要就是朝鲜半岛韩国与朝鲜那哥俩，再加上一个中国。

可能最高兴的还是中国队和中国球迷。上一届中国队眼看都可以预订去西班牙的机票，最后被人家一记闷棍打得心里拔凉拔凉的，现在东亚西亚一分区，就不用跟那些阿拉伯人斗法斗心眼。放眼东亚和东南亚，能和中国队叫叫板的球队还真没几个：那年头日本队基本不被中国队放在眼里，中国队也还没有患上什么“恐韩症”，尽管半岛兄弟俩比较牛，可是中国并不怵，完全有得一拼。所以，这次的分区对于中国队貌似是个大大的利好消息。

亚洲区·西亚区

西亚区的预选赛遇到麻烦事，都是两伊战争惹的祸。1985年的时候两伊战争依旧打得热火朝天，伊拉克和伊朗仍然都报名参赛，战争还是无法阻挡世界各国人民对足球的喜爱与热情。问题是这两个国家都处在战火之中，飞机导弹在两伊上空窜来窜去，炮弹炸弹在两伊土地到处开花，哪里可能让人家安心地踢球和安全地看球？所以，国际足联要求两伊与其他国家的比赛都必须安排在中立第三国进行。

伊拉克接受这一安排，但伊朗不干。上一章说过，在两伊战争中阿拉伯国家基本上都是支持伊拉克的，要找一个不支持伊拉克的西亚国家还真不容易，伊朗觉得等于被伊拉克占走主场的便宜。

伊朗再次弃权退赛。

西亚区的预选赛共打三轮，最后决出冠军获得入场券。

第一轮，参赛的13支球队分成4个小组，各小组的第一名出线。

A组：由阿联酋、沙特阿拉伯、阿曼组成。阿曼报了名但最后弃权，只剩下阿联酋和沙特阿拉伯。阿联酋队爆出个小冷门，主客场两回合1胜1平淘汰新科亚洲杯冠军沙特阿拉伯队。

B组：由伊拉克、卡塔尔、约旦、黎巴嫩组成。

伊拉克队获得小组第一名出线。

C组：由叙利亚、科威特、北也门组成。

叙利亚队获得小组第一名出线。

D组：由巴林、南也门、伊朗组成。

伊朗队弃权之后，巴林队主客场1胜1平淘汰南也门队出线。

第二轮：半决赛。

A组第一名阿联酋队对B组第一名伊拉克队，首回合伊拉克队客场3∶2获胜。次回合，伊拉克队的主场设在沙特阿拉伯，他们主场1∶2失利，这样两队的积分和总进球数相等，但伊拉克队凭借客场进球多淘汰阿联酋队进入决赛。

C组第一名叙利亚队以两回合总比分2∶1淘汰D组第一名巴林队。

第三轮：西亚区决赛。

首回合伊拉克队在客场与叙利亚队打平。次回合伊拉克人没有再给叙利亚人留下机会，干脆利落地取胜，西亚区这张宝贵的世界杯入场券居然被处于战火之中的伊拉克人获得。

亚洲区·东亚区

东亚区的赛制安排与西亚区一模一样，打三轮，抢一张入场券。

第一轮：14支参赛队分为4组，小组第一名出线。

A组：由韩国、马来西亚、尼泊尔组成。

韩国队出线。

B组：由印度尼西亚、印度、泰国、孟加拉国组成。

印度尼西亚队出线。

C组：由中国、香港、澳门、文莱组成。

如果要预测这一小组哪支球队出线，问100个人，这100个人都会说：中国队。中国队上一届失利的一口气还憋着，再看看同组的这些个球队，好像就是专门让中国队来撒气的。

主客场双循环的比赛，中国队在前五场4胜1平，对澳门和文莱两支鱼腩球队4战全胜，进球22，失球0。唯一踢平的一场球是客场0∶0与香港队的比赛。

香港队也是4胜1平，进球17，失球1。

中国队与香港队进行最后一场小组赛，打平即可出线。

1985年5月19日，中国队在北京工人体育场主场迎战香港队。当时中国的整个舆论气氛，没有人认为会打平。中国队员也没把香港队放在心上，甚至放出“赢不了，我们就跳海不活了”的豪言，看台上球迷打出的大幅标语是“中国队必胜”“进军墨西哥”；有的球迷举着标语上面直接打上比分“2∶0”，结果却遭到观众的嘲笑：“2∶0？今天中国队要踢个2∶0就算输了，怎么也得3∶0以上！”

上半场，双方1∶1打平，这不是好兆头。其实之前中国队客场与香港队打平就已经是一个预兆，香港队并不好对付。中场休息时，有领导从看台上下来，挤进更衣室，向球员下达进攻指示，急得中国队教练直叫唤：“现在我们不欢迎领导进来，快把门关上！”就在这种非赢不可的气氛中，中国队下半场继续猛攻，被对手一个反击得手，香港队再进1球。

又应了“足球是圆的”这句谶语，中国队竟然在主场8万名观众面前1∶2被香港队击败。

中国媒体记者这样描绘当时的场面：“1985年5月19日21点30分，北京工人体育场的8万球迷和数以千万计的中国电视观众，经历了一场从未有过的大震颤。当印度裁判一声长长的中场哨音吹响，全场观众如同参加葬礼，不由自主地站立起来，各自的心像被一条无形的绳索捆绑着，沙哑的嗓子哽塞了，手中的旗帜卷缩着，人们直愣愣地望着眼前发生的一切，在痛苦地接受着根本没有预料到的事实。谁能想到，几分钟之前还是浪翻涛涌的工人体育场，此刻竟像冻结了的北冰洋。”

从体育场涌出的部分人群开始在北京的街头肆意宣泄愤懑的情绪，打架斗殴，砸车破窗，大量公共设施被损毁，当局紧急出动数千名警察来平息事态。“足球酿成了震惊中外的事端”，中国足球运动史上留下永远的“黑色5·19”。

对于中国人来说，这种球迷的骚乱是件挺丢脸的事，但是老外的观察视角与咱们有些不同，英国路透社在报道事件时这么评论：“5月19日发生在中国首都的足球事件表明，中国已经加入了世界时代生活的洪流……”在老外看来，输球之后球迷闹些事竟然是世界的流行风，改革开放的中国连这个都得接轨。

D组：由日本、朝鲜、新加坡组成。

日本队出线。

第二轮：东区半决赛。

A组第一名韩国队对B组第一名印度尼西亚队。韩国队两战全胜。

C组第一名香港队对D组第一名日本队。日本队也是两战全胜。

第三轮：东区决赛。

韩国队对日本队。现在的韩国足球和日本足球都已不是当年的模样。

韩国队参加世界杯预选赛还是1954年那一届，已经30多年前的事。20年前1966年的世界杯预选赛，韩国本来已报名，但觉得自己不是朝鲜的对手，为保全脸面，推三阻四地弃了权，还被国际足联罚款5000美金。那一届的世界杯决赛圈比赛，朝鲜队以1∶0击败世界冠军意大利队挺进8强，对韩国人是巨大的刺激和极大的激励，都是同一个民族，北边能做到的南边也可以做到。职业化之路是韩国足球腾飞的重要促进因素，韩国于“1980年首次实行部分职业化，后于1983年成立完全职业制的‘超级联赛’。”韩国足球界多年的努力耕耘终于要开始收获。

日本足球的进步在这一届世界杯预选赛中也已经显露。之前的日本遇上朝鲜半岛这哥俩还真没戏，屡战屡败，“恐韩症”这个词语原创者其实是日本人（日语的写法是“韓国コンピレックス”），来源于日本媒体对日本足球队的嘲讽，如果说真有什么“恐韩症”的话，最早出现这个症状那就是日本队。日本队不仅恐韩，还“恐惧当时被他们称之为‘东亚巨人’的中国队”。日本从20世纪70–80年代开始迈出足球职业化的步伐，日本对世界足球运动的认识也发生根本性的改变，不再作茧自缚坚守在什么奥运最神圣、业余最高尚的观念之中。这届预选赛日本与朝鲜分在一个小组里，日本队先在东京主场以1∶0获胜，这是日本队第一次取得对朝鲜队的胜利，意义非凡；接着又在平壤客场与朝鲜队0∶0战平，1胜1平淘汰朝鲜队。

韩国与日本进入决赛，这场东亚区世界杯决赛圈门票争夺战被当时的媒体称之为“史上最强韩国”与“史上最强日本”的“传说对决”。

首先由日本队在东京主场迎战韩国队，到场观战的日本观众6.2万人，将国立体育场挤得水泄不通，韩国队毕竟还是技高一筹，2∶1获胜；接着韩国队在汉城主场1:0再胜，两战两胜淘汰日本队，拿走东亚区这张入场券。

韩国队获得出线权和日本队在小组赛里淘汰朝鲜队，预示着东亚足球格局正在发生重大变化，可惜当时的中国足球界对这一点还认识不足，一直在对中国队输给香港队那场球耿耿于怀，总觉得如果不是阴沟里翻船中国队就有希望出线。其实只要看看韩国队的表现就明白中国队的苦主已经横空出世——从这一届开始，韩国每一届都从亚洲区预选赛中突围而出，次次拿到决赛圈门票，放眼亚洲足坛，做到这一点的只有韩国一家。到2018年俄罗斯世界杯为止，韩国队在亚洲一共10次参加世界杯决赛阶段的比赛，排名亚洲第一，比排名第二的日本（6次）多出4次，如果只比较这一点的话，韩国还真是亚洲足球的NO.1。

大洋洲·亚洲队

因为这一届有两个亚洲的国家和地区参加大洋洲赛区的预选赛，所以我们还得把这个赛区的赛况说一下。

这两个国家和地区，一个是以色列。亚洲的大门始终对其紧闭，以色列只能继续在国际足坛逛荡着，以色列上一届是在欧洲参赛，这一届被划到大洋洲。另一个是中华台北（中国），上一届参加的是亚大区的大洋洲小组赛，这一届就在大洋洲赛区参赛。

大洋洲赛区一共4个队，除上述两队，还有澳大利亚和新西兰。4个队进行双循环主客场比赛，澳大利亚队4胜2平，获大洋洲赛区第一名。

澳大利亚虽然获得大洋洲赛区第一名，但必须和欧洲赛区的苏格兰进行附加赛，胜者才能进军决赛圈。结果在附加赛中澳大利亚队1负1平，只能眼巴巴地看着苏格兰人吹着风笛去了墨西哥。

决赛圈·亚洲队

韩国与意大利、阿根廷、保加利亚分在A组，跟俩世界冠军同组。韩国队首战负于阿根廷队，第二战打平保加利亚队，最后一战输给意大利队，若不是韩国人自己踢进一个乌龙球，打平也是可能的。韩国队小组垫底。

伊拉克与巴拉圭、比利时和东道主墨西哥分在B组。这一组被认为是本届世界杯小组赛里实力最弱的一组，东道主占点小便宜似乎也是天经地义。伊拉克队来自战火纷飞的两伊战场，预选赛的比赛都是安排在第三国踢的，平时的训练也不太正常。伊拉克队只能频繁地与第三国安排友谊赛，以赛代练，来墨西哥之前一共踢了15场友谊赛，也真够伊拉克队员忙乎的。

小组赛伊拉克三战皆负，与韩国队一样都是小组垫底。

“只差一步到罗马”

——1990年第十四届意大利世界杯

本章看点：

中国队力压伊朗队小组出线

两个“黑色三分钟”

阿联酋人乐疯了

亚细亚·大事件（1986年7月—1990年5月）

阿富汗战争结束：在联合国主持下，1988年4月14日国际社会于日内瓦签署关于政治解决阿富汗问题的协议。苏联从阿富汗撤军，结束阿富汗战争；苏联撤军之后阿富汗随即陷入内战。

两伊战争结束：联合国安理会于1987年7月20日通过598号决议，要求两伊无条件停火，撤回到国际边界，谈判解决冲突。伊拉克和伊朗先后接受安理会决议，1988年8月20日，两伊战争结束。

巴勒斯坦宣布建国：1988年11月15日，巴勒斯坦在阿尔及利亚宣布建国，以耶路撒冷为首都（整个巴勒斯坦地区尚在以色列控制之下）。

亚足坛·大事记（1986年7月—1990年5月）

中华台北（中国）回归亚足联：1989年，中华台北（中国）脱离大洋洲足协回归亚足联。

亚运会足球赛：第十届亚运会于1986年9月20日至10月5日在韩国汉城举行。获得本届亚运会足球赛前三名的球队是：冠军韩国，亚军沙特阿拉伯，第三名科威特。

亚洲杯：1988年12月2日至12月18日，在卡塔尔举办第九届亚洲杯足球赛。获得前三名的球队是：冠军沙特阿拉伯，亚军韩国，第三名伊朗。

奥运会足球赛亚洲参赛队：第二十四届夏季奥运会于1988年9月17日至10月2日在韩国的汉城举行。参加本届奥运会足球比赛的亚洲球队是韩国（东道主）、中国、伊拉克。

世界杯·主办地

在1984年洛杉矶奥运会进行期间，国际足联在这里开会，准备选定1990年世界杯的主办地。这一届世界杯主办权的主要竞争对手是意大利和苏联。本来苏联的申办势头挺猛，因为意大利已经举办过世界杯，而世界杯还从来没有在社会主义国家举办过，但是最后还是意大利人胜出。苏联人的失败实在是咎由自取，1979年苏联发动入侵阿富汗的战争，遭到世界的广泛谴责，正好第二年也就是1980年在苏联首都莫斯科举办第二十二届夏季奥运会，美国等许多国家包括我们中国在内，都拒绝参加莫斯科奥运会，大家伙觉得奥林匹克的宗旨是和平，怎么能去一个违反奥林匹克宗旨的国家参加奥运会（中国第一块奥运会金牌的获得也因此推迟4年）。苏联好不容易挣来奥运会主办权，耗费巨资修建大批体育场馆，结果这么多体育大国不来，落得个冷冷清清。苏联人打那时起就憋着劲一定要报美国人挑头抵制莫斯科奥运会的一箭之仇，这回苏联果然宣布抵制1984年美国洛杉矶奥运会。不知道苏联领导人是不是光想着报复美国让美国也难堪一回，忘记自己正在申办世界杯这个茬。就在人家国际足联开会决定1990年世界杯主办地这个节骨眼上，苏联宣布抵制洛杉矶奥运会，这对意大利人来说简直就是天赐良机，天降大馅饼，表决结果，意大利以绝对优势获得1990年世界杯主办权，苏联人一头栽进自己挖的坑里。

苏联再也没有机会举办世界杯，意大利世界杯结束后的第二年即1991年，苏联解体，散伙成十几个国家，一直到28年之后的2018年，才由苏联的继承人俄罗斯圆了举办世界杯的梦。

“意大利，一个足球至高无上的国度”，1990年的意大利世界杯以著名的“意大利之夏”给球迷带来许多难以忘怀的记忆，意大利人让这一届世界杯“具备了地中海特色的轻松和亮丽”。意大利人对于足球可不是仅仅只有球场上的记忆——“足球是意大利文化的重要组成部分，包含了所有社会和政治阶层。过去很长时间里，足球在英国和德国被看作是无产者的运动，但是意大利人却将足球看作是歌剧、建筑以及文学一样高雅的行当，而且意大利女人也早早就对足球投入了极大的热情”。

让意大利人遗憾的是，他们没有能够把这只由意大利艺术家设计的大力神奖杯留在意大利——意大利队在半决赛一场惊心动魄的点球大战中输给由马拉多纳领军的阿根廷队。

亚洲区·小组赛

这一届亚洲区还是两张决赛圈入场券。预选赛的赛制赛程是这样安排的：

第一轮：小组赛。这一届亚洲区预选赛的小组赛不再分东亚区和西亚区，整个亚洲的参赛球队分成6个小组，每个小组的第一名出线。

第二轮：6强赛。6个小组的第一名在马来西亚和新加坡举行赛会制的两个循环赛，列前两名的球队获得决赛圈入场券。

第一轮6个小组的组成和出线队伍分别是：

第1小组：卡塔尔、伊拉克、约旦、阿曼。

这一小组势均力敌的对手是卡塔尔和伊拉克。卡塔尔队主场战胜伊拉克队，客场与伊拉克队战平，获得小组第一名。

第2小组：沙特阿拉伯、叙利亚、北也门、巴林（弃权）。

小组实力最强的沙特阿拉伯队受到叙利亚队的顽强阻击，沙特阿拉伯队在主场5∶4险胜，客场0∶0打平，获得小组第一名。

第3小组：阿联酋、科威特、巴基斯坦、南也门（弃权）。

阿联酋队与科威特队杀得难解难分，两队之间的交锋各自获得主场胜利，总积分相同，阿联酋队以净胜球优势获得小组第一名。

第4小组：韩国、马来西亚、新加坡、尼泊尔、印度（弃权）。

这一小组没什么悬念，韩国队6战全胜获得小组第一名。

第5小组：中国、伊朗、孟加拉国、泰国。

毫无疑问，这一小组伊朗队是中国队出线的劲敌。那个年代中国足球在亚洲的地位大致是："可以和任何一个队拼一拼，没有一个队在我们面前占有绝对优势。"这个地位在这次小组赛里得到很好的印证。中国队已经十多年没有在正式比赛中赢过伊朗队，然而这一届预选赛中国队在关键性的主场比赛中，于沈阳体育场2∶0击败伊朗队。虽然在之后的客场比赛里中国队以2∶3负于伊朗队，但凭借净胜球优势，力压伊朗获得小组第一名。

第6小组：朝鲜、日本、印度尼西亚、香港。

这一次朝鲜队没有让上一届被日本队淘汰的历史重演，但过程还是蛮惊险的，朝鲜队客场1∶2输给日本，主场2∶0扳回，与中国队一样，也是凭借净胜球优势淘汰日本，获得小组第一名。

亚洲区·6强赛

卡塔尔、沙特阿拉伯、阿联酋、韩国、中国、朝鲜，亚洲6强聚首，巧的是西亚和东亚每边都是3个队，平分秋色，如果想斗心眼搞猫腻，也是彼此彼此。

中国队淘汰伊朗队晋级6强赛，这个成绩大大吊起广大中国球迷的胃口，觉得这一届出线有戏，至少上一届小组赛输给香港队的窝囊气可以出掉。身兼国际足联执委的香港大实业家霍英东，悬赏50万港币作为中国队进军意大利的奖金，这笔钱相当于那时候中国全国几个月的足球经费。

结果却是，这一届的预选赛给中国足球又盖上两枚印记鲜明的历史图章，一枚图章上刻着："黑色三分钟"；另一枚图章上刻着："只差一步到罗马"。中国球迷憋上一口更大的窝囊气。

这届的6强赛缠斗激烈，直到最后一场比赛乾坤甫定。中国队首场拿下沙特阿拉伯队，开局良好；第二战对阿联酋队，中国队1∶0的比分一直保持到距离终场前几分钟，却被对方在3分钟内连进两球，中国队1∶2输给阿联酋队，留下"黑色三分钟"的印记。

接下来，中国队输给韩国队，但是赢了朝鲜队，依然留下出线的念想。

最后一轮比赛，局面是相当的混沌。除已经提前出线的韩国队和已经被淘汰的沙特阿拉伯队，其余4支球队互相之间的胜负关系错综复杂，分差很小，谁都有机会获得最后那张入场券，相对而言是中国队的形势最好。

循环赛最后一轮的3场比赛同时开始，3场比赛的结果相互影响，已经出线的队和已经被淘汰的队如果放放水，结局就会大不一样。中国队在1982年吃过西亚的亏，原本担心西亚这阿拉伯仨兄弟会不会故技重演，但却发现这一回中国队的命运一定程度上是握在东亚的韩国队手中。最后一战中国队对卡塔尔队，韩国队对阿联酋队。中国队出线的前提是：第一，中国队必须赢球；第二，韩国队对阿联酋队，韩国队可以平但是不可以输，中国人希望韩国人不要无心恋战，更不要放水。

1989年的时候中国还没有与韩国建交，上点年纪的读者朋友都清楚，因为国际政治的因素，我们以前只能称其为南朝鲜而不能称其为韩国，两国关系并没有处于一个正常的状态。当然这并不妨碍东亚国家之间互相递递话、套套近乎，中国队希望韩国队千万不要让替补队员去应付比赛。根据相关资料的记述："比赛前，从足协主席到足球队员甚至来狮城采访的记者们，都使尽浑身解数，希望南朝鲜队坚持奥林匹克精神。"

因为："到了此刻，人们才感到'让球'是多么阴损。"

韩国方面则是这么回应中国方面的："奥林匹克精神是我们每一个教练员和运动员的宗旨，任何人无权违背，何况这场球我们国内有4000万人将看电视转播，我们不敢给我国人民丢脸。""我们的全部主力都上阵，我们不仅不会松劲，而且还会竭力踢好最后一场比赛。”

6强赛最后一轮，中国队与卡塔尔队的比赛和韩国队与阿联酋队的比赛同时开始，中国队一边比赛，一边热切关注另一块球场的赛况。韩国队面对阿联酋队的狂攻，最后以1∶1战平。韩国人能帮的就这么多了，下面就看中国队自己，只要打赢就出线。

万事俱备，只欠东风。无奈东风不来，来的是又一个“黑色三分钟”！

第75分钟，中国队打破僵局率先进球，只要把这个比分再坚守十几分钟，中国队就可以预订去罗马的机票。

比赛的第87分钟和第89分钟，卡塔尔队连进两球，2∶1淘汰中国队，这个比分的结果是：卡塔尔队也没避免被淘汰的命运，但是送阿联酋人去了罗马。

中国队“只差一步到罗马”。

大洋洲·亚洲队

这一届大洋洲赛区的参赛队与上一届差不多，亚洲的以色列和中华台北（中国）还是在这里比赛，再加上大洋洲的澳大利亚、新西兰和斐济。

第一轮，资格赛，新西兰对中华台北（中国），澳大利亚对斐济，以色列轮空。

新西兰主客场两战全胜，淘汰中华台北（中国）。

澳大利亚第一场客场在斐济居然告负，还好回到主场扳回，保全住颜面。

第二轮，以色列、澳大利亚、新西兰三强进行主客场双循环赛，第一名出线。

以色列对新西兰1胜1平，对澳大利亚两场皆平，以不败战绩从大洋洲出线。

以色列这回算是给亚洲国家出了一口气，以往的预选赛都是大洋洲到亚洲抢门票，澳大利亚和新西兰都得过手，这回，大洋洲的门票被亚洲国家给夺走。

不过且慢，以色列还不能直接去决赛圈，要踢附加赛。因为大洋洲赛区和上一届一样，国际足联只给半张门票。上一届那半张在欧洲手里，结果澳大利亚输给苏格兰，半张门票归了欧洲。这次的那半张门票在南美洲手里，南美洲的球队分成3个小组比赛，成绩最好的两个小组第一名直接出线，成绩最差的小组第一名与以色列打附加赛，哥伦比亚就是成绩最差的小组第一。

以色列队与哥伦比亚队的比赛打得非常艰苦，以色列队在客场仅以0:1小负，但是在主场没能扳回，以0:0踢平，非常遗憾地把这半张门票交给南美人。

决赛圈·亚洲队

阿联酋队分在D组，与联邦德国、南斯拉夫、哥伦比亚同组。

阿联酋人第一次来到决赛圈。阿联酋全名是阿拉伯联合酋长国，1971年才从英国手中获得独立。这个国家是个联合体，一共由7个酋长国组成，即便如此，仍然是个小国，7个酋长国合在一起国土面积只有8万多，人口300多万。别看地不大人不多，但人家占了块好地——石油总储量排名世界第三。靠着石油出口，国家富得流油。虽然阿联酋有钱也舍得砸钱，足球水平仍然一般，之前在亚洲足坛，不管是亚洲杯、亚运会……什么值得一提的名次都没拿过，所以大家对阿联酋足球队还真没当回子事。这回阿联酋队居然在亚洲区从一群东亚虎西亚狼的口中抢得一张入场券，可把阿联酋人给乐疯了，他们包下专机将球队接回，举行盛大的庆祝仪式，球队每人奖励8万美元外加一部奔驰汽车。

这回来到世界杯决赛圈，实力的差距实打实地显露出来。阿联酋队首战0:2输给哥伦比亚队，次战1:5败给联邦德国队，三战1:4负于南斯拉夫队，虽然三战三败小组垫底，不过还进了两个球，也不算白来一趟。

还有个趣话：阿联酋队参加此次世界杯比赛聘请的是巴西名帅佩雷拉，阿联酋队技不如人，哪怕再有名的帅也没戏，本届世界杯总排名阿联酋队倒数第一。佩雷拉回巴西后，被巴西队聘为主教练，4年后的1994年世界杯，佩雷拉率领巴西队一举夺冠——上一届还是垫底队的教练，下一届变成冠军队

的功臣。

韩国分在E组，同组的球队是比利时、西班牙、乌拉圭。

韩国队也是三战皆负小组垫底。

有一支非亚洲的球队——来自中美洲南部的哥斯达黎加队——我们在这里必须得提一下。哥斯达黎加国家不大，面积5万多平方千米（大概相当于我国的一个半海南岛这么大），人口很少，就300多万（大约是海南岛人口数的三分之一）。这支名不见经传的小国足球队，在本届世界杯上大放光芒。他们先是在预选赛中北美及加勒比赛区取得第一名的成绩，史无前例地获得出线权；继而在决赛阶段C组的比赛中，以2胜1负（胜苏格兰和瑞典，负巴西）排名小组第二杀进16强。在16进8的比赛中哥斯达黎加队输给捷克队，最后的总排名是本届世界杯第13名。哥斯达黎加队创造出世界杯的又一个神奇。

带领哥斯达黎加队创造这段神奇的主教练，还是那个南斯拉夫人，米卢蒂诺维奇。

体坛危机应对术

——1994年第十五届美国世界杯

本章看点：

世界杯的灰姑娘——美国

中国如何应对亚洲体坛大危机

施拉普纳被“蛇”咬

亚细亚·大事件（1990年7月—1994年6月）

也门统一：1990年5月22日，南也门与北也门宣布统一，成立也门共和国。

海湾战争：1990年8月2日，伊拉克军队入侵科威特，8月8日，伊拉克宣布兼并科威特；1991年1月17日，得到联合国安理会授权的多国部队发起解放科威特的“沙漠风暴”军事行动；2月28日，伊拉克宣布接受安理会决议，海湾战争结束，科威特复国。

柬埔寨战争结束：1991年10月23号，在巴黎国际会议上签署《柬埔寨和平协定》，柬埔寨战争正式结束。

中亚国家诞生：1991年12月25日，苏联解体。解体后的苏联分裂为15个国家，其中有8个国家位于亚洲的地理范围之内，形成了中亚板块。

中东和平进程：1990年10月底，在马德里召开中东和会。1993年9月13日，以色列和巴勒斯坦领导人在华盛顿正式签署和平协议，内容包括巴以互相承认、以色列给予巴勒斯坦有限自治等内容。

亚足联·大事记（1990年7月—1994年6月）

亚足联新会员：关岛（1992）、不丹（1993）、哈萨克斯坦（1994）、乌兹别克斯坦（1994）、吉尔吉斯斯坦（1994）、塔吉克斯坦（1994）、土库曼斯坦（1994）。

以色列加入欧足联：1992年，欧足联接纳以色列足协为准会员；1994年，以色列足协正式加入欧足联。

亚运会足球赛：第十一届亚运会于1990年9月22日至10月7日在中国北京举行。获得本届亚运会足球赛前三名的球队是：冠军伊朗，亚军朝鲜，第三名韩国。

亚洲杯：1992年10月29日至11月8日，在日本举办第十届亚洲杯足球赛。获得前三名的球队是：冠军日本，亚军沙特阿拉伯，第三名中国。

奥运会足球赛亚洲参赛队：第二十五届夏季奥运会于1992年7月25日至8月9日在西班牙的巴塞罗那举行。参加本届奥运会足球比赛的亚洲球队是韩国、科威特、卡塔尔。

世界杯·主办地

1988年7月4日，是美国独立112周年纪念日，就在这一天，国际足联向美国奉上一份节日大礼：美国获得1994年世界杯的主办权。

传统的足球强国认为让美国举办世界杯简直就是个笑话——美国人只知道棒球篮球橄榄球，美国人懂足球吗？美国压根就是足球运动的荒漠。这话尽管有些损但也部分符合实情。美国的足球联赛成立于20世纪20年代，70年代演变为北美足球联赛。为扩大北美足球联赛的影响，美国足球界动了很多心思，其中最吸引眼球的举动，就是纽约宇宙队把球王贝利、足球皇帝贝肯鲍尔等一堆超级球星先后招入麾下，这帮人聚在一支球队里，说它是宇宙队倒也名副其实。可惜的是在付出这么多努力之后，足球在美国的发展还是很有限，贝利那些宇宙级球星们陆续退役后，足球在美国依然属于比较小众的运动。

因为足球水平低下甚至还导致美国在国际足联遭到过羞辱。有这么一个故事：1986年世界杯原定的主办地哥伦比亚弃办之后，国际足联并不是直接把主办权交给墨西哥，而是有一个竞争过程，美国就是竞争主办权的国家之一。美国对此表现出极大热情，申办力度不小，搬出美国著名外交家前国务卿基辛格、德国足球巨星贝肯鲍尔、世界球王贝利为美国申办站台助阵。可是国际足联很多官员认为美国人并不重视足球，在美国最火爆的、打着足球的名头然而却可以手足并用的美式足球（American football），其实是橄榄球。代表美国做申办陈述的是大名鼎鼎的基辛格博士，这位老兄因当年秘密访问北京为中美关系突破做出贡献，在咱们中国也曾经家喻户晓。申办会议在瑞典的斯德哥尔摩举行，基辛格排在墨西哥代表之后进行陈述发言。就在基辛格眉飞色舞口若悬河滔滔不绝地演讲之际，有意思的事情发生了："基辛格的一位助手突然靠近了他，用手罩着他的耳朵悄悄说：'下面的墨西哥人显然已经开始忙着准备庆功宴了。'"原来，国际足联没把美国的申办当回事，事先就与墨西哥"私订终身后花园"——在会议开始之前已经私底下将主办权许给了墨西哥。墨西哥人心中窃喜，按捺不住激动的心情，美国人还在讲台上嘚吧嘚吧演讲，投票流程还没走，墨西哥人就已经在会场里互相击掌拥抱亲面颊。你说作为人中豪杰的基辛格哪里受得了这种羞辱："基辛格在大怒之下，离开了斯德哥尔摩。"

往事如烟，时过境迁。这一届美国主办世界杯，也是世界杯第一次在欧洲和拉丁美洲之外的大洲举办，重要的意义在于推动足球运动在世界范围内的发展，国际足联主席阿维兰热就是重要的推手，否则国际足联也不会做出让美国举办世界杯的决定，甚至国际足联里还有人提出为提高美国人对足球的兴趣和热情，可以考虑把足球比赛由上下半场制改为NBA那样的四节制——这个提议有点脑筋急转弯的感觉。

事实证明某些担心是不必要的。比如有人担心美国人不懂足球不来球场看球，比赛场里会冷冷清清，有人则认为不用紧张，因为“美国人喜欢凑热闹，因此不用担心世界杯冷场。”不管这个理由成立不成立，美国世界杯还真的成为世界杯历史上现场观众人数最多的一届，比意大利世界杯多出整整100万现场观众。美国人的想象力和创造力极其丰富，他们把一个个橄榄球场变身为足球场，美国世界杯赛所有的球场都是由橄榄球场改造而来；美国人在营造气氛方面绝对一流，“1994年的世界杯，是米老鼠的世界杯，充满着迪士尼般的气氛。”

在这种气氛中，谁都看不上眼的美国足球队犹如迪士尼版的灰姑娘来到宫廷舞会，在世界杯的赛场上大放光彩，他们居然小组出线打进16强，在16进8的比赛中，仅以0∶1输给巴西，据统计，美国和巴西的这场比赛吸引全美895万家庭观看电视实况转播。美国队最后的总排名是本届世界杯第14名。

顺便再说一下，指挥这支灰姑娘般神奇演出的美国队主教练，还是那个叫米卢蒂诺维奇的南斯拉夫人。

亚洲区·伊拉克

在说亚洲区的预选赛之前，我们先说说伊拉克的事。

由于海湾战争，伊拉克把海湾国家和大多数阿拉伯国家都得罪了。在这之前持续8年的两伊战争中，虽然是伊拉克先对伊朗下的手，但是阿拉伯国家出于民族兄弟的情谊和地缘政治的考虑，基本上都采取支持同属于阿拉伯民族的伊拉克的立场；地域上与两伊关联最紧密的海湾六国（阿联酋、阿曼、巴林、卡塔尔、科威特、沙特阿拉伯，都是阿拉伯国家），在两伊战争中给予伊拉克的支持最多也最直接。尤其是战争连打数年之后，伊拉克打穷了，囊中空空，阿拉伯兄弟们借钱给他。根据资料，两伊战争结束后伊拉克欠战争债务800亿美元，其中150亿美元是欠邻国科威特的。仗打完了，该还钱了吧？伊拉克萨达姆总统看看麾下的百万雄兵，再看看旁边浑身珠光宝气的科威特小兄弟……1990年8月2日，伊拉克出动10万大军，两天时间就把科威特一锅端，然后宣布兼并科威特为伊拉克的第19个省——原来欠债不用还钱是可以这么干的。

伊拉克大军打进科威特首都之际，科威特的埃米尔（相当于国王）乘坐直升飞机紧急飞往邻国沙特阿拉伯逃难，他的八弟法赫德亲王率领王家卫队在王宫死守。说起这位“八贤王”法赫德大家不陌生，他就是1982年世界杯科威特队与法国队的比赛中，对判决不满从看台上冲下来与裁判理论的那位御弟。这位御弟亲王果然有血性，最后壮烈战死在王宫。

法赫德亲王战死在王宫，举世震惊，消息传来，连被称为“遇事总不露声色”的国际奥委会主席萨马兰奇都人前失态。萨马兰奇“手下工作人员唯一见到他震惊的一次，是1990年8月在斯德哥尔摩的一次招待会上……获悉科威特的法赫德亲王在科威特被入侵的第一天晚上已死去……有好一会儿萨马兰奇因震惊而目瞪口呆，站在那里一言不发……”。

不过受到冲击和牵连最大的，还是万里之外的咱们中国。这是怎么回事？因为法赫德亲王有一个非常显赫的头衔：亚洲奥林匹克理事会主席。这个亚奥理事会是亚洲最高级别的体育机构，上通国际奥委会，下管全亚洲体育，亚洲最大的体育赛事亚运会就是由亚奥理事会负责组织。法赫德亲王8月2日战死，50天之后的9月22日，第十一届亚运会就要在北京开幕，在这节骨眼上，亚洲体育机构的最高长官——亚奥理事会的主席殁了，而且还是战死沙场，你说这叫什么事？更糟糕的是，由于伊拉克萨达姆政权就这么直接用武力和强权干掉一个阿拉伯兄弟国家，把海湾国家和大多数阿拉伯国家全得罪；特别是科威特，国家都玩完，可以说与伊拉克萨达姆政权那就是不共戴天。当时的情况是：一方面，这些与伊拉克结仇的国家一致表示，必须将伊拉克从亚奥理事会中开除，禁止伊拉克参加北京亚运会，否则，这些国家将拒绝参赛；另一方面，伊拉克也有几个小兄弟，如果开除伊拉克会籍，可能会带来的连锁反应是引起伊拉克的支持者约旦、巴勒斯坦和也门退出亚运会。

1990年北京亚运会是中华人民共和国建立之后到那时为止，中国所主办的最高级别和最大规模的体育赛会。为办好亚运会，中国多年来投入大量的人力财力和精力，希望办得圆圆满满，岂料冒出这么一档子事，如果应对失措，可能就演变成灾难。面对危机，中国政府与亚洲体育界可谓是打起十万

分精神，使尽浑身解数。

为了解决这个危机，中国和亚奥理事会主要采用两招。

第一招：解铃系铃，釜底抽薪，劝说伊拉克退赛。阿拉伯国家的怒火是冲着伊拉克来的，他们认为法赫德主席之死是伊拉克萨达姆政权蓄意而为，萨达姆的长子乌代是伊拉克奥委会主席，“据说是他下令‘提亚奥理事会主席法赫德的首级来见’”，所以非开除伊拉克不可。中国方面人前人后下大力气拼命做工作，最后于9月20日，北京亚运会开幕的前两天，在北京召开的亚奥理事会临时代表大会上，通过一个妥协方案：停止伊拉克的会籍。因为是暂停而不是开除伊拉克的会籍，这样伊拉克的支持者也能接受，不抵制北京亚运会。另外就是做伊拉克奥委会的工作，尽陈利害关系，只要能劝动伊拉克主动退赛，那些反对伊拉克的阿拉伯国家也就不会退赛抵制。当时让中国组委会方面非常头疼的就是伊拉克足球队，因为他们早早地在伊拉克入侵科威特之前就来到中国天津，整天在场地上卖力地训练，看上去伊拉克足球队对亚运会的金牌还挺有想法的。现在出了这么大的事，中国方面希望伊拉克足球队赶紧打道回府，可他们还不想走，中国接待方面生怕有个三长两短，只好把伊拉克足球队从天津转到石家庄藏起来——离北京越远越好。最后伊拉克足球队看到伊拉克的会籍被暂停，参加亚运会肯定没戏，总算同意回国。可请神容易送神难，到这时，各家航空公司生怕惹祸上身，居然没人愿意卖票给伊拉克足球队，还是靠中国出面多方联系，找了一架约旦航空公司的飞机把他们接走了。飞机起飞的时间是亚运会开幕当天的中午12点32分，目送飞机离去，负责此事的中国官员长长舒出一口气。

第二招，就地取材，子承父业，亚奥理事会紧急推选已故法赫德亲王27岁的儿子艾哈迈德亲王继任亚奥理事会主席。这一招既让当时还处在亡国境地中的科威特人获得极大的安慰和鼓舞，同时也使阿拉伯世界继续保持对亚运会的投入和热情。直到现在，亚奥理事会的主席仍是这位艾哈迈德亲王，亚奥理事会成立至今，一共就这父子两位主席。当然这位艾哈迈德亲王也并非等闲之辈，他拥有数个博士学位，又先后担任过国际奥委会委员、科威特奥委会主席、世界能源组织轮值主席……一大堆职务。据统计他已经50多次访问中国，对中国那是相当的友好。

亚洲区·预选赛

上面之所以要花这么多篇幅扯一下伊拉克的事，就是因为当时出了这么档子事之后，北京亚运会差点被搅黄，而眼下的世界杯亚洲区预选赛，这个问题依然存在。

亚洲的政治太复杂，亚洲的分组太闹心。

之前中东的战争，主要的问题焦点在以色列身上；后来的两伊战争，伊拉克与伊朗势不两立；现在的海湾战争，伊拉克又和大多数阿拉伯国家闹翻，这一届世界杯亚洲区预选赛，分组焦点变成伊拉克。国际足联和亚足联煞费心机，盘算着怎么才能把这些冤家对头们不要分在一个小组里。

这一届亚洲区共有28支球队实际参赛，依然是两张决赛圈入场券。

比赛的赛制是：

第一轮，小组赛，参赛队伍分成6个小组，进行两轮双循环比赛，小组第一名出线；

第二轮，6强赛，6个小组第一名进行赛会制循环赛，前两名获得世界杯决赛圈入场券。

最后的分组情况是这样的：

A组：中国、伊拉克、也门、约旦、巴基斯坦；

B组：伊朗、叙利亚、阿曼、中华台北（中国）；

C组：朝鲜、卡塔尔、新加坡、印度尼西亚、越南；

D组：韩国、巴林、黎巴嫩、中国香港、印度；

E组：沙特阿拉伯、科威特、马来西亚、中国澳门；

F组：日本、阿联酋、泰国、孟加拉国、斯里兰卡。

上一届游荡在外参加大洋洲赛区的中华台北（中国）和以色列的情况再补充介绍一下：

中华台北（中国）：中华台北（中国）从这一届开始回归亚洲赛区，以后就一直在亚洲参赛。

以色列：他们回不成亚洲，仍在国际足坛游荡着。以色列这届世界杯预选赛加入的是欧洲赛区，被分在第6组，同组的有法国、瑞典、保加利亚、奥地利、芬兰。以色列队1胜3平6负，排在小组最后一名。以色列队在小组赛中唯一获胜的一场比赛，是以3∶2战胜法国队，而法国队就是因为这一场比赛的失利，最后排在小组第3（小组前两名出线），无缘1994年的世界杯决赛圈。

尽管在20世纪90年代前期，中东地区和平进程出现重大进展，1993年以色列与巴勒斯坦方面签订和平条约，以色列同意在约旦河西岸和加沙地带给予巴勒斯坦人有限自治，但是，几十年过去，以色列与阿拉伯国家之间的矛盾依然还是无解，中东和平之路还是看不到尽头。

时光到了1994年，自1974年被亚足联除名之后在国际足坛游荡长达20年的以色列，眼看回归亚洲足坛无望，最终选择加入欧足联，以色列从此消失在亚洲足球的视野里，所以在这一届世界杯之后，我们也就不再介绍以色列队的比赛情况。

以色列国土狭小，人口不多，但是特点非常鲜明：以色列是遍布全世界犹太民族的集中代表，犹太民族的非凡创造力以及对世界文明的贡献举世公认；犹太文化是世界最古老的文化之一，底蕴深厚，影响深远；以色列的体育运动也具有不俗的实力。以色列心心念念于亚洲，可惜由于那些历史与现实的恩恩怨怨，我们在亚洲的所有赛场上再也无缘看到以色列人的身影，这实在是亚洲体育运动的损失，体育被政治所累。

亚洲区·中国队

中国自从20世纪80年代真正与世界足坛接轨以来，已经出征三届预选赛，从1982年世界杯“煮熟的鸭子飞了”，到1986年世界杯“黑色5·19”，再到1990年世界杯“只差一步到罗马”，中国队都由中国本土教练带队。新加坡的两个“黑色三分钟”之后，全国舆论一片哗然，对本土教练的信心衰减，中国足球界承受着巨大的压力。有关领导思来想去，觉得要想把这只煮熟的鸭子给吃到嘴里，把差了的这一步给补上，中国教练看来不太有戏，得请个老外教练来才有可能。

德国人施拉普纳登场了。

施拉普纳并不是中国足球队的第一位外籍主教练，各位读者回看一下50年代就知道，匈牙利的名教头约瑟夫才是中国足球队的第一位外籍主教练；只是那个年代太久远，那时的中国人其实对世界杯也没有什么感觉，所以新鲜感和风头都被施拉普纳给占去。

施拉普纳——自到中国后，江湖人称施大爷——享受着在中国执教的所有运动项目的洋教练们空前（可能也是绝后）未有之待遇。他一下飞机，就见面前铺展一条红地毯，施拉普纳差点以为自己变身成施瓦辛格，正在奥斯卡走红地毯——还都是老施家的人。施大爷带着中国足球队在国内各地训练比赛时，各地迎候的场面一个赛一个的热烈与豪华，简直就把他当成中国足球的救世主。造神运动的最高潮，是施大爷和国足登上1993年中央电视台的春晚。放眼中国体坛，作为一个连亚洲冠军都没有拿过的运动队，主教练与队员能上央视春晚，大概也就是中国男足一家。施大爷发亮脑门上不多的头发也进了那年春晚牛群和冯巩的相声节目《拍卖》，牛群起劲地开拍："施大爷的这根头发是在中国变白的，是为了中国足球变白的，是为了中国变白的，我们要把它永远地留在中国。"施大爷的这根白头发，被牛群在相声节目里象征性地卖出5万元人民币。那年头，这笔钱可以在北上广一线城市买套房。

走过红地毯，上过春晚的施大爷，果然胆气倍增，豪言壮语张嘴就来，身后一大帮媒体记者无论施大爷走到哪里总是跟着，他向队员们说的每句话恨不能都记下来，然后向全国人民报告。

施大爷说：要把中国球员从兔子变成豹子。

施大爷说：你不知道往哪踢，就往球门里踢。

施大爷说：他的目标是一年后使中国成为亚洲一流强队，三年后便可与欧洲二流的瑞典、丹麦相抗衡。

施大爷说：中国队已经具备与亚洲任何强队抗衡的实力。

施大爷说：……

那时大多数中国球迷、观众对于世界足球运动的变化、国外的职业联赛体制、教练员选拔机制等等，了解不多或者一知半解，只觉得从一流足球强国德国来的教练，肯定不会错。"中国球迷在足球上受的刺激太大了，中国教练给他们的失望太多了，他们太希望有一个扭转乾坤的人物了。而洋教练无疑是他们饱受创伤心灵的寄托。”

希望多大，失望就有多大。

中国队分在A组，同组的是伊拉克、也门、约旦、巴基斯坦。这个分组挺有意思，伊拉克在阿拉伯世界很孤立，支持它的主要是约旦、也门和巴勒斯坦这三家，而这个小组里就有俩，这个小组的另外一家巴基斯坦与中国关系非常好，非常铁，民间号称“巴铁”。

争夺这个小组出线权的，大家普遍认为是中国和伊拉克。伊拉克队球风硬朗，1990年北京亚运会之前同中国队的交锋战绩，伊拉克队2胜4平，中国队处于下风。但这回有坐在神坛上的施大爷镇守，大家觉得出线应该不是问题。

A组第一轮循环赛地点在约旦的伊尔比德，第二轮循环赛地点在中国成都。

在伊尔比德的第一轮循环赛里，中国队连胜巴基斯坦队和约旦队，第三场遇上也门队。

也门，也是个战乱不定的国家。20世纪60年代，分别建立了阿拉伯也门共和国（通称北也门）和也门民主人民共和国（通称南也门或民主也门）。1990年5月，南北也门实行合并，定名为也门共和国，眼下刚刚合并3年，百废待兴。要说这也门足球与咱们中国足球还有些渊源，1974年——那时南北也门还没有统一——中国国家体委曾经派遣一位名叫高丰文的足球教练到南也门，指导他们的足球运动和训练足球运动员。高丰文后来出任中国国家足球队主教练，1989年率队参加世界杯亚洲区预选赛，因为两个“黑色三分钟”，结果“只差一步到罗马”而饮恨绿茵场。所以从理论上说，也门足球与中国足球还有这么点师傅与徒弟的关系，中国从球员到球迷，没人把也门队放在眼里。

有这么一段插曲：比赛前夜，施大爷入住的旅馆房间号码是519房，有着当年北京工体5·19阴影的中国球员心里直犯嘀咕，提出要与一队之主的主教练施大爷换个房间住。“施拉普纳轻蔑地笑道：你们还相信这些？足球比赛全在实力。”他用手比作锋利的砍刀，说：也门只是一条小蛇，我们轻轻一下就可以将它砍断！

砍蛇没有这么容易，中国队砍蛇不成反被蛇咬，0:1输给也门队。中国有句俗话："蛇咬一口，入骨三分"，中国队败给也门队，这一届世界杯基本也就没门。

中国队再战伊拉克队，0:1又输一阵。

这回伊尔比德的小组赛，在中国足球史上又留下一个印记，叫作"伊尔比德惨案"。

这样一来，成都的第二轮循环赛已经没有悬念，只是走走过场。尽管中国队小组赛最后一场2:1战胜伊拉克队，也改变不了被淘汰的命运。

伊拉克队获得小组出线权。

兵败伊尔比德之后，施大爷瞬间从天上的神变成凡间的人。之后媒体的各种报道，开始猛揭施大爷背后的故事；其实中国足球界内部对施拉普纳早有微词，此时也在媒体上公开，马后炮火力十足——说他其实只是德国水平很一般的教练，"在德国找二十位教练也未必轮得上他"，"有明确的方向，但无有效的方法"，"精神可嘉，能力一般"，"不是英雄，而是凡夫俗子"。总之，中国足协完全看走了眼。

最后的结论："外国教练不行，还是咱自己的教练行。"

亚洲区·其他组

B组：伊朗、叙利亚、阿曼、中华台北（中国）。

伊朗队受到来自叙利亚队的挑战，两支球队的总成绩都是3胜3平同积9分，伊朗队仅比叙利亚队多1个净胜球，惊险晋级。

C组：朝鲜、卡塔尔、新加坡、印度尼西亚、越南。

朝鲜队以7胜1平不败战绩获得小组第一名。

D组：韩国、巴林、黎巴嫩、中国香港、印度。

韩国队实力超群，7胜1平获得小组第一名。

E组：沙特阿拉伯、科威特、马来西亚、中国澳门。

沙特阿拉伯队与科威特队在小组赛里打得难解难分，小组赛最后一战，两队积分相同，但是沙特阿拉伯队净胜球少于科威特队，在打平即遭淘汰的命运面前，沙特阿拉伯队最终取胜，获小组第一名出线。

F组：日本、阿联酋、泰国、孟加拉国、斯里兰卡。

日本队与阿联酋队竞争激烈，小组赛最后一战，阿联酋队主场，只要打败日本队就可出线，结果日本队顽强地与对方打平，日本队获得小组第一名出线。

亚洲区·6强赛

伊拉克、伊朗、朝鲜、韩国、沙特阿拉伯、日本6队晋级6强赛。非常巧合的是，和上届一样，依然是东亚西亚各三支球队。

6强赛采用赛会制单循环赛，比赛地点选在卡塔尔的多哈。

6强赛打得紧张刺激，最后的结果可以说是惨烈，悲剧角色的出演者由上一届的中国队变成这一届的日本队。

日本当时正在申办2002年的世界杯，由于日本还从未打进过世界杯决赛圈，这是日本在申办过程中说话最没底气之处，日本渴望突破，为自己的申办补上这块短板。

日本在20世纪90年代创立真正意义上的高水平职业J联赛，这是日本足球水平取得长足进步的重要基础。1992年，日本聘请荷兰人汉斯·奥夫特担任国家队主教练，日本“足协与奥夫特签约的目标只有一个——打进1994年美国世界杯”。奥夫特上任后，先是在8月的“王朝杯”东亚四国足球赛上连克中国、朝鲜、韩国，三战三胜夺冠。接着在10月的第十届亚洲杯上一举夺冠，日本足球第一次登顶亚洲足坛。

6强赛日本队的开局并不顺，首场与沙特阿拉伯队打平，第二场败给伊朗队。此时的日本队形势严峻，后面三场比赛唯有全胜方有出线可能。

第三场，日本队对朝鲜队，3:0获胜。

第四场，日本队对韩国队，日本队1:0战胜韩国队。我们前面说过，“恐韩症”这一说法源自日本，从1970年到1992年的22年间，日本队与韩国队交锋33次，战绩是4胜6平23负，“日本足球陷入韩国阴影不能自拔”，自这一战之后，日本足球界认为日本队终于彻底打破“恐韩症”。

第五场也就是最后一战，日本队对伊拉克队。

当6强赛打到最后一轮时，除已经确定淘汰的朝鲜队，其他5支球队都有出线的可能，互相的胜负关系错综复杂，每一场比赛的胜负关系都会对整个出线形势产生影响，有的球队即使获胜也还得看其他球队的比赛成绩才能确定最终结果。相比之下，日本队在5支球队中形势较为有利，只要获胜就确保出线。

伊拉克队也有出线希望，也憋足了劲。尤其是海湾战争中伊拉克被美国为首的多国部队收拾得够惨，萨达姆政权已经吃到肚里的科威特也被迫吐了出来。所以，伊拉克足球队被要求务必冲出亚洲，打进美国世界杯的决赛圈，在美国的国土上升起伊拉克国旗，奏响伊拉克国歌。

日本队上半场1∶0领先，下半场伊拉克队扳平，日本队再次以2∶1反超。比赛进入伤停补时读秒阶段，日本队距离世界杯梦想只有一步之遥，“全日本几乎有一半的电视机都被打开了，解说员正数着这历史性的10秒。9、8、7……”

伊拉克队逮住最后的角球机会，头球破门，2∶2，双方战平。战平的结果意味着日本队被秒杀。

最后一轮的比赛结果：沙特阿拉伯队战胜伊朗队，积7分获得6强赛头名。韩国队战胜朝鲜队，与日本队同积6分，由于净胜球比日本多2个，排名小组第二也获得出线权，伊拉克人的苦战最后为韩国人送去幸运。

日本队排名6强赛第三，惨遭淘汰。日本人世界杯梦想的实现还得再等四年。

决赛圈·亚洲队

韩国与德国、西班牙、玻利维亚分在C组。

韩国队首战战平西班牙队，次战又战平玻利维亚队。最后一战对德国队，德国队上半场3∶0领先，韩国队下半场连追2球，德国队显得慌乱起来，与上半场判若两队，差点被韩国队追平。韩国队虽然在小组中2平1负垫底，但已经表现出能与世界级强队抗衡的实力。

沙特阿拉伯与荷兰、比利时、摩洛哥分在F组。

沙特阿拉伯队首战负于荷兰队。次战战胜摩洛哥队。第三战对“欧洲红魔”比利时队，开场5分钟就攻入对方球门，并把这一比分保持到终场。最后以小组第二名打入16强。

沙特阿拉伯队成为继1966年世界杯朝鲜队之后，第二支从小组赛中胜出进入淘汰赛阶段的亚洲球队。

在16进8的比赛中，沙特阿拉伯队1∶3负于瑞典队。最后沙特阿拉伯队在本届世界杯的总排名是第12名。

东亚西亚谁是爷

——1998年第十六届法国世界杯

本章看点：

亚足坛里的中亚圈

东亚西亚争风头

结怨又结缘的伊美之战

亚细亚·大事件（1994年7月—1998年5月）

约以和约：1994年10月26日，《以色列—约旦和平条约》签署，以色列与约旦之间结束战争状态并建立外交关系，中东和平进程取得又一重大进展。约旦成为继埃及之后第二个与以色列建立外交关系的阿拉伯国家。

阿富汗塔利班掌权：阿富汗内战持续多年，1996年9月27日，塔利班武装攻占首都喀布尔，控制阿富汗全国90%的地区，一举成为阿富汗最强大的政治力量，并将国名更改为阿富汗伊斯兰酋长国。

香港回归：1997年6月30日午夜至7月1日凌晨，中英两国政府在香港会议展览中心举行香港政权交接仪式；中华人民共和国政府恢复对香港行使主权，中华人民共和国香港特别行政区成立，结束了英国对香港的殖民统治。

印巴核危机：1998年5月11日至13日，印度宣布进行5次核试验，印度宣称已经成为拥有核武器的国家。5月28日至30日，巴基斯坦宣布进行6次核试验。

亚足坛·大事记（1994年7月—1998年5月）

亚足联新会员：蒙古（1998）、巴勒斯坦（1998）。

香港足协更名为中国香港足协：1997年香港回归中国之后，原香港足协更名为中国香港足协。

亚运会足球赛：第十二届亚运会于1994年10月2日至10月16日在日本广岛举行。获得本届亚运会足球赛前三名的球队是：冠军乌兹别克斯坦，亚军中国，第三名科威特。

奥运会足球赛亚洲参赛队：第二十六届夏季奥运会于1996年7月19日至8月4日在美国的亚特兰大举行。参加本届奥运会足球比赛的亚洲球队是韩国、日本、沙特阿拉伯。

亚洲杯：1996年12月4日至12月21日，在阿联酋举办第十一届亚洲杯足球赛。获得前三名的球队是：冠军沙特阿拉伯，亚军阿联酋，第三名伊朗。

世界杯·主办地

60年，一个甲子轮回，世界杯赛场又回到法兰西。

本届世界杯有一个重大的变化：世界杯再次扩军，决赛阶段的参赛队由24支扩容为32支。世界杯决赛圈的队伍，从16队扩为24队耗费40多年的时间，而从24队扩为32队，仅仅耗费16年光阴，这是足球运动在世界范围内的发展大趋势促成的。

随着新独立国家的出现和足球运动的发展，到这届法国世界杯的时候，国际足联正式和非正式的会员总数达到202个，超过联合国的会员数量。一个新的国家诞生之后，需要赶紧建立自己的国际关系圈子，其中首要考虑的问题之一居然就是加入国际足联，这“成为一个国家或地区得到国际社会承认的标志。”否则，数数自己加入的朋友圈，里面如果缺少国际足联，怎么好意思混国际社会？

从16队到24队再到32队，世界杯决赛圈队伍的翻番，也与亚洲、非洲多年以来持续不断的闹腾和奋争有关。有人这么形容国际足联权力层的政治结构：“国际足联执委会就像个三层大馅饼，最里面是阵地强大、牛气熏天的欧洲，中间一层是比较温和的南美及中北美，最外面一层是亚、非这两个所谓‘凑数’的洲。”欧洲对世界杯扩军的抵触情绪很激烈：“欧洲人威胁说，如果增加决赛圈名额的话，欧洲就退出世界杯。我们欧洲人将不陪你们玩球，而是举办一届欧洲人的世界杯，并且只邀请几支南美的球队参加。”为了世界杯决赛圈入场券数量的分配，远离国际足坛权力中心、人微言轻的亚洲和非洲闹腾了不少年，甚至还出现过非洲集体罢赛的事件。随着亚非两大洲在国际足联中会员数的不断增长（亚非两洲占国际足联总会员数近一半），人多势众的群体性效应还是显露出来，世界杯决赛圈队伍的扩军进程大大提速。

从16队到32队的扩军，都是在国际足联阿维兰热主席任内完成。国际足联主席阿维兰热年过耄耋，功成身退，新任国际足联主席为瑞士人布拉特。布主席上任伊始，踌躇满志，站在台上看着麾下的200来个会员单位济济一堂，毫不谦虚地声称自己是世界上“最大国家的总理”。

话虽然说得有点大，但国际足联在全球的影响力确实无与伦比。“国际足联在所有国际组织中，恐怕是最能做到令行禁止说一不二的组织，威信之大，远远超过联合国这样的政治机构。”国际足联一声号令，全世界的足球场立刻燃起战火，虽然足球比赛只是个与国计民生衣食住行没有直接关系的人类游戏，但无论哪个国家的政府和领导人对这个游戏都不敢掉以轻心。这届法国世界杯创造出很多记录：有174个国家和地区报名参赛（实际参赛的为168队），其中31个是首次参赛。全球一共踢了643场预选赛，到场观战的观众数超过1500万，电视观众则难以计数。

法国为办这届世界杯的比赛，耗资4.2亿欧元兴建一座能容纳8万观众的法兰西大球场。法国队挺争气，最后在这座国家体育场举行的决赛中战胜上届冠军巴西队，首次捧得世界杯，完全对得起这4.2亿欧元。

亚足坛·中亚圈

1991年12月25日，苏联解体。苏联曾是一个地跨欧亚两洲世界上最大的国家，解体之后的苏联分裂为15个国家，其中有8个国家位于亚洲的地理范围之内。

这8国，其中的格鲁吉亚、阿塞拜疆、亚美尼亚被称为外高加索3国。它们自打一独立就不想在亚洲混，一直以欧洲国家自居，不参加亚洲的活动，从政治到经济统统加入欧洲体系；足球也没得说，加入欧足联。虽然共同生活在亚洲的土地上，但亚洲人民与外高加索3国很陌生。

另外5国是位于中亚地区的哈萨克斯坦、乌兹别克斯坦、吉尔吉斯斯坦、塔吉克斯坦和土库曼斯坦。中亚5国与外高加索3国走的是另一条路线：这5国从历史到现实，从民族到宗教，都与亚洲社会渊源颇深，它们选择加入亚洲，进入亚洲的政治经济圈。

1994年6月，中亚5国加入亚足联，至此，亚洲足球的版图最终形成东亚、东南亚、南亚、西亚、中亚五大板块。

中亚5国过去作为苏联的组成部分，球员参加的都是苏联的国内联赛和欧洲比赛，尤其是哈萨克斯坦和乌兹别克斯坦，球员的眼界和水平比较高。因此，别看人家是插班生，一加入亚洲足坛，就对亚洲的足球格局产生冲击和改造。在1994年的广岛亚运会上，乌兹别克斯坦队一鸣惊人、一飞冲天，先在半决赛中战胜韩国队，又在决赛中战胜中国队，第一次参加亚运会就夺得冠军。亚洲足坛老同学的杀威棒没打成，倒被新同学杀一个下马威。

中亚5国没有赶上1994年美国世界杯的预选赛，1998年这届世界杯，是中亚国家第一次最齐整地参加亚洲区预选赛。

亚洲区·小组赛

因为这届世界杯决赛阶段由24队扩军为32队，各大洲基本上都增加了决赛圈的入场券，亚洲区由两张增加到三张半。没有增加的是大洋洲，还是半张入场券，不过国际足联也没亏待大洋洲，发放一点小福利：以往大洋洲赛区的第一名要和欧洲或南美洲赛区的球队去争那半张入场券，基本属于画饼充饥吊吊胃口；这回改为与亚洲区的第四名进行附加赛，争夺半张入场券，难度大大降低。当然这个福利不是天上掉下来，还得去从亚洲挣回来。

由于中亚板块的加入，这次亚洲区参加预选赛的参赛球队数量也是史无前例地多，一共有36支球队参赛，比上届足足多出8支球队。所以，比赛的赛制安排也做出重大调整。

第一阶段：小组赛，参赛球队分成10个小组，10个组的第一名出线。

第二阶段：10强赛，前三名直接进军世界杯决赛圈，第四名与大洋洲第一名打附加赛。

第一阶段10个小组的分组和出线队伍分别是：

第1小组：沙特阿拉伯、马来西亚、中华台北（中国）、孟加拉国；

沙特阿拉伯队出线。

第2小组：伊朗、吉尔吉斯斯坦、叙利亚、马尔代夫；

伊朗队出线。

第3小组：阿联酋、约旦、巴林；

阿联酋队出线。

第4小组：日本、阿曼、中国澳门、尼泊尔；

日本队出线。

第5小组：乌兹别克斯坦、也门、印度尼西亚、柬埔寨；

乌兹别克斯坦队出线。

第6小组：韩国、泰国、中国香港；

韩国队出线。

第7小组：科威特、黎巴嫩、新加坡；

科威特队出线。

第8小组：中国、塔吉克斯坦、土库曼斯坦、越南；

中国队出线。

第9小组：哈萨克斯坦、伊拉克、巴基斯坦；

哈萨克斯坦队出线。

第10小组：卡塔尔、斯里兰卡、印度、菲律宾。

卡塔尔队出线。

亚洲球队实力强弱区别还是蛮大的，分成10个小组之后，强队一分散，各小组基本上强弱分明，出线形势比较直观。唯独第9小组当中汇集亚洲老牌强队伊拉克和中亚劲旅哈萨克斯坦，大家原以为会恶战一场，谁知哈萨克斯坦队主客场两胜伊拉克队，轻松地从这一小组出线。

10强赛·分组赛

第二阶段10强赛的赛制，是将10支队分成两个组，每组5队，进行主客场双循环赛。两个组的第一名直接获得世界杯决赛阶段的入场券；两个组的第二名再进行附加赛，胜者也获得入场券；负者与大洋洲赛区第一名球队再打洲际附加赛，争夺最后一张入场券。

这个主客场双循环是妥协的产物。作为地球第一大洲，亚洲的地域实在太大，东亚和西亚距离遥远，跨越好几个时区，所以亚足联最初的安排是让10强集中在一个中立国家打赛会制比赛，但是在中立国的选择上意见始终无法统一，其实也就是各个国家都想对自己有利一些。西亚国家选的是巴林，东亚国家选的是新加坡或马来西亚，东西亚相持不下，两方都向中亚抛媚眼，希望中亚支持自己。

“表面上看是地点之争，实际上反映出亚洲足球界的不团结。”自从亚洲足坛中的西亚板块强势崛起之后，东亚和西亚之间的对抗和较量成为一种常态，从球场到会场，从运动员到足球官员。亚足联聚会的时候，“聚在一起聊天的人们有着非常明显的地域倾向，来自东亚的人大多聚在一起，西亚和东南亚的各国足协主席也分别和各自的‘近邻’们在一起亲热交谈。从中不难看出，亚洲的地缘政治在影响和左右着亚足联的利益格局和彼此之间的关系。”

东亚和西亚，两边都是爷，亚足联哪个也得罪不起，只能上报“朝廷”——交给国际足联来裁断。

国际足联否决了赛会制，决定还是主客场双循环。这样表面上确实还是很公平的，彼此彼此，10强们就一起东亚西亚来回折腾吧。

两组的分组情况是：

A组：沙特阿拉伯、伊朗、卡塔尔、科威特、中国。

B组：韩国、日本、阿联酋、乌兹别克斯坦、哈萨克斯坦。

先看A组。这一组里除中国之外，都是西亚球队，按照当时中国媒体的说法，中国队面对“西亚群狼”，“与狼共舞”。这时主客场双循环对中国队不利之处暴露出来了——小组内其他4支球队都在西亚，即便是客场，抬抬脚就到，中国队可就要东西亚之间来回折腾。

当然，足球场上最主要的还是靠实力说话，中国队在对付西亚球队方面总的来说战绩还算可以，但是对两伊——伊朗和伊拉克——相对来说就差一些，尤其对伊朗比较怵头，可偏偏冤家路窄分在同一组，最后的比赛成绩也证明这一点。

A组的头名是沙特阿拉伯队，4胜2平2负积14分，直接拿走入场券；第二名是伊朗队，3胜3平2负积12分；第三名是中国队，3胜3负2平积11分。中国队在对阵小组头名沙特阿拉伯队时打出1胜1平的战绩，拿下4分；而对伊朗队的战绩却是两战皆负，两场比赛一共被伊朗踢进8个球，得分为0。中国队哪怕与伊朗队打平一场，最后的情况就完全不同。

再看B组。两支东亚球队，两支中亚球队，一支西亚球队，结果是东亚球队高奏凯歌。

韩国队实力超群，6胜1平1负积19分，遥遥领先其他队，抢先摘走入场券。

日本队认为这一组的主要对手是韩国队，精心备战，在与韩国队的比赛中各胜一场平分秋色，谁料阿联酋队出来搅局，两场比赛都逼平日本队，使日本队总是甩不开追兵，还好有惊无险，最后日本队3胜4平1负积13分获得B组第二名。

10强赛·附加赛

B两个组的第二名伊朗与日本两队需要通过附加赛，确定第三张入场券的归属。

日本足球原来在亚洲没有什么地位，在东亚地区，一直被朝鲜半岛两兄弟压制着，“二战之前，朝鲜足球是日本足坛不可战胜的传奇”。当时中国的足球水平也在日本之上，1957年10月，日本足球队访问中国，历时一个月，先后与中国的地方球队比赛7场，成绩只是2胜1平4负。[①]

日本开始意识到足球在日本体育事业中所占的分量和重要意义。日本足球杂志《蹴球》发表文章称：“足球是世界的运动，也是亚洲的主流运动。……无论日本在亚洲作为体育发达国家有多么威风，只要还是一个‘足球上弱小的日本’，一切就都只能是空谈。”日本开始逐步调整以往以奥运会为日本足球最高目标的战略。

在向世界足球强队学习的过程中，日本利用自身雄厚的经济实力，将欧洲与南美之间进行的世界最高水平俱乐部冠军赛落户日本。1981年，首届丰田杯在日本开赛，丰田杯“在20世纪80年代中后期至90年代前期，几乎成为日本在世界足坛的代名词”。虽然那个时候日本足球的水平在世界上排不上号，但是一提丰田杯，世界球迷无不心向往之，这个做法也有效地帮助日本迅速与世界足球的最高水平接轨。丰田杯一直进行到2005年，更名为国际足联俱乐部世界杯，主办权由国际足联收回。

日本足球的兴起还有一个文化因素，就是日本足球动漫作品对日本青少年的影响。日本的动漫举世闻名，足球也成为动漫作品的主题之一。虽然那时候日本足球在国际赛场上星光黯淡，一地鸡毛，但是在足球动漫作品中却是星光灿烂，鸡毛上天。1970年首播的《热血足球》是日本足球动漫之祖，80年代的《足球小将》更是家喻户晓，几乎成为日本足球动漫的代名词。动漫中足球小子们百折不挠、励志成名，吸引和激励着大批日本青少年投身足球运动，成为日本足球后备人才培育的沃土良田。

几十年的时间和努力，日本足球终于走到离世界杯决赛场只差临门一脚的位置。

附加赛原本是两队进行主客场比赛，以两场比赛结果定胜负。由于伊朗国内的安全局势，两方对于主场的意见一直无法统一，伊朗方面不肯将主场

① 这7场比赛日本足球队的战绩是：负于八一队、北京队、沈阳体校队、全国第一机械体协队；平上海体育学院队；胜红旗体协队、广州体育学院队。

放在其他国家，否则就等于放弃主场。最后，伊朗与日本的附加赛改为在中立场地比赛，一场定胜负。

这一届带领日本队冲击世界杯决赛圈的是日本本土教练，此人名叫冈田武史，中国球迷对他不陌生，因为后来他来到中国的中超联赛执教俱乐部球队。冈田武史临危受命，带领日本队获得B组第二，赢得与伊朗队打附加赛的机会。

比赛场地选在马来西亚的新山，这对日本队非常有利，距离近，而且不需要倒时差，有以逸待劳的“主场”感觉。比赛那天，场内观众90%来自日本，确实营造出主场气氛。

日本非常非常渴望得到这张入场券，“理由非常简单，日本人不愿成为史上首个未曾进入世界杯正赛圈的东道主”。一些狂热的球迷无法忍受日本队可能失败的前景，在日本队出征之前，给冈田武史拼命打电话，甚至还有威胁恐吓电话，日本警方不得不24小时在他家周围执勤守护。在与伊朗队决战前夜，冈田武史从马来西亚打电话给在日本的妻子，嘱咐说：一旦不能如愿赢下伊朗，要做好在海外旅居两年的思想准备，日本我们肯定是住不下去了。

新山日伊大战打得惊心动魄。日本队先是1:0领先，伊朗队连扳两球2:1反超，日本队再入一球打成2:2。接着就是加时赛，眼看时间已到119分钟，两队开始做点球大战的准备，日本队突然破门进球绝杀伊朗。“此役虽然正值日本时间周日深夜，却创下47.9%的罕见高收视率。岛国陷入圆梦世界杯的欢喜之中。”

伊朗只能再与大洋洲赛区的第一名澳大利亚进行附加赛，争夺大洋洲手中那半张入场券。这对伊朗来说，是最后的机会，对亚洲来说，可能是最合理的选择。20年前，伊朗人就曾经成功阻击澳大利亚人，保住亚洲宝贵的半张入场券。对于澳大利亚这样人高马大球风凶悍的球队，如果让球迷们挑选一支能与他们对着干的亚洲球队，估计绝大多数人都会挑有“波斯铁骑”诨号的伊朗人，所谓兵来将挡水来土掩也。

果然，伊朗与澳大利亚的比赛，伊朗队在主场1:1打平，客场2:2又打平，但是凭借客场进球数多于澳大利亚队，亚洲终于又一次从大洋洲手中抢得一张入场券。20年后，历史重演。

伊朗队为得到这张入场券，一共踢了17场球，是各大洲所有进军决赛圈的球队中比赛场次最多的。套用一句歌词形容一下：出线两个字，好辛苦!

决赛圈·亚洲队

托扩军的福，也靠着伊朗的抢票成功，世界杯决赛阶段的赛场上，史无前例地出现4支来自亚洲的球队。

沙特阿拉伯与法国、丹麦、南非分在C组。

这一届沙特阿拉伯队没有上一届那么神勇。他们第一场小负丹麦队；第二场0:4惨败于本届的冠军法国队；第三场与南非队战平，1平2负，小组垫底。

韩国与荷兰、墨西哥、比利时分在E组。

韩国队的战绩与沙特阿拉伯队非常相似：第一场负于墨西哥队；第二场0:5惨败于本届的第四名荷兰队；第三场与比利时队战平，1平2负，小组垫底。

伊朗与德国、南斯拉夫、美国分在F组。

窄路上又走来一对冤家——伊朗和美国。

伊朗与美国的关系，经历过大反转。当年伊朗巴列维王朝时期，美伊关系相当不错，可以说在中东地区，除美国的盟友以色列之外，伊朗是与美国关系最密切的国家。1979年霍梅尼领导的伊斯兰革命爆发之后，巴列维国王逃亡美国，继而美伊之间发生了一连串惊险刺激的冲突事件，不仅使伊朗与美国关系全面恶化，同时也给媒体和好莱坞带来太多的创作素材与灵感。

其中比较经典的故事是：伊朗伊斯兰革命爆发后，美国驻伊朗大使馆被占领，美国有几十名外交官员和平民被扣押，这就是轰动世界的“伊朗人质事件”。当时的美国总统吉米·卡特一方面对伊朗实行全面制裁，另一方面下令设法营救人质。有一位中央情报局的特工想方设法成功地将困在加拿大驻伊朗使馆中的6名美国外交官营救出伊朗，这个营救过程后来成为好莱坞大片《逃离德黑兰》的素材，这部电影获得2013年第85届奥斯卡金像奖最佳影片奖。

但是还有几十号美国人质被伊朗扣押着，现实生活里美国中情局的特工们并不具备007那般无所不能的神功，于是，美军特种部队中一支代号为JTF-79的联合特遣队悄然登场。1980年4月24日晚上10点，8架直升机载着特遣队员从停泊在波斯湾内的美国“尼米兹号”核动力航空母舰上起飞，准备乘着夜色突袭德黑兰的美国大使馆解救人质。真是人算不如天算，直升机进入伊朗领空后，遇到猛烈的沙尘暴，3架直升机发生故障返航，剩下的5架由于数量不足，已经无法保证突袭行动成功并携带全部人质返回，卡特总统只得下令取消营救行动。真是祸不单行，返航途中忙中出错又发生飞机相撞，造成特遣队重大人员伤亡，损兵折将丢盔弃甲狼狈而归。这次营救行动如此丢脸地失败，被认为是那一年的总统大选中，民主党卡特败给共和党里根的重要原因之一。

人质事件后来通过外交途径得到和平解决，但伊朗和美国的敌对关系却愈发紧张。在接下来的两伊战争中，美国尽管打心眼里非常不喜欢伊拉克的萨达姆政权，但为制约伊朗，不惜采取略偏向伊拉克的立场。到1998年法国世界杯时，美伊关系紧张如故，偏偏世界杯小组赛的抽签结果，把这两国抽到同一个小组，世界杯组委会对此有点心中忐忑：踢足球是身体接触冲撞激烈的运动，组委会担心两方的球员们带着敌视的情绪，你一脚我一拳地在场上闹出点什么动静来，更担心对抗情绪蔓延到看台的观众，引发出更大的骚乱。

1998年6月21日，伊朗队与美国队的小组赛在法国里昂举行。人们惊奇地发现，原来的担心完全没有必要——两方的运动员们相当地和平与友好：“美国球员和伊朗球员将比赛变成了一场和平的聚会，双方互相献花，并且勾肩搭背地拍摄了赛前合影。”看来广大的人民群众没有政客们那么多叵测之心，运动员之间还是惺惺相惜的。

比赛结果，伊朗队2∶1获胜，伊朗人心满意足。

伊朗队另外两场比赛分别输给德国队与南斯拉夫队，以1胜2负的成绩排名小组第三。

日本与阿根廷、克罗地亚、牙买加分在H组。

日本队第一场0∶1负于世界冠军阿根廷队；第二场又是一个0∶1负于后来这一届的季军克罗地亚队；最后一场1∶2又输给牙买加队。日本队三战皆负，小组垫底。

这一届世界杯的决赛圈虽然亚洲来了4支球队，但成绩比较糟糕，不仅没有1支球队小组出线，而且有3支球队是小组垫底。

还得顺便再提一下：本届杯赛中，有一支非洲球队一鸣惊人，就是江湖人称“非洲雄鹰”的尼日利亚队。他们在一位号称“神奇教练”的带领下，在小组赛中干掉西班牙队与保加利亚队，以小组第一进入16强。这位神奇教练还是那位南斯拉夫人——米卢蒂诺维奇。

韩日“劫争”世界杯

——2002年第十七届韩日世界杯

本章看点：

“劫争”来的主办权

垫底队的另类世界杯

抽出亚洲+神奇教练

亚细亚·大事件（1998年7月—2002年5月）

新建立的国家：东帝汶（2002.5.20）。

澳门回归：1999年12月20日，中华人民共和国政府恢复对澳门行使主权，中华人民共和国澳门特别行政区成立，结束了葡萄牙对澳门的殖民统治。

“9·11恐怖袭击”与阿富汗反恐战争：2001年9月11日，恐怖分子在美国劫持数架民航客机，对纽约世界贸易中心和华盛顿美国国防部五角大楼等处发动自杀式袭击，造成数千人死亡；美国判定袭击是由躲藏在阿富汗塔利班政权控制区内本·拉登领导的“基地”组织所为。2001年10月8日，美国联合阿富汗反塔利班力量开展对塔利班政权和本·拉登“基地”组织的军事打击。12月22日，阿富汗新政权在首都喀布尔建立。

亚足坛·大事记（1998年7月—2002年5月）

澳门足协更名为中国澳门足协：1999年澳门回归中国之后，原澳门足协更名为中国澳门足协。

亚运会足球赛：第十三届亚运会于1998年12月6日至20日在泰国曼谷举行。获得本届亚运会足球赛前三名的球队是：冠军伊朗，亚军科威特，第三名中国。

奥运会足球赛亚洲参赛队：第二十七届夏季奥运会于2000年9月15日至10月1日在澳大利亚的悉尼举行。参加本届奥运会足球比赛的亚洲球队是韩国、日本、科威特。

亚洲杯：2000年10月13日至10月30日，在黎巴嫩举办第十二届亚洲杯足球赛。获得前三名的球队是：冠军日本，亚军沙特阿拉伯，第三名韩国。

主办地·日韩“劫”

这一届比赛在世界杯举办历史上具有不同凡响的意义，国际足联称之为“第一届在亚洲举办的世界杯，也是第一届由不同国家联合主办的世界杯”。

世界杯在诞生72年之后，终于来到亚洲的土地。两个亚洲国家日本与韩国之间围绕世界杯主办权展开了一场激烈竞争，其过程之曲折，谋略之诡诈，对抗之惨烈，毫不逊色于足球场上的对抗。我们在这里借用围棋术语中“劫争”和“打劫”的“劫”字，来形容日韩之间的争办拉锯大战。

日本大概是最早考虑主办世界杯赛的亚洲国家。根据现有的资料，日本足协领导人在1974年观摩联邦德国世界杯之后，萌发出举办进入21世纪之后首届世界杯的想法。由于当时日本的足球水平相当落后，所以这也只是埋藏于日本足球人心底的一个想法而已，或者说给自己画了一张饼。

促使日本想把这只画中之饼烙成一只热气腾腾馅饼的人，是时任国际足联主席的阿维兰热，"这位水球运动员出身的足联主席是众所周知的亲日派"。阿主席喜欢日本亲近日本可以理解，单说日本接手丰田杯之后，整出这么大的动静，办得这么红火，的确给国际足联挺长脸。1986年世界杯之后，阿主席多次在各种场合表态："希望亚洲在21世纪主办世界杯。"听话听音锣鼓听声，日本人觉得现在可以来烙这只饼了。

阿主席是个谋略高手，他这话其实对着不止一个亚洲国家说过，根据中国媒体的报道："早在20世纪80年代末期，当时的国际足联主席阿维兰热就曾热情倡议中国申办世界杯。"阿主席知道亚洲人心里在想啥，到一山唱一歌，弄得中国足球人不免也心里痒痒的。

阿主席说说容易，真正做起来并不容易。承办世界杯的难度从某种程度上讲甚至要高于主办奥运会，承办国的足球水平高低并不是关键因素，关键因素在于要拥有或建设一大批符合国际足联标准的足球场。16支球队至少需要8座，扩军到24支球队就要12座，若非足球运动开展相当普及并拥有一定经济实力的国家，很难拿得出这么多国际高标准的球场。想当年哥伦比亚已经拿到主办权（16队），结果遇上扩军（24队），顿时傻眼，只能痛心疾首地拱手将主办权送给墨西哥兄弟。现在世界杯已经扩军到32支球队，至少需要16座球场，众会员们还在嚷嚷着要再扩军到48支球队……所以，想举办世界杯吗？要么，有底子，足球职业化完善发达，每个足球俱乐部的主场就是一座标准球场；要么，有票子，像卡塔尔那样，平地造出来……一个城市能养一个国际最高标准的球场就很不容易，因此我们说到奥运会的主办地时都是说某某城市，而说到世界杯的主办地时都是说某某国家，因为目前世界上没有一座城市能单独办得起世界杯。

凭着日本与阿主席的交情，日本人认为"阿翁语中的亚洲，意指日本"。1989年11月，日本足协正式向国际足联表达申办2002年世界杯的意愿；1990年意大利世界杯期间，日本向参赛国和国际足联散发"日本成为2002世界杯主办候选国"的小册子；1991年6月10日，日本成立"2002年世界杯日本申办委员会"。

日本的缺陷也很明显：日本从未打入过世界杯的决赛圈，甚至还没有建

立起真正意义的职业联赛（日本职业足球J联赛在1993年开办），这是日本申办世界杯的最大短板。

中国有句老话：不是冤家不聚首；还有句成语：好事多磨，日本可全都赶上了。“日本满以为作为首个提出申请的亚洲国家，又有足联主席提携，主办权唾手可得”，不料遇上个劫道的——韩国人手持大棒杀将出来。

手持大棒的，是韩国现代集团创始人郑周永的第六个儿子，韩国著名富二代——韩国足协主席郑梦准。

韩国人第一棒：棒打七寸，日本的足球水平是软肋命门。

郑主席宣称：“我们韩国已经连续三届大赛，总计四次进入世界杯决赛圈，向世界充分展示了自己。日本人一次都办不到的事情我们韩国已经做成了四次。” 虽然日本1993年开始举办真正的职业联赛J联赛，但韩国媒体对日本J联赛出现的大量外援冷嘲热讽，称其为“佣兵之盛典”。

韩国人认为自己才是亚洲足球的王者，无论如何不能让日本人喝上头口水，1994年1月18日，“韩国申办委员会”成立，日韩申办大战打响。

韩国人第二棒：五雷轰顶，郑梦准力压日本当选为国际足联副主席。

1994年亚足联第十六届代表大会在马来西亚吉隆坡举行，会议的重要议程之一是推举代表亚洲的国际足联副主席人选。日本与韩国都清楚，谁拿到这个位子，就能在国际足联投票确定主办地的过程中发挥关键性作用。当时竞争这个职位的有4家：韩国足协主席郑梦准、日本足协副主席村田忠男、卡塔尔足协主席哈迈德和科威特的亚奥理事会主席艾哈迈德亲王。日本与韩国在会场内外展开猛烈的竞选攻势，四处游说拉票。中国代表在会上成为香饽饽，是各方争先游说的重要对象，因为拉住中国就有可能拉过来好几票：“各方都十分清楚，中国的态度明显地代表香港、澳门及朝鲜或从某种角度讲也能影响台北。”中国代表在这样的局面下，施展我中华传统太极神功，扎住马步一招“如封似闭”，始终不表态。在这方面，韩国人比日本人棋高一着，他们更了解中国人，估计中国人会信守老祖宗中庸之道之精髓——日本与韩国两边谁都不投。韩国人调整战略，利用亚洲足坛东亚和西亚之间在权力方面的割据局面，以及西亚国家之间存在的利益相争，与某些西亚国家形成“更深一层的幕后交易”。韩国在科威特眼看竞争无望的情况下，与之成功地结盟，从而将西亚的票数纳入囊中。最后的投票结果，郑梦准得11票高居第一，村田忠男只得2票惨遭垫底。选举结束后郑梦准说出内情："我知道中国不会投票支持我，中国选票给科威特，但科威特还我一票。"科威特的竞选者则回应："郑是我的好朋友，他是个能力很强的人，我们需要这样的人，我们会更好合作进而达到我们的目的。"

郑梦准确实"是个能力很强的人"，他上任国际足联副主席之后，"国际足联在芝加哥总会上对足联宪章第19条做出修改，使得来自申办国的理事会成员拥有了投票决定权，郑拿到了理事会21票中至关重要的一票"。说白了，就是原来的章程规定投票时，当事国需要回避不得参加投票；修改后的章程则当事国不需要回避，可以自己投上自己一票。

韩国人第三棒更狠：直捣黄龙，一棒子打破日本的票仓。

足球是我们人类发明的高级游戏，玩游戏既要玩技巧，更要玩谋略。世界足球赛场上的最高级对抗始终是欧洲和南美洲，国际足联王朝里的领导权之争和内部矛盾纷争也发生在欧洲与南美洲之间。巴西人阿维兰热1974年当选国际足联主席，欧洲人第一次失掉这个位置。1990年上台的欧足联主席约翰松，开始率领欧洲足球界大举反攻，意图改变南美人在国际足联的统治地位。郑梦准就是在这个最合适的时机来到国际足联副主席这个最合适的位置上，郑副主席"恰到好处地站到了约翰松的队伍之中。这场日韩之争就此演变为足联内部南美与欧洲两大势力的较量。"

虽然国际足联的主席是南美巴西人，但欧足联的势力谁敢小觑？日本在这方面实在是缺乏眼力见，一直抱着阿主席这棵大树不撒手，认为只要有主席的支持，主办权就八九不离十，岂料欧足联采取支持韩国的立场之后，日本的主办前景岌岌可危。"整个竞争形势开始发生了变化，看起来就好像是欧洲足联与国际足联之间举行的一场战争。"说句实在话，欧足联并没有那么的喜欢韩国，非把日本做掉不可，欧足联是要借此打击阿维兰热和南美的势力，日本夹在当中，成为背锅的倒霉蛋。

当然欧足联也不会把事情做绝，毕竟大家还都是在国际足联这口锅里吃饭的，就在投票表决的前一天，欧足联向国际足联提出一个折中方案：日本与韩国"联合主办"。这么一来，"欧洲足联这只猫跳出了国际足联这条死胡同"。

欧足联里这帮子欧洲人看来对亚洲国家之间的历史恩怨和民族心态还是

了解得不够，或者是视而不见，咱们亚洲人都知道日本与韩国结下过什么样的梁子，欧洲人却硬把这两家来一个拉郎配。

日本还想再做一把努力——拒绝两国合办方案，坚持一国独办方案。

谁知屋漏偏逢连阴雨，非洲足联也临阵倒戈！日本在申办之时，非洲方面曾表示“非洲的3票如数统归日本”。以往在国际足联的一些重要问题上，阿主席可以和非洲形成联盟，但这回形势明显不同，鉴于非洲的优秀球员基本上都在欧洲职业联赛里捞金，“非洲人明白与财大气粗的欧洲人交恶对于球员输出意味着什么，紧要关头果断抛弃阿维兰热”。

主办权的最后归属由国际足联执委会投票决定，一共21票。日本原来算计着：欧洲和亚洲的票数基本都归韩国，日本可以得到的票数是：南美3票，非洲3票，加上其他洲不太确定可以争取的4票（墨西哥、沙特阿拉伯、挪威、俄罗斯），一共10票；如果出现10比10打平，阿主席将投出决定乾坤的一票，还是能够维持一国方案。哪里晓得“友谊的小船说翻就翻”，非洲的票仓被韩国打破。现在日本人算来算去，铁杆的票只剩下南美3票（巴西、阿根廷、厄瓜多尔），那些原本不确定的票数现在也基本悬乎。根据日本的情报，拥有8票的欧洲和拥有3票的非洲已经达成协议，“日韩两国谁反对合办，这11票就坚决不投给谁”。这就意味着，如果日本坚持一国独办，投票的最后结局可能就是韩国一国独办，日本连“半个”世界杯都拿不到，要输得连裤头都剩不下了。

“在决定世界杯举办国一事上，日本人一直都相信国际足联主席的许诺。”在这最后时刻，阿主席看出大势已去，也反劝日本审时度势，还是合办吧。

日本人真是欲哭无泪，认栽吧。

1996年5月31日，国际足联执委会在苏黎世一致决定，由日本与韩国共同举办2002年世界杯，开幕式放在韩国的汉城，闭幕式放在日本的横滨。

日本足协主席长沼健将这次申办世界杯的结果称之为“壮志半酬”，这个形容相当贴切哦。“日本足球人痛切地感受到，国际足球亦是一个不折不扣的政治舞台。”德国人说得更有意思：“应该原谅日本的申办人员，因为他们此刻对国际足联和欧洲足联的了解还不够深入。”

亚洲区·缺席队

这届世界杯在亚洲举行，亚洲球队憋着劲头看看能不能嘚瑟一回，共有40支球队报名参赛，再加上不用打预选赛的日本、韩国两个东道主，亚洲区参赛球队达到创纪录的42支。

42支球队是什么概念？要知道亚足联此时共有45个成员，差3支球队就是大团圆的场面。

没来参赛的3支队伍，我们盘一下：

1. 不丹

这是一个位于喜马拉雅山麓的小国，一直到20世纪80年代，不丹才成立国家足球队。不丹足球与中国有点缘分——不丹国家队第一次参加国际性的足球赛事，是在尼泊尔首都加德满都举办的全尼泊尔足协杯，第一场国际比赛的对手是来自中国的昆明军区足球队，结果不丹国家队1∶3输败给中国昆明军区队。

不丹地处偏僻，球队很少参加国际赛事，不丹队第一次参加亚洲洲一级的大型国际足球赛事是2000年亚洲杯预选赛，结果让科威特队灌了个20∶0。所以不丹队只要参赛，就是典型的鱼腩球队+送分童子。

在2018年之前，不丹从未参加过世界杯亚洲区的预选赛。但是，不丹用一种很另类的方式，也算是参加了2002年这一届的世界杯。话说荷兰有一位叫Kessels Kramer的制片商，一直在为荷兰这个足球世界的牛国在本届世界杯欧洲区预选赛中惨遭淘汰而郁闷不已，忽然间灵感来袭“脑洞”大开：世界杯是世界上足球水平最高的比赛，但只要想看，人人通过电视转播就可以观看；但是，世界上水平最低球队之间的比赛，这世界上恐怕没人看过也没地去看吧？这位老兄于是找来国际足联公布的当年世界足球排名表，把排名最末尾的两支球队挑了出来——确实还都是地球上犄角旮旯的地方。排名倒数第一的叫作蒙特塞拉特，此乃加勒比海之中的一个小岛，属于英国的海外领地，全岛人口只有几千人，是一个连当年横行加勒比的“杰克船长”都不太好意思去抢一把的弹丸之地；可是人家蒙特塞拉特队还正正经经地参加了本届世界杯中北美及加勒比海赛区的预选赛——出线当然是不用去想的。排名倒数第二的就是不丹。荷兰制片商选择2002年6月30日，也就是世界杯足球赛世界顶级球队冠亚军决赛的同一个时刻，安排这两支球队在不丹的首都廷布打一场世界垫底球队之间的决赛，比赛的过程拍成一部纪录片，取名为《另一个决赛》（The Other Final）。垫底队的决赛结果，不丹以4:0打败倒数第一，也算对得起倒数第二的名头。

2. 朝鲜

世界杯在韩国举行，也算是在朝鲜的家门口，朝鲜为什么拒绝参赛?

如果说在这世界上挑两个最不希望韩国办世界杯的国家，一个是日本，另一个就是朝鲜。日本我们上面已经说过，被韩国从半道上劫走半壁江山，心都在滴血，这种心情可以理解；而朝鲜，应该就是当时朝韩两国关系和两国境遇所折射出的一种微妙心态。举办大型体育赛会，可以反映出一个国家的整体实力，对于提升国家威望、凝聚民心士气具有超乎政治经济手段的异常功能。朝鲜半岛俩兄弟，同一个民族，同处一个半岛，历史上还是同一个国家，眼瞅着南边的兄弟从亚运会到奥运会再到世界杯，世界上最牛的赛会全都办一个遍，此情此景，套用当年非常红火的某小品中的一句台词，就是："同在一个屋檐下的两口子，做人的差距咋就这么大呢？"

1999年，在世界杯亚洲区预选赛抽签仪式即将举行之前，朝鲜宣布退出本届世界杯预选赛，理由是："朝鲜队由于很长时间没有参加国际比赛，现在缺乏竞争力，状态不好。"

南边的兄弟还想再争取一把，郑梦准提出，要么我们南北联合组队吧，我们可以在平壤也设一个赛场。

朝韩联合组队参加大型国际体育赛事已经屡有先例，第一次是1991年在日本千叶举行的第四十一届世界乒乓球锦标赛，朝鲜半岛两家联手果然有戏——朝韩女队在决赛中战胜由邓亚萍领军的中国女队，获得女子团体冠军。这个冠军得来不易，让高丽民族念念不忘，21年之后的2012年，韩国还以此为素材，拍摄了一部名为《朝韩梦之队》的电影，把这段历史又翻出来好好地自我欣赏了一把。

朝韩两家后来又多次联合组团参加过包括亚运会、奥运会在内的各类比赛，不过似乎再没有取得像女乒这样的骄人成绩。

这一届的世界杯，如果真按照郑主席的提议南北联合组队，朝鲜甚至连预选赛都不用参加，直接进决赛圈。

朝鲜不为所动，根据媒体的报道，朝鲜官员在回答记者提问时，“排除了朝鲜要和韩国组成联队参加世界杯的可能”。

朝鲜就这么缺席了这一届的世界杯。

3. 阿富汗

阿富汗的足球运动虽然水平不高，但是资历不浅，阿富汗足协于1933年成立，并且是1954年亚足联成立时的创始会员国。由于经济落后地理隔绝，阿富汗队很少出现在亚洲的足球赛场上。

20世纪70年代，阿富汗国内政局动荡，政变不断。1979年苏联派遣摩托化步兵与伞兵部队突袭阿富汗，占领首都喀布尔，处死阿富汗原政权领导人，扶植起一个亲苏的政权。苏联这一举动遭到国际社会的普遍谴责，得到国际社会支持的阿富汗各族武装对苏军以及苏联扶植的阿富汗政权展开旷日持久的游击战，这便是著名的阿富汗战争。根据记载，在苏联占领阿富汗期间，阿富汗亲苏政权曾经派出过一支足球队参加1984年第八届亚洲杯的预选赛，在小组赛中即被淘汰。这之后，随着战乱的蔓延，阿富汗队就再也没有出现在国际赛场上。

1989年2月，苏军撤出阿富汗；1992年，阿富汗亲苏政权被推翻。阿富汗各派武装和各种政治力量，围绕着阿富汗政权的重组和权力的分配斗得不可开交，阿富汗全国又陷入无休止的军阀混战之中。

战乱之中，塔利班异军突起。“塔利班这个词最早来源于阿拉伯语，在普什图语中的意思是‘宗教学生’，但大家习惯地将塔利班称为‘宗教学生军’。”，1996年9月27日，塔利班攻占首都喀布尔，控制阿富汗全国90%的地区，并将国名更改为阿富汗伊斯兰酋长国。

在连年的战乱之中，阿富汗组建国家队参加国际比赛肯定是不可能的，但并不妨碍民众自娱自乐踢足球。可是塔利班上台以后，推行一种极端的统治政策：“塔利班严禁音乐、电影与摄影，一切表演艺术都在禁止之列……

电视机被搬到大街上，任凭塔利班分子开枪扫射，将其打成一堆碎片……风筝比赛被禁止，足球与象棋比赛遭到严厉打击……”，昔日的足球场变成行刑的场所。

在塔利班统治阿富汗期间，足球与阿富汗人彻底无缘，当然无法参加亚洲的足球赛事。

尽管如此，阿富汗人民对于足球的热情依然如熔岩在地下奔流。世界杯的巨大魔力，吸引着阿富汗球迷冒死也要观看比赛。新华社驻阿富汗记者是这样报道的：“1998年法国世界杯期间，一些家境良好的阿富汗人晚上偷偷架起卫星接收器，把窗帘拉得严严实实，把电视声音调低，收看足球比赛。”

亚洲区·小组赛

日韩关于世界杯举办地的“劫争”落幕，另一场围绕着亚洲区预选赛如何分组的“劫争”开幕：各方争论激烈，计谋层出不穷，剧情不断反转，结局峰回路转。

这届亚洲区预选赛，国际足联起初决定给亚洲四张决赛圈入场券，国际足联认为自己挺大方的——比上届的三张半多给半张；但亚洲球队觉得挺吃亏，因为日本与韩国两个东道主自动占去两张，结果40支球队就只剩下两张，比起上届的36支球队的三张半，哪个多哪个少，这好像是一道小学三年级算术题。

亚足联要求国际足联至少要给五张入场券，这样去掉日韩还剩三张，一场恶斗在亚足联与国际足联之间展开，在国际足联代表大会的会场上，亚足联发出抵制日韩世界杯的号召，根据亚足联的要求，亚洲的代表集体退场，“要挟国际足联增加亚洲球队参加2002年世界杯决赛的名额。身为亚足联官员的中国足协代表张吉龙当即表示这是不明智的举动，但也只能随着大家走出会场”。

当然，所有的国际争议与纠葛，最后的结局基本上都是妥协与折中，这场争议的最后结果是：给亚洲的入场券增加到四张半，日韩占去两张，预选赛的前两名预选赛获得两张，预选赛的第三名与欧洲区的球队通过附加赛争夺一张入场券——这对亚洲足球来说几乎是一个不可能做到的事情。所以这个结果对于亚洲主要还是一种精神上的胜利，让亚洲觉得总算没白白地与国际足联争斗一场吧。

40支球队开始在亚洲的大地上厮杀，争夺这两张半入场券。

40支球队先分成10个小组，进行小组循环赛。小组第一名出线，进入下一轮的10强赛。

10个小组的分组情况和出线队伍分别是：

第1小组：阿曼、叙利亚、老挝、菲律宾。

阿曼队获得小组第一名出线。

第2小组：伊朗、塔吉克斯坦、关岛、缅甸。

伊朗队获得小组第一名出线。缅甸报名参赛，但在比赛开始前10天的时候宣布弃权。

第3小组：卡塔尔、巴勒斯坦、马来西亚、中国香港。

卡塔尔队获得小组第一名出线。

第4小组：巴林、科威特、吉尔吉斯斯坦、新加坡。

这一小组巴林队爆出个小冷门，淘汰了赛前被看好的科威特队，获得小组第一名出线。

第5小组：泰国、黎巴嫩、斯里兰卡、巴基斯坦。

泰国队获得小组第一名出线。

第6小组：伊拉克、哈萨克斯坦、尼泊尔、中国澳门。

这一小组的比赛在10个小组中争夺最为紧张激烈。伊拉克本是西亚足坛豪强，而哈萨克斯坦在中亚球队里实力超群，两队之间的比赛将决定小组出线形势，结果两队在主客场都是1:1战平，总积分都是14分，伊拉克队凭借净胜球数压过哈萨克斯坦队，惊险出线。

第7小组：乌兹别克斯坦、土库曼斯坦、约旦、中华台北（中国）。

乌兹别克斯坦队获得小组第一名出线。

第8小组：阿联酋、也门、印度、文莱。

阿联酋队获得小组第一名出线。阿联酋队原以为自己可以轻松出线，不料在客场败给毫不起眼的也门队。阿联酋队惊出一身冷汗，最后总积分只比也门队多出1分，惊险出线。

第9小组：中国、印度尼西亚、马尔代夫、柬埔寨。

地球人都知道这一组除了中国队，其他都是鱼腩球队，中国队在主场10∶1拿下马尔代夫队，在客场竟然磕磕绊绊地仅以1∶0险胜；虽然中国队获得小组第一出线，但中国球迷对比赛过程并不满意。

第10小组：沙特阿拉伯、越南、孟加拉国、蒙古。

沙特阿拉伯队获得小组第一名出线。

10强赛·分组“劫”

10个小组的第一名分为两组，每组5队，进行双循环赛，两个组的第一名直接获得决赛圈入场券，两个组的第二名进行附加赛，败者淘汰，胜者再与欧洲区的球队争夺最后的入场券。

中国足球界在盘算着，如何分组抽签，才能让中国队处在一个最有利的位置上。

中国队此时被所谓的“恐韩症”缠身多年，根据统计，自打1978年泰国曼谷亚运会中国队输给韩国队之后，中国队在国际A级比赛中对韩国队就没有胜利的纪录；而原来一直被中国队压着打的日本队，此时水平也已超越中国队，自1998年东亚四国足球赛之后，中国队对日本队也再无胜绩。这回日本与韩国作为东道主无需参加预选赛，实在是中国队梦寐以求的利好时机。

10强当中，实力最强同时也是中国队最不想遇到的对手，就是伊朗队和沙特阿拉伯队，外加一个伊拉克队。尤其是伊朗队，是球迷就都知道，中国队“最怕的就是与伊朗队在同一个小组”，如果与他同组，那绝对就是一支下下签了。

中国人需要好好琢磨一下，如何通过抽签分组，避免下下签，争取上上签。

当时负责安排亚洲区预选赛赛制赛程的，是人称“龙哥”的中国人张吉龙，他的职位相当关键——亚足联副主席兼竞赛委员会主席。通过龙哥的主持策划，“运用高超的公关技巧”，10强赛分组原则确定为：“以过去三届世界杯赛和三届亚洲杯赛的成绩为准，采用积分的办法将10支球队划分为5个档次。”每个档次两个队，然后进行抽签，同档不同组。由于这个分组原则最后是在亚足联新加坡会议上确定的，所以被称为“新加坡方案”。

按照这个计分方法，这五档的球队分别是：

第一档：沙特阿拉伯、阿联酋；

第二档：中国、伊朗；

第三档：伊拉克、卡塔尔；

第四档：乌兹别克斯坦、泰国；

第五档：巴林、阿曼。

“新加坡方案”的奥妙之处，在于取10强各队的近三届世界杯和亚洲杯成绩进行积分统计，既不是两届也不是四届，这是经过精确计算之后得出的，只有取近三届成绩积分，才能让中国和伊朗同处于第二档，按照“同档不同组”的原则，中国队绝对不会与最不愿遇到的苦主伊朗队分到同一组里；同时对沙特阿拉伯队和伊拉克队，也各有50%的避开概率。

不过这美事又差点让国际足联给搅黄。

对于“新加坡方案”有高兴的就必有失落的，沙特阿拉伯的郁闷之气淤积于胸，他们也亮出一招，他们的招数是：告御状。

在分组抽签即将开始之前，国际足联主席布拉特与亚足联秘书长维拉潘在汉城会谈，之后拿出来一个新的分组抽签原则，新原则很简单，就是把原来的以近三届世界杯和亚洲杯成绩计算积分，改为以近两届世界杯和亚洲杯成绩计算积分，这就是所谓的“汉城方案”。

把“新加坡方案”改为“汉城方案”的理由：第一，据说是布主席发话，三届的时间太长，算算近两届的成绩就可以啦；第二，据说是乌兹别克斯坦投诉，该国刚刚加入亚足联时间不长，没参加过多少次亚洲的足球比赛，这样算法太吃亏。

按照“汉城方案”的积分计算，沙特阿拉伯和伊朗将排在第一档，中国必定会与其中一家分在同一组，与伊朗同组的概率是50%。

剧情出现反转，“新加坡方案”变成“汉城方案”。

龙哥再次“运用高超的公关技巧”，必须要让剧情再反转。

技巧之一：游说布主席。这是两年前的一个布局，1998年在国际足联主席换届选举的关键时刻，中国足协旗帜鲜明地支持布拉特，布主席上任之后对中国足协自然心存感激之情，张吉龙与布主席的关系也就不是一般人了。“正是利用此关系，使张得以直接向布拉特陈述更改抽签规则的利弊，并为布拉特所接受。”布主席当年欠下中国足协一个大大的人情，眼下就是投桃报李的时候。

技巧之二：建立同盟军。各队都不太愿意和伊朗、沙特阿拉伯同组，龙哥建立同盟的主要对象就是“新加坡方案”的受益者，特别是阿联酋与卡塔尔，他们看到成功躲开沙特阿拉伯和伊朗的希望，以及与中国分在同一组的可能。这两家都有着当年在世界杯预选赛中成功击败中国队的经典战例（这对中国足球人来说，好像有点讽刺），卡塔尔和阿联酋都热切地盼望与中国队同组，坚决拥护“新加坡方案”，他们迅即向国际足联“提交了正式申诉材料，坚决要求国际足联恢复原先的抽签原则”。这样一来，以往屡屡出现的西亚联盟被龙哥彻底拆散。

顺带着，中国方面还进行过调查，结论是：乌兹别克斯坦足协根本没有向国际足联提出过对“新加坡方案”的申诉，这种说法只是一个托词，真正的幕后主谋是沙特阿拉伯。

布主席起初把事情想得有点简单，他忽视了亚洲地缘政治与足球格局的复杂性，没想到一个“三届还是两届”的简单数学题里面居然有这么多的弯弯绕。眼下，外有卡塔尔、阿联酋哭天喊地堵门上访，内有龙哥动之以情晓之以理，既然如此，国际足联何苦搅这趟浑水？那就维持原方案吧。

剧情再次反转，抽签原则又变回“新加坡方案”。

也该着中国队时来运转，在抽签过程中，与沙特阿拉伯和伊拉克同组的50%也都变成0，十强赛最后的分组抽签结果是：

A组：沙特阿拉伯、伊朗、伊拉克、泰国、巴林；

B组：阿联酋、中国、卡塔尔、乌兹别克斯坦、阿曼。

这样的分组原则和抽签结果，中国队不仅成功地躲开与伊朗队同组的下下签，而且连沙特阿拉伯队和伊拉克队一并排除，绝对是一支上上签了。

抽签结果出来后，中国《体坛周报》头版头条打出的通栏标题是：“‘上帝’就是张吉龙”。

在这场分组“劫争”当中，中国队“打劫”成功，媒体将其称为“足球外交”的重大胜利。

由此，中国足球史出现一个新术语：抽出亚洲。

10强赛·中国队

2002年的日韩世界杯对于中国足球来说，具有开天辟地的意义——中国队第一次突围成功，打入世界杯的决赛圈。

“千年等一回……雨心碎，风流泪”——中国球迷这回总算等到中国队打入世界杯决赛圈的这一天。2001年10月8日，中国队战胜阿曼队提前一轮出线，中国最大的体育类报纸《体坛周报》为此创下当期发行262万份的历史纪录。

中国队出线之后，足球界和媒体在进行复盘时，认为促成此番中国队出线的因素很多，中国队具备相应的实力当然是基础，但是在实力基础之上有两个因素至关重要，甚至可以说是缺一不可——抽出亚洲+神奇教练。

抽出亚洲：就是上面介绍的分组经过，中国队在日韩不参加预选赛的极端利好局面下，运筹帷幄纵横捭阖，在分组抽签时最终成功地避开最大的苦主伊朗队，外加沙特阿拉伯队和伊拉克队。

神奇教练：米卢来了。

中国足球，一个轮回接着一个轮回。1994年世界杯预选赛施大爷失败，洋教练让位于本土教练；1998年预选赛本土教练失败，中国足球的决策层又决意使用洋教练。

有了上次经验，这回情况果然不同，中国足协“有了新的意中人，他就是号称‘神奇教练’的米卢蒂诺维奇。”

博拉·米卢蒂诺维奇，1944年出生于南斯拉夫，由于这个国家已经散伙，按照今天的国别，米卢应该是塞尔维亚人，他后来又取得墨西哥国籍，不过大家习惯上还是称他是南斯拉夫人。

米卢蒂诺维奇，中国人叫起来觉得拗口费事，干脆简称为米卢，这实在是个非常中国化的称呼，米卢挺喜欢，所以他在中国就以米卢之名行走足球江湖。

米卢既往的执教历史辉煌无比，他在1986年墨西哥世界杯执教墨西哥队，1990年意大利世界杯执教哥斯达黎加队，1994年美国世界杯执教美国队，1998年法国世界杯执教尼日利亚队，全部将球队带出小组赛进入淘汰赛，说他是“神奇教练”实至名归。国际足联《世界杯官方传记》称他是“奇迹制造者”，他在国际上的绰号干脆就是“巫师”。中国人希望他在中国队身上继续发挥他的神奇功效。

虽然中国队抽得一支上上签，但是同组的阿联酋队和卡塔尔队也在庆幸与中国队同组，也在憧憬着战胜中国队打进决赛圈的愿景。

中国队10强赛B组的终极目标，是夺得B组第一名直接出线，只有这华山一条道。如果是第二，就要与A组第二（不是伊朗就是沙特阿拉伯）打附加赛，即便侥幸胜出，还要与欧洲球队再打附加赛——不是球迷都知道会是个什么结局。

在米卢的带领下，中国队在双循环主客场的比赛中，最终以6胜1平1负积19分的战绩，获得B组第一名，甩开获第二名的阿联酋队有8分之多。

关于米卢在中国的执教过程以及中国队在10强赛B组的出线经历，已经有太多太多的书籍报刊网络资讯做出太多太多的报道和论述，我们这里就不再多做介绍。米卢执教的中国队得以在世界杯预选赛中出线，并非仅仅依靠米卢的“神奇”。实际上，尽管米卢顶着“神奇教练”的光环，但是对于只看重眼前成绩的中国足球来说，他在中国的执教过程并非一帆风顺而是坎坷不断，由于球队成绩的起伏，他也经历过被观众哄喊“下课”。“中国足球在新世纪的第一次冲击，与其说是得到一位神奇教练的点拨，莫如说是在一位有争议的教练指挥下进行的。”

这些争议其实从另一些角度衬托出米卢的神奇之处，我们在这里罗列米卢的研究者对此的几点总结：

“米老顽主不懂得中国的‘民意’……硬是拿‘民意’不当回事，把所有的本领用在十强赛上”；

“米老顽主不去学中国话也不走群众路线，当一些耐不住的记者向他发出巨大的‘嘘’声时……以‘我的字典里没有嘘字’而搪塞过去了”；

“米老顽主不拿领导的话当金科玉律……不怕失败后秋后算账”；

“米老顽主不懂得中国大牌球员的特殊价值……让一些不可一世的球员不得不向他争取机会”；

"米老顽主不懂中国人的舌头是入木三分的"。

不过，所有这一切，在中国队最终获得决赛圈入场券之后，都变得无足轻重。世界杯预选赛，结果是最重要的，人们再次认可米卢的神奇。

10强赛·其他组

10强赛A组的比赛，毫无疑问就是沙特阿拉伯与伊朗之争。大家都非常重视两队之间的比赛胜负，认为这将基本上决定出线形势。

伊朗队对沙特阿拉伯队取得1胜1平的战绩，到最后一轮比赛之前，伊朗队总积分15分，沙特阿拉伯队14分，伊朗队占据制高点，赢下比赛就出线，前途一片光明。

最后一轮比赛，风云突变，伊朗队在客场败给巴林队，而沙特阿拉伯队在主场取胜泰国队。

最后的总积分：沙特阿拉伯队17分，小组第一直接出线；伊朗队还是15分，小组第二去打附加赛。

于是，A组第二名伊朗队与B组第二名阿联酋队为半张入场券进行附加赛，伊朗队轻松地两战两胜（可见阿联酋当初坚持"新加坡方案"是有道理的），以亚洲区第三名身份抢到半张入场券，还得与欧洲区球队争夺另外半张入场券。

伊朗的对手是欧洲区的爱尔兰。伊朗队与爱尔兰队进行主客场两回合的较量，伊朗队先是客场0∶2失利，之后在主场1∶0战胜爱尔兰队，但是总比分1∶2不敌爱尔兰队，最终还是没能从欧洲人手里抢到这张世界杯决赛圈入场券。

打附加赛尤其是打洲际附加赛的球队非常辛苦，别的队都比完了，他们还得继续在世界各地奔波打比赛。伊朗队本届预选赛重复了上一届的历程，拿着亚洲的半张入场券去和其他洲争夺另外半张入场券。上一届伊朗一共踢了17场比赛，这一届又踢了15场，不愧是亚足联的劳动模范。在各大洲历届参加洲际附加赛的球队中，伊朗队也是进行比赛场次最多的球队，评他一个国际足联的劳动模范也完全够格。

只不过结局与上一届完全不同，这一届的伊朗队只有苦劳和疲劳，没有功劳。

决赛圈·中国队

中国队历史性地打入世界杯决赛圈，正赶上那一年中国“入世”成功（加入世界贸易组织即WTO）和北京“申奥”成功，用句网络语言，真乃“喜大普奔”（喜闻乐见、大快人心、普天同庆、奔走相告）也。为表示庆祝和纪念，2002年5月，在中国队战胜阿曼队获得出线资格那一场比赛的沈阳五里河体育场，沈阳有关部门和球迷协会出资建立了一座世界杯V形胜利雕塑，资料显示这是世界上最大的足球雕塑。

决赛阶段的比赛分别在韩国和日本两个赛区进行，中国队被分在韩国赛区；据说这是应韩国方面强烈要求这么分的，因为中国队的到来必然伴随着大批的中国球迷和观众，必然带动韩国的旅游经济。有郑梦准主席在，这个愿望自然不难实现。中国队战胜阿曼队获得出线权的那场比赛，郑梦准专程从韩国赶到沈阳观战，中国队获胜之后，他还在现场向中国球迷们发表热情洋溢的讲话。不得不说韩国人的工作确实做得超前和地道。

中国分在C组，同组的是巴西、土耳其和哥斯达黎加。

第一次来到世界杯决赛阶段赛场的中国队和中国球迷看啥都新鲜，分组名单出来后，有媒体认为中国队又抽到一支上签，除了对巴西队咱们不用有任何想法，另外两支球队似乎来头都不大嘛。米老顽主的神奇光环把大家的胃口给吊得高高的。其实，米老顽主在世界足球的江湖中闯荡这么多年，心里明镜似的。他在中国队集训时就对中国足协的官员私底下说出大实话：“中国队如果不大比分输球，就是最好的结果了。”

中国足协好像不这么想，中国足协给中国队制定的比赛目标是：进一球、得一分，赢一场。国人做事情好称“工程”，我们不妨将其也称之为“三个一工程”。按照中国足协的解释，“三个一工程”是指中国足球队在小组赛中的最低目标和最高目标。而媒体和球迷不这么看，难道中国足协和足球队就不想小组出线吗？既然“神奇教练”之前连续四届带领四支球队都在世界杯决赛阶段的小组赛中出线，那么这回就不能再神奇一把？把中国队也带出个小组出线？所以“三个一工程”应该是中国队小组出线的作战方案，每个“一”分别指向小组赛中的三支球队（赢哥斯达黎加，平土耳其，小负巴西），只要“三个一工程”实现，小组出线完全有可能。

中国队小组赛第一场的对手是哥斯达黎加队，这是一个全国人口只有300多万的蕞尔小国，这是“三个一工程”中计划要赢一场的对象。虽然哥斯达黎加队曾经创下打入世界杯16强的神奇业绩，但制造这个神奇的教头眼下在帮助中国队制造神奇，而且米卢既然带过哥斯达黎加队，对于对手自然知根知底，看来胜利的天平似乎在向中国队倾斜。

理想很曼妙，现实很“骨感”。比赛结果，中国队0:2负于哥斯达黎加队。

小组赛第二场的对手是巴西队。对于这支四星冠军球队，中国队的奢望是进一球，小负巴西。奢望终究是奢望，比赛结果，中国队0:4负于巴西队。

小组赛第三场的对手是土耳其队。土耳其身在亚洲心在欧，脱亚入欧几十年，中国队无缘得识庐山真面目。此番甫一交手，方知在欧洲足坛闯荡几十年的土耳其足球水平，岂是亚洲球队所能企及？比赛结果，中国队0:3负于土耳其队。

中国队第一次（也是到目前为止唯一一次）参加世界杯决赛圈的比赛，战绩是三战三负，得失球为0:9，小组垫底。

现在媒体和球迷尴尬地发现，“三个一工程”变成“一球不进，一分没得，一场未赢”。

当初还以为又抽到一支好签，最后发现，巴西队是本届世界杯的冠军，加冕五星巴西；土耳其队高歌猛进，获得季军，这分明是“死亡之组”嘛。当然，以中国队的实力，无论分在哪个小组，结局应该都是一样的。

不能指望一个“神奇教练”就能化平淡为神奇。

决赛圈 · 亚洲队

现在再来看看其他几支亚洲球队在决赛阶段的表现。

沙特阿拉伯分在E组，同组的是足坛豪门德国，从伊朗手中抢走入场券的爱尔兰，以及享有“非洲雄狮”美誉的喀麦隆。

沙特阿拉伯队小组赛第一场对德国队，这场比赛后来被冠名为“屠杀”，呼啸而来的德国战车以8∶0的比分碾压沙特阿拉伯队，这一结局真是惨不忍睹。

这场比赛的结果给中国球迷也留下深刻记忆。12年后的2014年巴西世界杯半决赛，德国战车以7∶1碾压东道主巴西队，中国球迷送给巴西队一个绰号：“南美沙特”。

小组赛第二场，沙特阿拉伯队0∶1负于喀麦隆队。

小组赛第三场，沙特阿拉伯队0∶3负于爱尔兰队。

沙特阿拉伯队小组赛的成绩与中国队一样，都是三战皆负，一球未进小组垫底。沙特阿拉伯队比中国队还要更惨一点，他们失12球，比中国队多3个。最后本届世界杯总排名，中国队第31名，沙特阿拉伯队第32名，本届世界杯排名垫底。

东道主之一的日本队分在H组，同组的还有比利时、俄罗斯和突尼斯。

日本队虽然只是第二次参加世界杯决赛阶段的比赛，但是日本足球的飞速发展和进步在比赛中显露无遗。

小组赛第一场，日本队2∶2战平比利时队，日本队获得参加世界杯决赛圈比赛的历史第一分。

小组赛第二场，日本队1∶0打败俄罗斯队，日本队又获得参加世界杯决赛圈比赛的历史首胜。

小组赛第三场，日本队2∶0战胜突尼斯队。

日本队以2胜1平的战绩获得小组第一，进入16强。

在16进8的比赛中，日本队0∶1败给土耳其队，停止前进的步伐。

4年之前，日本队第一次参加世界杯决赛圈的比赛，最后的名次是第31名，与本届中国队的排名一样；4年之后，日本队在本届世界杯的总排名跃升到第9名！

国际足联的评价是：日本“已经巩固了他们作为快速提高的足球国度的名声”。

另一位东道主韩国队，在本届世界杯的成绩，可以用石破天惊来形容。

韩国队分在D组，同组的球队是美国、葡萄牙和波兰。

韩国队小组赛第一场，2:0战胜波兰队。

韩国队小组赛第二场，1:1战平美国队。

韩国队小组赛第三场，1:0战胜葡萄牙队。

小组赛韩国与日本成绩一样，2胜1平排名小组第一。

在16进8的八分之一决赛中，韩国队遇上意大利队。韩国人重演1966年北边兄弟的场景，2:1力克意大利队，进入前8名。

在8进4的四分之一决赛中，韩国队通过惊心动魄的点球大战，又以5:3（120分钟比赛0:0）淘汰西班牙队，闯入半决赛。

在半决赛中，韩国队0:1负于德国队。

接着在三四名的比赛中，韩国队2:3不敌土耳其队。土耳其队在开赛11秒后就攻入韩国队1球，创造了世界杯决赛阶段历史上进球速度之最，进球队员后来人送外号“快递员”。土耳其队在本届比赛中，先后击败东亚的中国队、日本队和韩国队，亚洲球队看来还真不是他的对手。

韩国队最终获得本届世界杯的第四名，成为世界杯历史上欧洲和美洲球队之外第一支晋级世界杯半决赛的球队。亚洲球队以往最好的成绩是1966年朝鲜队取得的前八名，不过那时候进入决赛圈的球队只有16支，而现在已经扩充到32支。

在这之前，韩国队曾经5次打入决赛圈，但没有一次小组出线，基本都是小组垫底，没有胜过一场球。所以这次一飞冲天骄人战绩的取得，也引发很多争议，主要就是围绕着韩国如何利用主场优势，发挥一些明里暗里的功效，被韩国队淘汰的一些世界级强队对此是颇有怨言。例如意大利队在与韩国队的比赛中，在加时赛的关键时刻，先是队员在对方禁区内摔倒被判为假摔，球员被罚下场，之后进球又被判为越位在先；西班牙队在与韩国队的比赛中，加时赛中打入一粒金球，结果裁判判为皮球出界在先进球无效，但事后的回放表明皮球其实并未出界。也有一些足球评论认为这些都只是错判，“不能抹杀韩国队的顽强斗志和战术智慧”。

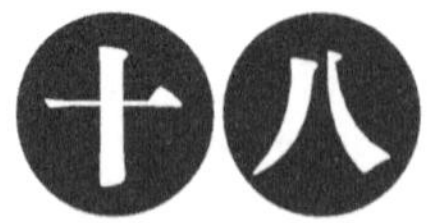

中亚吃了哑巴亏

——2006年第十八届德国世界杯

本章看点：

惨烈的主办权大战

哈萨克脱亚入欧

意大利队的亚洲缘

亚细亚·大事件（2002年7月—2006年5月）

朝鲜核危机：2002年10月，朝鲜承认自己有核计划。2003年1月10日，朝鲜政府发表声明，宣布退出《不扩散核武器条约》，朝鲜核危机公开爆发。2003年8月起，解决朝核危机的六方谈判（中国、美国、俄罗斯、日本、朝鲜、韩国）在北京举行。

伊拉克战争：2003年3月20日，美国总统乔治·布什宣布美国及其盟国推翻伊拉克萨达姆政府的战争开始。4月9日，美军开进巴格达市，萨达姆政权倒台。2004年6月30日，伊拉克新政府开始执政。

也门危机：2004年6月，也门爆发内战，由于外部势力的介入，也门危机逐渐发展为地区性危机。

印巴核危机结束：2004年6月20日，印巴核谈判取得重大突破，印度和巴基斯坦两国发表联合声明，双方同意中止核试验。印巴核危机告一段落。

伊朗核危机：2006年4月11日，伊朗宣布已成功生产出浓缩铀。伊核危机对国际社会产生强烈冲击，联合国开始制裁行动。

亚足坛·大事记（2002年7月—2006年5月）

亚足联新会员：东帝汶（2002）。

哈萨克斯坦“脱亚入欧”：2002年4月，哈萨克斯坦足协退出亚足联，6月，正式加入欧足联。

澳大利亚“脱大入亚”：2005年，澳大利亚足协正式向大洋洲足协及国际足联提交脱离大洋洲足协加入亚足联的申请；2006年1月1日，澳大利亚足协成为亚足联成员。

亚运会：第十四届亚运会于2002年9月29日至10月14日在韩国釜山举行，男子足球比赛的前三名获得者为：冠军伊朗，亚军日本，第三名韩国。

亚洲杯：第十三届亚洲杯于2004年7月17日至8月7日在中国举行，前三名的获得者为：冠军日本，亚军中国，第三名伊朗。

奥运会：第二十八届夏季奥运会于2004年8月13日至8月29日在希腊的雅典举行，参加奥运会足球比赛的亚洲球队为韩国、日本、伊拉克。伊拉克队获得本届奥运会足球赛第四名。

世界杯·主办地

这是统一后的德国第一次获得世界杯主办权。德国拿到主办权的过程非常艰辛曲折，他们是在一场扑朔迷离惊心动魄的投票大战中，非常惊险的以一票胜出，这个过程，就好比世界杯的冠亚军决赛，90分钟双方打平，加时赛还是打平，最后点球决胜负，一直踢到最后一个登场队员的最后一记点球才定出胜负。

2002年的世界杯，日本和韩国之间为争主办权拼得昏天黑地，但是与这届世界杯主办权之争相比，显然是小巫见大巫。围绕本届世界杯的主办权，各大洲与各大洲之间的争夺，各大洲之内国家与国家的争夺，各种幕后交易和私下承诺层出不穷，投票过程一波三折惊险刺激，“我们可以看到戏剧的曲折、闹剧的可笑和最后一刻定胜负的悬念，”如果拍成电影绝对是一部顶级大片。

争办这一届世界杯的，主要是欧洲的德国和英格兰，非洲的南非和摩洛哥，南美洲的巴西。

首先洲内的竞争就相当激烈。就欧洲而言，与40年前相似，申办大战又一次在德国和英格兰之间展开。在申办的初期，英格兰的势头明显压住德国，英格兰的公关工作比德国更出色。就在英格兰人洋洋得意之际，德国人突然抛出一个说法，说是早在几年前德国与英格兰两家的足协主席之间曾经有这么一个君子协定：德国支持英格兰举办1996年的欧洲杯，换取英格兰放弃争办2006年的世界杯；现在英格兰公然违约，此非君子所为。英格兰方面则大喊冤屈，说英格兰放弃的是1998年的世界杯主办权，并不是2006年，而且压根没有什么纸面协议，口说无凭。此事真相究竟如何，始终是扑朔迷离，似有似无，天知地知，你知我知。不过这个说法出现之后，欧洲内部的形势有利于德国，“在英德之争中，欧洲足联对于后者的支持度明显要高一些”。

国际足联派出一个6人小组，奔赴各申办国检查比赛场地和公共设施，检查小组每到一处，得到的都是相当于王室贵族规格的盛大接待。检查小组在英格兰受到的礼遇最为隆重，这个自然没得说，要论王室气派欧洲谁家能比得上大英帝国？可是最后检查小组提交的报告，认为比赛设施最好的是德国和南非，这让心高气傲的英格兰人情何以堪？

随着投票日期的临近，申办之争的形势渐渐明朗化，呼声最高的当属南非和德国。就在这节骨眼上，巴西宣布退出主办权的竞争。巴西的退出实际上是以退为进，根据德国世界杯申办委员会主席、江湖人称“足球皇帝”的贝肯鲍尔之分析，这是因为巴西眼看自己在本届的竞争力明显不足，所以

"巴西和南非之间一定进行了某种交易"。这个交易就是，巴西退出本届的竞争，南美的票数都投给南非，换取非洲今后投票支持巴西争办世界杯。看着这阵势，贝肯鲍尔的背脊骨开始有点发凉："目前来看，最后的投票形势可能对德国不利。"

贝肯鲍尔推测南非和巴西可能达成某种幕后交易，真有假有我们不知道，但是我们知道的是，接下来的两届世界杯，南非获得2010年世界杯主办权，巴西获得2014年世界杯主办权。

2000年7月6日，国际足联执委会举行投票，决定2006年世界杯的主办地。参加投票的执委一共24人，根据投票规则，哪一家获得过半数票就直接胜出，如果都没有过半数，就淘汰得票最低者，继续下一轮投票，直到投出获胜者；如果出现12∶12的平票局面，那就看其中国际足联主席布拉特的票是投给哪一方，他这票投给谁，谁就是最后的胜利者。

第一轮投票结果：

德国10票（7票来自欧洲：瑞典、意大利、比利时、挪威、西班牙、马耳他、土耳其；3票来自亚洲：韩国、泰国、卡塔尔）。

南非6票。（1票来自国际足联主席布拉特；2票来自非洲：喀麦隆、博茨瓦纳；3票来自南美：巴西、阿根廷、巴拉圭）

英格兰5票（1票来自欧洲：苏格兰；1票来自大洋洲：新西兰；3票来自中北美洲：美国、哥斯达黎加、特立尼达和多巴哥）。

摩洛哥3票（2票来自非洲：马里、突尼斯；1票来自亚洲：沙特阿拉伯）。

第一轮投票结果，没有哪家获得过半数票，摩洛哥出局。

从第一轮投票的票数分布，可以看出大致的阵营走向：支持德国的主要是欧洲和亚洲，支持南非的主要是非洲和美洲。

第二轮投票结果：

德国11票，比第一轮多出1票，是特立尼达和多巴哥转投过来。

南非11票，比第一轮多出5票，是原来投给摩洛哥的3票和美国、哥斯达黎加的2票转投过来。

英格兰2票，只剩下自家兄弟苏格兰与英联邦的新西兰在撑场面。

第二轮投票结果，还是没有哪家获得过半数票，英格兰出局。

第三轮投票还没开始，南非人已经按捺不住胜利的喜悦——按照事先的约定，如果英格兰出局，支持英格兰的2票铁定会投过来，南非铁定胜出。

然而，极具戏剧性的场景出现了：

苏格兰没有按预先的约定行事，而是将票转投德国，德国12票。

这仍然没有关系，因为新西兰事先承诺过，如果英格兰出局，就把票投给南非，所以只要新西兰的票投过来，就是12∶12，由于布拉特主席这一票是投给南非的，所以南非依然还会胜出。

新西兰的投票是：弃权。

这样，德国以12∶11胜出。

当时的场面是："整个会场陷入了一片混乱。在场的南非代表几乎要疯狂了，而德国代表们看上去似乎还不敢相信这个意外的结局……全力支持南非的布拉特一时也陷入了尴尬境地，只得黯然离场。"

这一张弃权票的投出者，是担任大洋洲足协主席的新西兰人丹姆斯。丹姆斯在投票结束后拒绝任何采访，立马打道回府，而且很快就宣布辞去他在国际足联的职务和大洋洲足协主席职务。

丹姆斯后来为自己投出的弃权票进行辩解，他说他在投票的前一晚收到许多匿名电话，其中还包括一个恐吓电话："要我考虑清楚，如果我投票支持南非的话，那么大洋洲足联在国际足联中的地位将会受到不利影响……这一次来自各方的巨大压力让我的确无法承受。"当然这是丹姆斯的一家之言，有媒体记者调查认为丹姆斯受了贿，连受贿金额都说得有零有整，就看各位读者愿意相信谁了。

由于新西兰人这一张弃权票直接导致南非失去2006年世界杯的主办权，这一举动甚至造成两国关系的紧张，南非政府抱怨和指责新西兰人背信弃义，新西兰政府为修复两国关系，公开向南非政府道歉。

除南非人之外，最失落的人应该就是国际足联主席布拉特。1998年布拉特在竞选国际足联主席职位的时候，"曾经向支持自己的非洲人承诺，会让南非举办2006年的世界杯"。面对现在的结局，他只能表示："在这次申办活动中，欧洲本来有一个绝好机会，可以向非洲表示出友好的姿态，不过很遗憾，他们并没有那么做。"

这一场主办权大战硝烟散去之后，各方都筋疲力尽，得到主办权的德国有胜之不武的感觉，国际足联的声誉也受到很大影响。痛定思痛，为防止今后争办世界杯的过程中再出现这样残酷的厮杀——也包含确保非洲能获得世界杯主办权的意图——国际足联提出今后世界杯将由欧美亚非各大洲轮流主办。

亚洲区·参赛队

这次亚洲赛区共有39支球队报名参加预选赛，参加预选赛的队伍比上届少1支，成员也发生一些变化。

第一，亚足联的成员中，有四个成员没有报名参赛：柬埔寨、文莱、菲律宾、不丹。

第二，缅甸虽然报名参赛，但由于上一届报名参赛后突然临阵弃权，搞得亚足联很被动，因此本届缅甸被禁止参赛，以示惩罚。

第三，阿富汗报名参赛，这将是阿富汗足球队第一次在世界杯亚洲区预选赛中出场。阿富汗足球能迈出这一步，源于塔利班政权的垮台。

2001年9月11日，在美国发生了震惊世界的“9·11恐怖主义袭击”事件，恐怖分子劫持4架民航班机，撞击纽约著名的世界贸易中心和华盛顿的美国国防部五角大楼，“9·11恐袭”造成数千平民的伤亡，这是有史以来规模最大、造成伤亡最多和损失最惨的恐怖主义袭击行动。恐怖主义由此成为冷战结束后影响国际安全的头号威胁力量。

“9·11恐袭”发生后，美国迅速判定这次袭击是由本·拉登领导的基地组织所为，他们隐藏在阿富汗塔利班政权控制区内。美国要求塔利班政权交出本·拉登和基地组织成员，遭到塔利班政权拒绝。

塔利班政权成立后，由于实施极端的统治方式，并且炸毁世界著名文化遗产巴米扬大佛，所作所为被国际社会所不容，在全世界只得到巴基斯坦、阿联酋和沙特阿拉伯三个国家的外交承认，国际处境相当孤立。在塔利班拒绝交出涉嫌在美国制造“9·11恐袭”事件的本·拉登之后，阿联酋和沙特阿拉伯先后宣布断绝同塔利班政权的外交关系。

9月29日，联合国安理会全票通过针对国际恐怖主义的1373号决议，表明国际社会联合打击恐怖主义的信念。

10月8日，美国宣布针对塔利班政权和本·拉登及其基地组织的反恐怖主义战争开始。美军联合阿富汗国内的反塔利班力量共同作战。从10月到12月，美军和阿富汗国内的反塔利班力量先后攻占首都喀布尔和塔利班的大本营坎大哈，组建阿富汗新政权，更改国名为阿富汗伊斯兰共和国。

塔利班政权垮台和新政权建立之后，阿富汗重新回归国际社会。虽然阿富汗的政局依然不稳定，恐怖袭击事件时有发生，但塔利班政权的垮台使得阿富汗民众的日常生活终于和现代社会接轨，人们可以从事正常的文娱体育活动，球迷不用冒着生命危险偷偷摸摸地观看世界杯了。

阿富汗足球队也堂堂正正地回归亚洲足坛。他们回归后最先参加的亚洲足球赛事是2004年的第十三届亚洲杯。阿富汗与吉尔吉斯斯坦、尼泊尔分在资格赛第三组，久违赛场的阿富汗队先败给尼泊尔队，之后居然战胜吉尔吉斯斯坦队，因为总进球数少而被淘汰。

现在，阿富汗国家队终于登上世界杯的赛场。

第四，哈萨克斯坦脱离亚洲足坛加入欧洲足坛。20世纪90年代入伙亚足联的中亚五国里，哈萨克斯坦和乌兹别克斯坦的足球水平比较高，哈萨克斯坦本也打算在亚洲大干一场，为什么没过几年就远走他乡呢？我们综合媒体的相关报道，认为其原因一是哈萨克斯坦认为自己在亚洲足坛的一些赛事安排当中遭受到不公正的待遇；二是哈萨克斯坦觉得亚洲的足球整体水平不高，老在亚洲混着影响自己的提高。那么，究竟是因为新同学被老同学欺负心生不满，还是担心自己总是混在差生堆里永远成不了学霸，具体原因各位读者都可以见仁见智。总之，哈萨克斯坦步土耳其后尘，脱亚入欧，正式加入欧足联，此后我们也就不再介绍哈萨克斯坦队的世界杯历程。

亚洲区·资格赛

这届德国世界杯对于亚洲足球而言，与上届相同的是仍然有四张半决赛圈的入场券；与上届不同的是，亚洲第五名将与中北美及加勒比海赛区的第四名进行附加赛，争夺最后半张入场券。

这一届亚洲区预选赛的赛制相比上届有较大的变化，比赛将分为三个阶段进行。

第一阶段：资格赛。由报名参赛队伍里国际足联排名靠后的14支球队，分成7对进行主客场两轮比赛，决出7支胜队。

第二阶段：小组赛。资格赛的7支胜队，加上另外25支排名较高的球队共32支球队，分成8个组，每组4队，进行主客场双循环赛，8个小组的第一名晋级。

第三阶段：8强赛。8个小组的第一名分成两个组，每组4队，进行主客场双循环赛。两个组的前两名直接入围世界杯决赛圈，两个组的第三名进行争夺亚洲区第五名的附加赛，获胜者与中北美及加勒比赛区的球队再打洲际附加赛。

第一阶段资格赛的对阵情况和出线球队分别是：

土库曼斯坦对阿富汗，土库曼斯坦队出线。阿富汗队的比赛成绩很糟糕，客场0∶11，主场0∶2，两战皆负净输13球，不过能在世界杯的赛场上亮相，就是阿富汗球迷的节日。用一句咱们中国人喜欢的自勉语：重在参与。

中华台北（中国）对中国澳门，中华台北（中国）队出线。

塔吉克斯坦对孟加拉国，塔吉克斯坦队出线。

斯里兰卡对老挝，斯里兰卡队出线。

吉尔吉斯斯坦对巴基斯坦，吉尔吉斯斯坦队出线。

马尔代夫对蒙古，马尔代夫队出线。

关岛对尼泊尔，这一对宝货出了点状况。先是尼泊尔队弃权，关岛队不战而胜自动晋级。但是之后关岛队也表示弃权。

关岛并不是一个国家，是美国的海外属地，地理区划属于大洋洲。关岛面积549平方千米，人口只有十几万。关岛在1992年申请加入亚足联，在这之前亚洲人只听说过脱亚入欧，眼睁睁地看着亚洲地盘上的国家一个一个地投奔欧洲，加入欧足联，现在关岛成为第一个亚洲地理范围以外选择投奔亚足联的成员。受美国文化的影响，关岛的篮球、棒球运动比较发达，足球水平实在不咋地，在国际足联的世界排名中总是处在末端。关岛第一次参加世界杯亚洲区预选赛就是上一届的韩日世界杯，当时关岛与伊朗和塔吉克斯坦分在同一个小组，可怜的关岛人第一次在亚洲赛场上露面就让人家毫不留情地一顿吊打，0:19输给伊朗队，0:16输给塔吉克斯坦队。这次关岛虽然报了名，而且还遇上不战而胜自动晋级的美事，估计在反复掂量之后，最终还是选择弃权。

尼泊尔和关岛都弃权，这样就缺少一个晋级队。国际足联决定从资格赛被淘汰的6支球队中取成绩最好的队递补。结果老挝队作为成绩最好的被淘汰队，“复活”进入第二阶段。

亚洲区・小组赛

32支球队，分为4个小组，参考上一届韩日世界杯的比赛战绩，韩国、日本、中国、沙特阿拉伯、伊朗、阿联酋、巴林、乌兹别克斯坦分别被列为8个小组的种子队。

8个小组的分组情况和出线球队如下：

第1小组：伊朗、约旦、卡塔尔、老挝。

伊朗队获得小组第一，晋级8强赛。

第2小组：乌兹别克斯坦、伊拉克、巴勒斯坦、中华台北（中国）。

乌兹别克斯坦队获得小组第一，晋级8强赛。

这一小组里伊拉克的情况在这儿介绍一下：伊拉克与阿富汗一样，国内政局在这一个世界杯周期内发生了翻天覆地的改变。这场变局就是伊拉克战争，简要过程是这样的：

1991年海湾战争结束后，科威特从伊拉克的占领中被解放出来，重新复国。联合国安理会通过决议，要求伊拉克在国际监督下无条件销毁所有大规模杀伤性武器，伊拉克接受安理会这一决议。这之后，美国、英国、法国等国围绕着大规模杀伤性武器的核查与销毁，与伊拉克萨达姆政权展开长达十多年的较量，其间历经多次武器核查风波，还发生过若干次重大冲突甚至军事行动。

2001年“9・11恐袭”发生后，美国把伊拉克问题与国际反恐斗争联系在一起，战略方针由制裁萨达姆政权转变为推翻萨达姆政权。美国认为当年在海湾战争的时候，就应该一鼓作气推翻萨达姆政权，只是当时受到各方的牵制而未能实现，现在则时机成熟。在取得对塔利班政权军事打击的胜利后，美国开始部署推翻萨达姆政权的军事行动。

2003年3月，美国发出最后通牒，限令萨达姆及其儿子48小时内流亡离境，否则将面临战争。萨达姆表示拒绝。

3月20日，美国总统布什宣布：美国及其盟国推翻伊拉克政府的战争开始。参加这次军事行动的有美国、英国和西班牙，并联合了伊拉克国内的反萨达姆力量。

4月9日，美军进入巴格达，萨达姆政权倒台。伊拉克新政权建立。

2003年12月13日，萨达姆被驻伊美军抓获。伊拉克新政府在对萨达姆进行开庭审理后，宣布判处萨达姆死刑并于2006年12月30日执行。

伊拉克本是亚洲的足球强国，连年的制裁和战乱，对伊拉克足球运动的发展造成极大影响，特别是因为发动海湾战争吞并科威特得罪了阿拉伯世界，人家都不太愿意跟伊拉克赛球，这种情况一直到萨达姆政权垮台才改善。在伊拉克战争结束后的第二年即2004年，世界杯亚洲区预选赛开打，伊拉克尚处于政局不稳、百废待兴的状态，所以伊拉克队比赛的主场，都安排在第三国进行。这一小组的种子队是乌兹别克斯坦，若是鼎盛时期的伊拉克队，完全可以与之有得打，但是现在毕竟伤了元气，尚在恢复之中的伊拉克队与乌兹别克斯坦队的战绩是1平1负，伊拉克队甚至还被过去根本瞧不上眼的鱼腩球队巴勒斯坦队逼平一场，最后只能目送乌兹别克斯坦队出线。

第3小组：日本、阿曼、印度、新加坡。

日本队获得小组第一，晋级8强赛。

第4小组：中国、科威特、中国香港、马来西亚。

本土教练带队的中国队又一次来到亚洲区预选赛的赛场。

中国教练—外国教练—中国教练—外国教练……一个轮回又一个轮回，上一个轮回的米老顽主走下神坛，现在轮到本土中国教练带队。

这一小组的竞争格局很清楚，就是中国与科威特之争。中科两队之间交锋的结果，都是各自在自己的主场1:0取胜，打成平手。这样一来，中科两队出线的希望就寄托在与小组另外两支球队比赛时，尽可能多进球，最后来比拼净胜球数和总进球数。

戏剧性的场面出现在最后一轮。

最后一轮的对阵形势是：科威特队主场对马来西亚队，中国队主场对中国香港队。当时双方的成绩是：科威特队净胜球+8，得失球为9∶1。中国队净胜球+6，得失球为7∶1；净胜球和总进球科威特队都领先中国队2个。中国队最后一场必须比科威特队至少多净胜3球，才能确保出线。如果只比科威特队多净胜2球的话，就只有再比较总进球数。

看上去中国队稍落下风，但大家似乎并不担心，因为中国队最后一轮的对手是中国香港队，虽然体育比赛讲求的是更高更快更强和公平竞争，但是，咱们中国人不是常喜欢说——“血浓于水”吗，更何况，现在已经不是1985年的“5·19”，香港已经回归了。

两场比赛同时进行，借助当代的高科技产品，两场比赛进程和比分两边都可以实时知晓。

上半场中国队3∶0领先中国香港队。科威特队上半场1∶1与马来西亚队打平。

下半场开赛后，中国队又进两球，5∶0；科威特队连入三球，4∶1。按照这个比分，净胜球打平，科威特队进球数领先。

两边的教练和官员都在紧张地隔空算账，两边的球员继续上演进球大战。

中国队终场前再入2球，最后比分7∶0。

科威特也跟着踢进2球，最后比分6∶1。

赛后算账，这道题目是小学一年级的数学题：科威特队的得失球是15∶2，中国队的得失球是14∶1，两队的净胜球都是+13，打平。再看总进球，科威特比中国队多一个。

科威特队获得小组第一，晋级8强赛。

中国队被淘汰后，有些媒体对中国香港队颇有怨言——你说你输就输得干脆点，为嘛不输8个？而且下半场居然还扑掉中国队一个点球，只要再让中国队进一个球……

其实，人家香港已经挺够意思的，真刀真枪地干，中国队能赢7∶0吗？我们一直对当年沙特阿拉伯与新西兰的0∶5耿耿于怀，怎么轮到自己头上，就是另外一个标准？

再者，世界杯决赛圈入场券是“踢”出来而不是“算”出来的。即便靠这么算计着小组出线，踢不过人家还是白搭。上一届虽然有个“抽出亚洲”之说，但最终还是靠着一场一场的胜利踢出来，这一届要想“算出亚洲”，是绝无可能的。

第5小组：朝鲜、阿联酋、泰国、也门。

这一小组实力最强的当属朝鲜和阿联酋。阿联酋队与主要竞争对手朝鲜队的战绩是1胜1平，但是阿联酋队也是自己不争气，先是在客场输给也门队，接着又在客场败给泰国队，最后的总积分，朝鲜队11分，阿联酋队10分，仅这两场客场输球阿联酋就损失6分。

朝鲜队获得小组第一，晋级8强赛。

第6小组：巴林、叙利亚、塔吉克斯坦、吉尔吉斯斯坦。

巴林队获得小组第一，晋级8强赛。

第7小组：韩国、黎巴嫩、越南、马尔代夫。

韩国队是亚洲足球的巨无霸，竟然在客场被公认的鱼腩球队马尔代夫队0:0逼平，这对韩国足球而言属于奇耻大辱，赛后韩国队立马炒掉葡萄牙籍主教练。

韩国队获得小组第一，晋级8强赛。

第8小组：沙特阿拉伯、土库曼斯坦、印度尼西亚、斯里兰卡。

沙特阿拉伯队获得小组第一，晋级8强赛。

亚洲区·8强赛

小组赛结束，当初的8个种子队里，只有中国队和阿联酋队未能小组出线。

8强分成两组展开最后的厮杀。

A组：沙特阿拉伯、韩国、乌兹别克斯坦、科威特。

这一组出人意料的是沙特阿拉伯队主客场两胜韩国队，稳稳地获得第一名；韩国队获得第二名，两队都直接拿到入场券。乌兹别克斯坦队获得第三名，还要再打附加赛。

B组：日本、伊朗、巴林、朝鲜。

在这一届世界杯预选赛的过程中，日本足球越来越显出亚洲的王者之气，他们在第五轮比赛结束后就提前一轮锁定一张入场券；加上小组赛的成绩，日本队在亚洲区预选赛的战绩为11胜1负，是所有参赛球队中成绩最好的。

伊朗队获得第二名，也直接出线；巴林队获得第三名，要与乌兹别克斯坦队去打附加赛。

亚洲区·附加赛

亚洲第五名的附加赛，由两个组的第三名乌兹别克斯坦队与巴林队争夺半张入场券。这个附加赛，后来演变为一场滑稽戏或者说一场闹剧，国际足联也有点灰头土脸的感觉。

乌兹别克斯坦队首先在主场迎战巴林队。开赛不久，乌兹别克斯坦队就以1∶0领先。当比赛进行到第39分钟时，乌兹别克斯坦队获得一个点球机会，乌兹别克斯坦队员将点球踢入巴林队球门之后，当值的日本主裁判吉田寿光认为乌兹别克斯坦队员在罚球队员还没有将点球踢出的时候，就冲入禁区，因此进球无效，改为由巴林队后场罚间接任意球。

主裁判说无效就无效，球员再争也是白搭，搞不好还得吃牌。问题是吉田裁判在宣布进球无效之后的判罚出现错误。

根据足球比赛规则，如果点球罚进，但进攻方犯规，则进球无效，重新再罚一次；如果点球没有罚进，但进攻方犯规，则改判防守方罚后场间接任意球。

现在是乌兹别克斯坦队点球罚进，被判犯规，进球无效，应该是重新再罚一次，而不应该改判巴林队罚后场间接任意球。也就是说，主裁判在这个关键时刻突然“晕菜”，犯下一个很低级的错误。

最后，乌兹别克斯坦队以1∶0获胜。对于因主裁判的错误而导致自己损失一粒点球，乌兹别克斯坦队感到非常委屈和不满，要知道每一粒进球可能都会决定着出线形势。他们向国际足联提出申诉，要求取消本场比赛结果，并判定他们3∶0获胜（当时的规则规定，如果是被判定为比赛获胜，比分就是3:0）。

国际足联受理了申诉，国际足联认为这个错误是主裁判犯的，给日本这位“晕菜”裁判停职处分。但是，国际足联认为裁判的错误与巴林队无关，不能判巴林队0:3输球。

这个说法也说得过去，但是接下来的改判决定就有点匪夷所思——整场比赛不算，重赛一场。

国际足联的理由是：你们乌兹别克斯坦递交的申诉书有问题啊，怎么能既要取消比赛结果，又要改判3:0呢？取消就不存在改判，改判就不能取消，二者只能取其一。既然如此，那就取消吧，你俩重赛一场。

乌兹别克斯坦方面大怒，他们提出要求，如果一定要重赛的话，那么就从第39分钟开始，在1:0的比分下，重罚点球，这才是真正意义上的重赛。

国际足联不准。

胳膊拧不过大腿，只能归零重赛。这回乌兹别克斯坦队就没那么好的球运，他们主场被巴林队1:1逼平，客场又是0:0打平，结果，巴林队凭借着那一粒宝贵的客场进球，淘汰乌兹别克斯坦队。

乌兹别克斯坦队这回掉进自己挖的坑里，如果不申诉，好歹还维持1:0的一场胜利，现在一申诉，啥都没了，真正是赔了夫人又折兵，想哭都找不到地方。

国际足联怎么会做出这么奇怪的决定？感觉有点耍乌兹别克斯坦队的味道。根据媒体的打探和推测，认为国际足联是采纳了亚足联的意见，而亚足联里面，西亚的势力和影响力……呵呵，你懂的。

事情的真相究竟是不是媒体猜测的那样，我们不了解内情，不好评价。不过，我们回顾一下哈萨克斯坦脱亚入欧的原因，感觉老同学欺负新同学之说好像是有点靠谱，看来亚洲足球的水平要想从差生变成学霸，还真是任重道远。

巴林队接下来与中北美及加勒比海赛区的第四名打附加赛，对手是特立尼达和多巴哥队，碰上这个对手应该说比从欧洲人手里抢票的难度要小得多。

巴林队先在客场1:1与对手打平，看起来形势不错，但在主场却以0:1输给对手，1平1负被淘汰，亚洲的半张入场券就这么被中北美洲给抢走。

决赛圈·亚洲队

韩国、日本、沙特阿拉伯、伊朗，代表亚洲来到世界杯决赛阶段，这四国构成亚洲足坛的第一梯队，是亚洲足坛名副其实的四强，这个格局直到现在依然如此，只是又添加一个澳大利亚。

伊朗队分在D组，同组的是墨西哥、葡萄牙、安哥拉。

伊朗队负于墨西哥队和葡萄牙队，战平安哥拉队。伊朗队排名D组垫底。

日本队分在F组，同组的是巴西、克罗地亚、澳大利亚。

日本队负于澳大利亚队和巴西队，战平克罗地亚队。日本队排名F组垫底。

韩国队分在G组，同组的是法国、瑞士、多哥。

韩国队战胜多哥队，战平法国队，负于瑞士队。韩国队排名小组第三，未能出线。

沙特阿拉伯队分在H组，同组的是西班牙、乌克兰、突尼斯。

沙特阿拉伯队战平突尼斯队，负于乌克兰队和西班牙队。沙特阿拉伯队排名小组垫底。

这么一看，这一届世界杯决赛阶段的比赛，亚洲球队的成绩实在糟心。4支球队都没有出线，而且有3支球队是小组垫底。看来，亚洲足球在世界足球的大学校里，与各班（洲）的同学们一比，还真是有点差生班的感觉。

其实，在这届世界杯决赛圈里，还有第五支亚洲球队——澳大利亚队。

澳大利亚不是大洋洲的国家吗？这一届澳大利亚队确实也是在大洋洲赛区参加的预选赛。大洋洲赛区只有半张入场券，澳大利亚队获得赛区的第一名，然后与南美洲赛区的第五名乌拉圭队打附加赛，争夺那半张入场券。没有人看好澳大利亚队，但是，澳大利亚人竟然神勇地从老牌世界冠军乌拉圭人手里抢走入场券。

之所以说澳大利亚算亚洲球队，是因为打完大洋洲的预选赛之后，2006年1月1日，澳大利亚正式加入亚足联，也就是说，当本届世界杯决赛阶段开赛的时候，澳大利亚已经“脱大入亚”，是亚洲足坛的成员身份。

关于澳大利亚“脱大入亚”的过程，我们放在下一届世界杯时再说。

由于澳大利亚打预选赛时还是大洋洲球队的身份，而且世界杯决赛阶段分组抽签的时间是在澳大利亚加入亚足联之前的2005年12月，所以国际足联并没有把澳大利亚队放在亚洲球队的签位上，仍然算它是大洋洲球队，这才使得澳大利亚与日本抽到同一组，这么看来，澳大利亚队和日本队之间的比赛，应该可以算是亚洲“德比”赛。

澳大利亚队在F组的比赛中胜日本，负巴西，平克罗地亚，以F组第二名的身份打入16强。

意大利·亚洲缘

我们接下来要说一下意大利与亚洲足球的故事，这倒不是因为意大利获得本届世界杯的冠军，成为四星冠军队——毕竟意大利队是一支欧洲球队，而我们这本书说的是亚洲足球。

我们之所以在这里要重点说一下意大利队，是因为意大利足球与亚洲足球的缘分太深，故事很多。

意大利队小组出线进入16强后，在接下来的八分之一决赛时，遇上的对手是澳大利亚队，上面已经说过，此时的澳大利亚已经“脱大入亚”，意大利队既然遇上一支亚足联的球队，这与本书所说的亚洲足球就有关系了。

更重要的是，意大利足球队在亚洲特别是在中国所拥有的球迷数量，虽然无法精确统计，但可以肯定绝对是排在世界各足球豪门球队的前列，尤其是女球迷的数量，是所有球队中拥有数量最多的……之一，加上之一肯定不会错，不加之一其他队的球迷不高兴。

为什么意大利队在中国有这么多女球迷，这个仅用体育的理论来解释实在不够，恐怕需要社会学家、心理学家、文化人类学家、性学家……一起作为课题来研究。

很多女球迷其实不太懂足球，甚至连规则都闹不明白，但是这并不妨碍她们看足球比赛，据说她们看球是副业，看脸是主业，这是意大利队女球迷扎堆的重要原因之一。根据媒体记者的采访，女球迷们钟情意大利足球的重要原因，是她们认为许多意大利足球运动员拥有着一张古罗马雕塑般的脸——怪不得古罗马雕塑独步天下——这样的脸庞特别招女球迷心生爱慕之情。关于这方面的描绘，本书作者实在笔力笨拙、词不达意，且看足球记者的隽文巧语、生花妙笔：“来自亚平宁半岛的这支球队拥有的不只是技艺，还有英俊的外表……几乎是刚从拉斐尔画上跃然而出的美男子……让女人们心动的意大利美男子，似乎刚从温馨的镜头下走出，然后穿上由名师们设计的如雪战袍剑抖兰花。”

在中国女球迷中人气最高的意大利球员当属20世纪90年代的罗伯特·巴乔，为什么？因为女球迷们觉得他的气质特别地——不是优雅——忧郁，“让人心旌动荡的小辫，如波尔多家园的清澈阳光和如丝细雨，却一如既往衬托着这位行吟诗人的忧郁”。拥有着雕塑般的面庞再加上忧郁的气质，这简直就是迷倒女球迷无往不利的大杀器。不要以为只有胜利者才会让人仰慕，失败的英雄有时更招女球迷心疼。1994年世界杯冠亚军决赛，意大利对巴西，最后的点球大战，巴乔最后一个上场，却将点球踢飞，把巴西人送上冠军宝座；时至今日，巴乔的那些中国女球迷们，还会泪眼婆娑地回味着巴乔“呆呆伫立在那里，一脸悲伤，混合着无尽的忧郁之情”的悲情时刻。

因此，尽管澳大利亚足球已经“脱大入亚”算是亚洲球队，而且这场比赛的结果与中国足球也没有一毛钱的关系，但球迷的倾向性和忠诚度是无法改变的，比赛的转播时间是中国的午夜，依然吸引无数中国观众今夜无眠。

由于意大利队在中国拥有难以计数的粉丝，由于比赛进程的一波三折，更由于直到比赛的最后时刻意大利队才惊险胜出，实在让中国球迷荡气回肠心神难宁。特别是中央电视台足球解说员在意大利队取得胜利时刻的激情评述以及由此引发的巨大争议，更使得这场比赛成为中国球迷的经典回忆。

意大利队与澳大利亚队的比赛过程紧张激烈，澳大利亚人所表现出的球技与球风，竟然让冠军球队意大利一筹莫展。在比赛过程中，意大利队又因为犯规被红牌罚下1人，形成10人打11人的局面，意大利队形势不妙。

比赛进入到伤停补时的最后读秒时刻，比分还是0∶0。就在此时，主裁判认定澳大利亚队员在本方禁区内绊倒意大利球员格罗索，判给意大利队一个点球，托蒂一蹴而就，比赛的最后时刻，意大利队1∶0绝杀澳大利亚队。

中央电视台担任这场比赛现场解说的是黄健翔，意大利队在这样令人窒息的比赛中，取得最后一击的胜利，让激动万分的意大利队超级“粉丝”黄健翔忘却自己的身份，在直播间对着话筒慷慨激昂嚼吧嚼吧发表了一大通评论，从而引发巨大争议——“黄健翔惊天一吼，花月失色，球坛哗然”。

黄健翔的这段解说词坊间流传着各种版本，本书作者找来视频，逐字核对，以下是原版：

格罗索，过他，好的，进去了。亚昆塔，点球！点球！点球！

格罗索立功了，格罗索立功了！不要给澳大利亚人任何的机会。伟大的意大利的左后卫！他继承了意大利的光荣的传统。法切蒂、卡布里尼、马尔蒂尼在这一刻灵魂附体！格罗索一个人他代表了意大利足球悠久的历史和传统，在这一刻他不是一个人在战斗，他不是一个人!

托蒂，托蒂面对这个点球。他面对的全世界意大利球迷的目光和期待。施瓦泽曾经在附加赛当中——世界杯预选赛的附加赛中扑出过两个点球，托蒂肯定深知这一点，他还能够微笑着面对他面前的这个人吗？10秒钟以后他会是怎样的表情?

球进了！

比赛结束了！意大利队获得了胜利，淘汰了澳大利亚队。他们没有再一次倒在希丁克的球队面前，伟大的意大利！伟大的意大利的左后卫！马尔蒂尼今天生日快乐！

意大利万岁！

不负意大利人的期望，这个点球是一个绝对理论上的绝杀，绝对的死角。意大利队进入了八强！胜利属于意大利，属于格罗索，属于卡纳瓦罗，属于赞布罗塔，属于布冯，属于马尔蒂尼，属于所有热爱意大利足球的人!

澳大利亚队也许会后悔的，希丁克，他在下半场多打一个人的情况下打得太保守、太沉稳了，他失去了自己的勇气，面对意大利足球悠久的历史和传统，他没有再拿出小组赛中那样猛扑猛打的作风，他终于自食其果。他们该回家了，他们不用回遥远的澳大利亚，他们大多数都在欧洲生活，再见!

黄健翔被媒体称为中国最有个性的足球电视解说员，他解说过1998、2002、2006三届世界杯，2006年这一届世界杯他自称是解说得最好的一届。

如果抛开黄健翔的身份，单单就即兴反应和言词内容来看，这段解说词也算得上是热情洋溢情感真挚。但是，他作为公众属性的国家电视台工作人员，除非他解说的是中国队的比赛，在解说其他国家球队之间对抗的时候，还是需要抑制一下个人的情感，尽量保持中性立场。毕竟萝卜青菜各有所爱，每一支球队都拥有着众多的球迷，解说员将个人情感施加于工作之中，是不符合职业规范的。而且，在汉语的语境中，“万岁”又岂是能随便张口就喊的?

意大利队之后一路奏凯，最后在点球大战中击败法国队获得冠军；而黄健翔则祸从口出，央视体育解说员的生涯黯然收场。一位作家的总结很精彩：“都怪中国队不参赛，害得黄健翔错把杭州当汴州。空有一副伟大的嗓门，无处报国！”

时光流水，回首往事，这场精彩比赛和这段激情解说，已经成为亚洲足球和中国球迷的珍贵回忆，黄健翔作为一名非足球运动员也因此在中国足球史留名。

意大利队与亚洲足球的关系，还在于他们送给了亚洲球迷们太多的欢乐。

圣诞老人据说是北欧人，不过对于亚洲的球队和球迷而言，世界杯的圣诞老人绝对是南欧的意大利人。

为什么是意大利队?

到2018年世界杯为止，世界杯比赛一共产生出8支冠军队，以夺冠顺序排列依次是：乌拉圭、意大利、德国（含联邦德国时期）、巴西、英格兰、阿根廷、法国、西班牙。我们看一看这8支冠军队在世界杯赛场上与亚洲球队之间的比赛战绩（仅限于这些球队在获得世界杯冠军头衔之后与亚洲球队的比赛成绩）：

乌拉圭：4胜（1970年2:0胜以色列；1990年1:0胜韩国；2010年2:1胜韩国，2018年1:0沙特阿拉伯）。

意大利：1胜1平2负（1966年0:1负朝鲜；1970年0:0平以色列；1986年3:2胜韩国；2002年1:2负韩国）。

巴西：3胜（2002年4:0胜中国；2006年4:1胜日本；2010年2:1胜朝鲜）。

德国（含联邦德国时期）：6胜1负（1990年5:1胜阿联酋；1994年3:2胜韩国；1998年2:0胜伊朗；2002年8:0胜沙特阿拉伯；2002年1:0胜韩国；2010

年4:0胜澳大利亚；2018年0:2负韩国）。

英格兰：1胜（1982年1:0胜科威特）。

阿根廷：4胜（1986年3:1胜韩国；1998年1:0胜日本；2010年4:1胜韩国；2014年1:0胜伊朗）。

法国：1胜1平（2006年1:1平韩国；2018年2:1胜澳大利亚）。

西班牙：2胜（2014年3:0胜澳大利亚；2018年1:0胜伊朗）。

现在我们来算算账：8支冠军队在历届世界杯决赛阶段的赛场上一共与亚洲球队交锋27场，总成绩是22胜3负2平。输掉的3场球，意大利队占2场；打平的2场球，意大利队占1场。

对于任何一支亚洲的球队而言，能在世界杯赛场上战胜哪怕是战平一支世界杯冠军球队，这个故事都是可以向自己的子子孙孙讲述和吹嘘的。

除了意大利队，输给过亚洲球队的世界冠军球队就是发生在最近一届的2018年世界杯，韩国队取胜德国队。也就是说，在2018年之前，从1966年到2018年的52年里，给亚洲足球带来击败世界冠军的荣耀和欢乐，全由意大利队慷慨奉送。

意大利队是亚洲足球的福队，他给亚洲送来太多的惊喜，送来最多的谈资，从这个意义上说，喊上一嗓子意大利万岁，也是可以理解的。

还有一点，我们也不能不感慨：亚洲球队与世界冠军球队对战所取得的3胜2平战绩，几乎都被朝鲜半岛兄弟俩给包圆了：韩国2胜（意大利和德国）1平（法国），朝鲜1胜（意大利），以色列1平（意大利）。

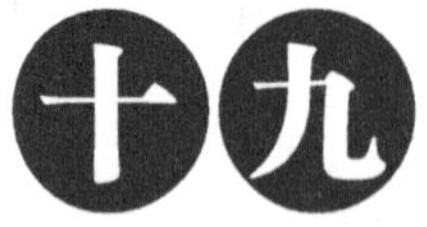

澳大利亚来搅局

——2010年第十九届德国世界杯

本章看点：

澳大利亚“脱大入亚”

风光不再的朝鲜队

出尽风头的中国造“呼呼塞拉”

亚细亚·大事件（2006年7月—2010年6月）

朝鲜核危机升级：2006年10月9日，朝鲜宣布成功进行首次核武器试验。2009年4月14日，朝鲜宣布退出朝核问题北京六方谈判。

亚足坛·大事记（2006年7月—2010年6月）

亚足联新会员：北马里亚纳群岛（2008）。

亚运会足球赛：第十五届亚运会于2006年12月1日至12月15日在卡塔尔

多哈举行。获得本届亚运会足球赛前三名的球队是：冠军卡塔尔，亚军伊拉克，第三名伊朗。

亚洲杯：2007年7月7日至7月29日，印度尼西亚、马来西亚、泰国和越南联合举办第十四届亚洲杯足球赛。获得前三名的球队是：冠军伊拉克，亚军沙特阿拉伯，第三名韩国。

奥运会足球赛亚洲参赛队：第二十九届夏季奥运会于2008年8月8日至8月24日在中国的北京举行。参加本届奥运会足球比赛的亚足联球队是中国（东道主）、韩国、日本、澳大利亚。

世界杯·主办地

上一届世界杯，南非与德国为主办权展开厮杀，南非虽然落败，收获还是有的：国际足联决定以后实行欧美亚非几大洲轮办世界杯，这样可以尽可能地避免世界大战——要打就打洲内的局部战争吧。

各大洲轮办世界杯，这一届先轮到非洲，南非无须担心欧美那些足球豪强与之争办。虽说在上一届的申办过程中，南非与国际足联的各位执委混了个脸熟，也博得不少同情分，但是世界杯的诱惑力实在太大，非洲地盘之内的兄弟们并不会拱手相让，所以洲内的一场恶战还是免不掉的。

非洲表示申办意愿的开始有6个国家：埃及、利比亚、摩洛哥、南非、突尼斯、尼日利亚，不过尼日利亚很快退出，剩下5国。

突尼斯感到自己实力不足，想学2002年韩国和日本合办世界杯的模式，提出与利比亚联合申办。2002年世界杯本是日本先提出申办，韩国出来与之竞争，国际足联和稀泥，弄出一个合办方案，事后想想觉得还是对日本有愧，所以国际足联的布拉特主席早已发话，国际足联不会考虑任何联合承办2010年世界杯的建议。突尼斯思来想去觉得自己实在是无力单独承办，宣布放弃申办，抽身而退，这样剩下4国。

利比亚当时的领导人是卡扎菲，利比亚手里有不少石油美元，也舍得砸钱，但是卡扎菲做事有点狂，经常不按照理数出牌。作为阿拉伯国家的领导人，他曾经表示如果以色列预选赛出线，他是不会允许以色列来利比亚参赛的，就凭这句话，你说国际足联怎么可能把主办权给利比亚?在经过多方考察后，国际足联宣布利比亚的申办条件不符合国际足联的标准，没能通过国际足联最后的审核。

这样，实际参加最后竞争的就剩下南非、摩洛哥与埃及3国。在投票前10天国际足联公布的评估报告中对几个申办国家的评价，南非是“极佳”，而摩洛哥和埃及是“很好”，已经暗示了投票的结局。

2004年5月15日，在瑞士苏黎世举行的国际足协执委会会议上，进行2010年世界杯主办地的投票，投票结果：南非14票，摩洛哥10票，埃及0票。南非第一轮投票就获得通过。

布拉特在南非获得主办权后表示：“让我们为非洲鼓掌，这既是足球的胜利，也是非洲的胜利。”

亚洲区·澳入亚

亚洲区预选赛的参赛球队发生重大变化：上一届走掉一个亚洲的哈萨克斯坦，这一届进来一个大洋洲的澳大利亚。

澳大利亚正式“脱大入亚”是亚洲足坛的大事件。

在这之前，澳大利亚或者广义地说大洋洲的足球与亚洲足球有着千丝万缕扯不断理还乱的关系。大洋洲曾经5次与亚洲合并为一个赛区（亚大区）争夺一张决赛圈的入场券，结果有2次大洋洲胜出（1974年澳大利亚，1982年新西兰）；还有1次是大洋洲与亚洲分别作为独立赛区各拿半张入场券进行争夺，结果被亚洲球队争得（1998年伊朗）。

从这一届开始，澳大利亚足球与亚足联打根上就是一家人啦。亚洲足坛的格局变成5+1——东亚、东南亚、南亚、西亚、中亚、+澳大利亚。

澳大利亚为什么要“脱大入亚”？功利一点地说，澳大利亚就是冲着世界杯决赛圈的入场券来的。

我们来盘点一下澳大利亚的世界杯历程。澳大利亚从1966年开始参加世界杯，到成为亚足联成员之前，一共打了11届预选赛，遭遇如下：

1966年赛区内（亚洲/非洲/大洋洲赛区）负于朝鲜被淘汰；1970年赛区内

（亚大赛区）负于以色列被淘汰；1974年赛区内（亚大赛区）胜韩国出线；1978年赛区内（亚大赛区）排第4被淘汰；1982年赛区内（亚大赛区）负于新西兰被淘汰；1986年赛区内（大洋洲赛区）出线，附加赛负于苏格兰被淘汰；1990年赛区内（大洋洲赛区）排第2被淘汰；1994年赛区内（大洋洲赛区）出线，附加赛负于阿根廷被淘汰；1998年赛区内（大洋洲赛区）出线，附加赛负于伊朗被淘汰；2002年赛区内（大洋洲赛区）出线，附加赛负于乌拉圭被淘汰；2006年赛区内（大洋洲赛区）出线，附加赛战胜乌拉圭出线。

从1966年到2006年澳大利亚所参加的11届世界杯预选赛：成功出线2次，失败淘汰9次。成功的2次，1次战胜亚洲球队，1次战胜南美球队；失败的9次，5次败给亚洲球队，2次败给南美球队，1次败给欧洲球队，1次败给大洋洲球队。

澳大利亚的世界杯预选赛征战史，打一开始就没有舒坦过。大洋洲从来就没有享受过一张完整的世界杯入场券，每一届预选赛都要到人家的饭碗里争饭吃。国际足联或者把大洋洲与亚洲合为一个赛区争夺出线名额；或者只给大洋洲半张入场券需要与其他洲踢附加赛去争夺另外半张。最悲催的是1994年的世界杯预选赛，大洋洲只有半张的半张，也就是0.25张——按照赛制，那一届大洋洲赛区的第一名，先要与中北美及加勒比赛区的球队踢附加赛，然后胜者再去与南美洲赛区的球队踢附加赛，最后的获胜者才可进军世界杯决赛圈。那一届澳大利亚获得大洋洲冠军，得到0.25张入场券，与中北美及加勒比赛区的第二名加拿大踢第一轮的附加赛，艰难地通过点球大战胜出，凑成0.5张入场券；再去与南美洲赛区的第4名阿根廷踢第二轮的附加赛，结果1平1负被淘汰，把含辛茹苦挣来的半张入场券送给了阿根廷人。

由于地理环境的关系，澳大利亚历史上就与亚洲的国家和地区交往密切，从足球水平来说，澳大利亚虽然与欧洲和南美有差距，但放在亚洲，当属一流。所以，加入亚足联，对于澳大利亚而言，无论是发展地区国际关系还是争夺世界杯入场券，都是利大于弊相当划算的事情。

澳大利亚表示愿意投奔亚足联之后，亚足联的成员们对于接纳还是拒绝澳大利亚加入亚洲足坛，各抒己见，观点并不统一，不过最后还是主张接纳的观点占据上风，否则澳大利亚也进不来。亚洲足坛之所以愿意接纳澳大利亚，当然有澳大利亚“脱大入亚”后有助于亚足联向国际足联提出增配世

界杯决赛圈入场券的因素，估计有可能把半张变成一张；此外，还有一些亚足联成员出于其他一些考虑——比如有助于提高亚洲足球水平、有利于发展与南太平洋地区的国际关系等等——积极主张接纳澳大利亚。日本就是积极主张接纳的国家之一，有资料记载正是由于日本主动邀请澳大利亚“脱大入亚”，在很大程度上促使澳大利亚下定“脱大入亚”、投奔亚足联的决心。

澳大利亚足协在2005年正式向大洋洲足协及国际足联提交脱离大洋洲足协加入亚足联的申请；3月23日亚足联全体成员一致同意邀请澳大利亚入伙；6月30日国际足联批准澳大利亚加入亚足联；2006年1月1日澳大利亚正式成为亚足联的第46个成员。

澳大利亚把加入亚足联的意义从体育上升到外交层面，澳大利亚“悉尼的罗伊国际政策研究所于2005年11月推出一份题为《足球外交》的政策报告，报告的核心观点是，加入亚足联给繁荣澳大利亚足球、加强澳大利亚与亚洲人民‘人的交往’提供了机会”。

新西兰呢，对于澳大利亚“脱大入亚”也挺高兴。大洋洲足球圈里别的小兄弟水平太次可以忽略不计，一直以来就是澳新兄弟俩争半张入场券，多数年头都被澳大利亚争了去，现在澳老大走人，新老二熬成大哥，这半张入场券就成为新西兰的囊中之物，只要全力去备战与其他洲的附加赛即可，挺好挺好。

不仅仅是足球“脱大入亚”，澳大利亚还表现出全面加入和融入亚洲体育格局的强烈兴趣。这么说吧，真正的亚洲国家以色列一直渴望出现在亚洲体坛，但现实很残酷，由于一再被排斥，以色列心灰意冷远遁欧洲；而作为大洋洲国家的澳大利亚则对加入亚洲体坛表现出强烈意愿，满怀期待。他们提出，干脆把澳大利亚的全部体育运动都来个“脱大入亚”，他们积极申请，强烈要求加入亚奥理事会，参加亚运会。

澳大利亚和新西兰等大洋洲国家与亚洲尤其是东南亚、东亚在历史上的联系比较密切，大洋洲的媒体表示：“从地缘来说，不少澳大利亚和新西兰人甚至认为自己不仅属于大洋洲，也是亚洲的一部分。”如果以澳大利亚为首的大洋洲集团真的加入亚洲体育大家庭，完全有可能给亚运会乃至亚洲体育格局带来质的变化，产生震撼性的影响。

澳大利亚加入亚运会的探索与接触过程，舆论界称之为“引澳入亚”。

足球只是其中一个单项而已，亚运会那可是综合性的运动会，澳大利亚提出加入亚运会这件事情非同小可；并且亚足联与亚奥理事会也不是同一个机构，亚足联可以做的事情亚奥理事会就未必肯这么干。对于亚洲体育是否全盘“引澳入亚”，亚奥理事会不少成员忧心忡忡，持反对意见的占上风，其中最主要的担忧就是澳大利亚的体育实力太强。中国中央电视台针对这种担忧的情绪发表评论认为：“对于体育弱国（地区）好不容易拿到的奖牌，被澳大利亚一搅和就没了，这当然会打击他们的士气，也降低了参与的热情。这也正是亚洲犹豫的一个关键原因。”由于澳大利亚在体育上的强势地位，甚至有舆论担心亚运会是否会变成“澳”运会。中国的体育官员表示：“澳大利亚参加亚运会可能会引起一些国家和地区的异议……亚运还是亚洲的好。”

针对相关的争论，亚奥理事会主席艾哈迈德亲王对媒体发表结论性的讲话：“我认为亚足联邀请澳大利亚加盟是一个错误，我们亚奥理事会有45个成员已经足够了，澳大利亚不会成为亚奥理事会的正式成员。”

亚奥理事会主席的发言代表着亚洲体育决策层的基本立场。看来，虽然澳大利亚足球成功地实现“脱大入亚”，但亚洲体育界全盘的“引澳入亚”还遥遥无期。

亚洲区·预选赛

这届世界杯，亚洲区分到的仍是四张半决赛圈入场券，亚洲区的第五名需要与大洋洲的第一名通过附加赛去争夺那半张入场券。

亚足联现在已经发展到46个会员和一个准会员，参加本届亚洲区预选赛的有43个成员球队，没有参加的3家是菲律宾、文莱、老挝，以及准会员北马里亚纳群岛。

这个准会员要在这里介绍一下：北马里亚纳群岛与关岛相似，第一，它并不是一个国家，是美国的海外属地（准确的表述是“联邦领土”）；第二，它不在亚洲，属于大洋洲。

北马里亚纳群岛的面积464平方千米，人口只有5万多（2017年数据）。

岛上的土著居民是密克罗尼西亚人，航海家麦哲伦在环球航行时发现这个群岛，后来被西班牙占领，再后来西班牙又把它卖给德国。第一次世界大战期间被日本占领。

说起北马里亚纳群岛这个地名可能很多人有点陌生，但提起群岛的首府塞班岛就大名鼎鼎。第二次世界大战后期，日本为阻挡美国向日本本土的进攻，将塞班岛建成一座要塞，驻岛日军的守备司令官是日本海军联合舰队中将南云忠一。南云忠一可以说是当年日本海军中除山本五十六之外的知名人物，他是偷袭珍珠港和中途岛海战的日本海军前线最高指挥官，前一战让他声名显赫，后一战又让他声名狼藉，最后被发配到塞班岛担任守备司令官。在欧洲战场盟军发动诺曼底登陆战之后，美军在太平洋战场发动塞班岛战役，经过一个月激战，守岛的4万多日军全军覆没，南云兵败自杀，美军占领塞班岛。第二次世界大战结束后，联合国将北马里亚纳群岛交给美国托管；后来通过全民公决，1990年这个小群岛正式成为美国的联邦领土。

北马里亚纳群岛是亚足联中一个非常特殊的成员，它没有参加国际足联，也没有正式参加亚足联，只是参加了亚足联属下的分支——东亚足球联盟。所以，北马里亚纳群岛足协被视为亚足联的准会员，还没有具备参加世界杯预选赛的资格。

这次亚洲区预选赛的赛程设计有点复杂，共分为三个阶段：

先排出5个种子队，它们是：上届通过亚洲区预选赛出线进入决赛阶段的日本、韩国、沙特阿拉伯和伊朗4队，再加上澳大利亚。澳大利亚尽管是第一次作为亚足联成员参赛，但上届世界杯人家打入16强，八分之一决赛还差点把后来的冠军队意大利给拉下马，是亚足联球队中成绩最好的，列为种子队大家都服气。

第一阶段：资格赛。

资格赛第一轮：5支种子队不参加资格赛，其余的38支球队，按照上届预选赛的成绩排名，排名靠前的19支队伍与排名靠后的19支队伍，通过抽签，两两捉对，进行主客场两轮比赛，19支负队直接淘汰。

资格赛第二轮：19支胜出的球队里，排名靠前的11支队伍直接进入下一阶段，排名靠后的8支队伍还要两两捉对再打一轮资格赛，胜者才能进入下一阶段。

第二阶段：20强赛。

5支种子队+11支第一轮资格赛胜队+4支第二轮资格赛胜队，一共20支球队，分成5个组，每组4队，进行主客场双循环的小组赛。5个小组的前两名共10支球队出线。

第三阶段：10强赛。

10支球队分为两组，每组5队，进行主客场双循环赛，两个组的前两名共4支球队直接获得决赛圈入场券；两个组的第三名再进行比赛，胜者与大洋洲的第一名进行洲际附加赛，争夺最后的出线权。

亚洲区·资格赛

资格赛第一轮，38支球队的对阵形势和胜出者分别是：

巴林对马来西亚，巴林队胜出；

乌兹别克斯坦对中华台北（中国），乌兹别克斯坦队胜出；

科威特对不丹，不丹队弃权，科威特队胜出；

朝鲜对蒙古，朝鲜队胜出；

中国对缅甸；中国队胜出；

约旦对吉尔吉斯斯坦，约旦队胜出；

伊拉克对巴基斯坦，伊拉克队胜出；

黎巴嫩对印度，黎巴嫩队胜出；

阿曼对尼泊尔，阿曼队胜出；

阿联酋对越南，阿联酋队胜出；

卡塔尔对斯里兰卡，卡塔尔队胜出；

叙利亚对阿富汗，叙利亚队胜出；

新加坡对巴勒斯坦，新加坡队胜出；

泰国对中国澳门，泰国队胜出；

土库曼斯坦对柬埔寨，土库曼斯坦队胜出；

塔吉克斯坦对孟加拉国，塔吉克斯坦队胜出；

印度尼西亚对关岛，关岛队弃权，印度尼西亚队胜出；

中国香港对东帝汶，中国香港队胜出；

也门对马尔代夫，也门队胜出。

这一轮比赛由于对手之间的强弱太过分明，所以比赛基本没啥悬念，弱队只能少输当胜聊以自慰。唯一比较刺激的比赛是约旦队对吉尔吉斯斯坦队，这两家都在自家主场赢球，而且比分都是2:0，只能点球大战定输赢，最后约旦队6:5胜出。

第一轮资格赛中还有一些比赛值得提一下：

一个是中国队对缅甸队，这是缅甸队第一次出现在世界杯亚洲区预选赛的赛场上。缅甸的足球水平现在很烂，但并非历来如此，相反，在20世纪的50到70年代，缅甸的足球在亚洲还是很有地位的——缅甸队曾获得1954年马尼拉亚运会足球赛的季军，1968年第四届亚洲杯的亚军，1970年曼谷亚运会的冠军，也是参加1972年慕尼黑奥运会的3支亚洲球队之一。

20世纪70年代之后，缅甸国内的局势一直不太安定，主要表现在缅甸军政府与缅甸社会中的反对派力量持续对抗，缅甸社会动荡不安，缅甸的足球水平也是江河日下。以往缅甸也曾几次报名参加世界杯预选赛，但总是关键时候掉链子——临到比赛就弃权，结果还因此受到禁赛的处罚。好不容易这一届世界杯预选赛终于成功地参赛，先是在客场被中国队打了个0:7，接着又因为国内政局不稳，被取消主场，只能将自己的主场比赛放在马来西亚吉隆坡，又输了个0:4，缅甸队就这么悲催地结束了自己的世界杯处女作。

再一个是新加坡队对巴勒斯坦队，也出现一些状况。

巴勒斯坦同样无法提供一个安全的主场。根据巴勒斯坦与以色列之间签订的和平条约，1994年5月之后，巴勒斯坦开始在加沙地带和约旦河西岸的部分地区实行有限的自治，自治区面积大约2500平方千米。

巴以和约签订之后，巴勒斯坦与以色列之间尚有一系列的问题有待后续处理，比较大的争端，一个是耶路撒冷地位问题，双方都宣传这座城市是自己的首都，而耶路撒冷实际上是在以色列控制之下；再一个是犹太人定居点问题，在目前巴勒斯坦自治区内，存在着一些以前建立的犹太人定居点，巴勒斯坦自治政府让他们搬迁，犹太人不肯。

巴勒斯坦自治政府名叫巴勒斯坦民族权力机构，由巴勒斯坦各党各派联合组成，其中最大的两个派别，一个叫作巴勒斯坦民族解放组织，简称

“法塔赫”；另一个叫作伊斯兰抵抗组织，简称“哈马斯”。法塔赫的大本营在约旦河西岸地区，哈马斯的大本营在加沙地带。这两大派别分享着巴勒斯坦政府的核心权力，同时又存在着重大矛盾和分歧。简单地说，就是法塔赫有条件地接受以色列“以土地换和平”的方针，更倾向于和谈；哈马斯则对以色列和犹太人持强硬立场。由于哈马斯与以色列之间的矛盾更为尖锐，一言不合就干仗，所以以色列对哈马斯控制的加沙地带频频进行封锁和隔离。

我们前面已经介绍过，亚洲足坛最早参加世界杯比赛的就是巴勒斯坦队，那还是在英国人管理时期的英属巴勒斯坦委任统治地，参赛的实际上都是犹太移民。1947年联合国通过“巴以分治”后以色列得以建国，但巴勒斯坦的国家实体一直没有建立，一直到20世纪90年代中东和平进程取得重大进展、签订巴以和约、巴勒斯坦自治政府建立之后，情况才发生改变。1998年，巴勒斯坦加入国际足联和亚足联，而真正由巴勒斯坦阿拉伯人组建的巴勒斯坦队第一次出现在世界杯亚洲区预选赛的赛场，是2002年的韩日世界杯。这一届巴勒斯坦队的成绩是小组第二，2006年世界杯亚洲区预选赛巴勒斯坦队的成绩是小组第三，虽然这两届预选赛小组都没出线，但这个成绩也算差强人意。当然，就巴勒斯坦所处的环境，根本不可能有像样的职业球队和足球氛围，因为无法提供安全合格的场地，这一届预选赛巴勒斯坦的主场放在中立国卡塔尔的多哈。

首场在多哈的比赛，巴勒斯坦队负于新加坡队。接下来是新加坡的主场，巴勒斯坦队没有出现。据巴勒斯坦方面的说法是球队中的很多球员居住在加沙地带，由于恰好哈马斯与以色列又在干仗，加沙地带被封锁，他们无法前来新加坡参赛。巴勒斯坦要求国际足联将比赛延期举行，国际足联没同意，判新加坡队3:0获胜。

资格赛第二轮，8支球队的对阵形势和胜出者分别是：

叙利亚对印度尼西亚，叙利亚队胜出；

泰国对也门，泰国队胜出；

土库曼斯坦对中国香港，土库曼斯坦队胜出；

新加坡对塔吉克斯坦，新加坡队胜出。

亚洲区·20强赛

资格赛胜出的15支球队加上5支种子队共20支球队，通过抽签，分成5个小组打比赛，各小组的前两名出线，进入下一阶段的10强赛。

第1小组：澳大利亚、卡塔尔、伊拉克、中国。

澳大利亚和卡塔尔小组出线。

看看这一组的名单，没有一个善茬。抽签之后，媒体声称中国队落入“死亡之组”，比赛结果似乎也印证了这一点，中国队的小组赛成绩是1胜3平2负，提前一轮就被淘汰出局，小组垫底。

不过仔细琢磨一下这一届世界杯预选赛中国队成绩这么差，所谓的“死亡之组”之说更像是个托词，对手并没有这么强大。比如伊拉克，早就算不上亚洲的一流球队，而且由于国内的安全局势还不够稳定，连个自己的真正主场都没有，只能把主场设在第三国阿联酋的迪拜，结果中国队在伊拉克的“主场”1∶1打平，在自己的主场1∶2输给伊拉克队。

这里有一个很重要的客观原因：2008年8月将在北京举办奥运会，而这一届预选赛中国队的比赛时间是2008年上半年，面对鱼与熊掌，中国足球管理层的决策是全力备战奥运（媒体的看法则认为有牺牲世界杯的嫌疑），这一来中国足球界上上下下对世界杯预选赛自然就不那么全心全意尽心尽力了。

世界各国对于世界顶级足球比赛的认识，早就是重世界杯轻奥运会，但是作为2008年北京奥运会的东道主，中国足球界还是非常希望能在家乡父老面前长长脸，中国足球界领导层的看法是：“如果中国足球在奥运会上不能有所作为，不仅足球无法向全国老百姓交代，而且也会使北京奥运会的成功举办和中国体育代表团的含金量大为减色。”中国足球队全力备战奥运会，本意是牺牲世界杯去搏一把奥运会，实际的战绩是在奥运会足球赛的小组赛里与新西兰队战平，负于巴西队和比利时队，小组没出线，这一把还是没搏赢。

第2小组：日本、巴林、阿曼、泰国。

日本队和巴林队小组出线。

第3小组：韩国、朝鲜、约旦、土库曼斯坦。

朝鲜半岛兄弟俩分到同一组，韩国队与朝鲜队之间的主客场比赛，都是0:0打平。朝鲜队的“主场”也得打引号，因为半岛兄弟俩的关系还怼着，朝鲜与韩国并没有建交，朝鲜不能接受在朝鲜的土地上升韩国国旗奏韩国国歌，所以朝鲜把主场设在中国的上海。

朝鲜队和韩国队小组赛的积分一模一样同积12分，韩国队以进球多排在第一，朝鲜队排第二，双双出线。

第4小组：乌兹别克斯坦、沙特、新加坡、黎巴嫩。

乌兹别克斯坦队和沙特阿拉伯队小组出线。

第5小组：伊朗、阿联酋、叙利亚、科威特。

伊朗队和阿联酋队小组出线。阿联酋队的出线非常惊险，一直踢到最后一轮的最后一个球才见分晓，阿联酋队与叙利亚队积分相同，阿联酋队的净胜球是0，叙利亚队的净胜球是-1，阿联酋队凭借多这一个球小组出线。

10强赛·附加赛

小组出线的10支队伍分成两组比赛，两个组的前两名获得直接进军世界杯决赛圈入场券，两个组的第三名进行附加赛，争夺半张入场券。

A组：澳大利亚、日本、巴林、卡塔尔、乌兹别克斯坦。

日本队在打完第6轮比赛之后，提前2轮就拿到入场券，日本队也成为本届世界杯各大洲第一支通过预选赛拿到入场券的球队。

这一届的预选赛，日本足球在亚洲的地位受到昔日大洋洲霸主澳大利亚的猛烈冲击。上一届世界杯决赛阶段小组赛时，日本与澳大利亚分在一组，日本队败给澳大利亚队，这次的10强赛，日本队与澳大利亚队主场打平，客场告负。“这让原本在亚洲游刃有余的日本队大有棋逢对手……日本队从未战胜过位居世界1.5流至2流之间的澳大利亚。”

澳大利亚队以6胜2平获得A组第一，顺利拿到入场券。澳大利亚“脱大入亚”首秀大获成功，让全亚洲的球队都见识了“袋鼠军团”的威力。

巴林队排第三，需要打附加赛。

B组：韩国、朝鲜、沙特阿拉伯、伊朗、阿联酋。

朝鲜半岛兄弟俩10强赛又抽到同一组，朝鲜队的主场依旧放在上海。这次10强赛两家分出胜负，朝鲜队在上海与韩国队1:1战平，在韩国客场0:1告负。韩国队获得B组第一，朝鲜队与沙特阿拉伯队积分相同，依靠比沙特队多2个净胜球，排在B组第二，与韩国队双双携手进军世界杯决赛圈。

A组第三名巴林队与B组第三名沙特阿拉伯队附加赛的结果，双方主客场都打平，巴林队凭借客场进球，淘汰沙特阿拉伯队，拿到半张入场券。

跨洲附加赛这种脏活累活以往多半是伊朗人干的，上一届和这一届都被巴林人抢着干了。上一届巴林败给中北美及加勒比海的特立尼达和多巴哥，这一届的对手是大洋洲的冠军队新西兰。

自打大洋洲老大澳大利亚出走亚洲之后，老二新西兰上位，面临的对手都是什么新喀里多尼亚、斐济、瓦努阿图、图瓦卢、巴布亚新几内亚……这些足球江湖上的无名之辈，新西兰的澳洲老大之位难以撼动。新西兰队自从1982年世界杯预选赛附加赛从中国队嘴里抢走那只“煮熟的鸭子”到现在，就再也没有尝过“鸭子”的味道。

巴林队与新西兰队的附加赛，巴林人运气差了那么一点点，主场0:0与新西兰队打平，客场0:1落后时，巴林队得到一个点球机会，结果被新西兰守门员扑出，如果这个点球踢进并且一直保持这个比分的话，巴林队就能以客场进球淘汰新西兰队。结果一直到比赛结束谁都没再进球，0:1，巴林队被淘汰，亚洲的这半张入场券又一次成全了大洋洲。

决赛圈·亚洲队

韩国与阿根廷、希腊、尼日利亚分在B组。

韩国队在亚洲区预选赛中7胜7平保持不败，是所有亚洲球队中战绩最辉煌的。小组赛第一仗对阵希腊。希腊足球以往在欧洲名气并不算大，但在2004年居然一鸣惊人夺得欧洲杯冠军，创造出惊人的“希腊神话”，现在这个神话被韩国队以2:0打破。第二场对阵阿根廷队，韩国队告负。韩国队曾在1986年的世界杯上与阿根廷队交过手，以1:3负于对手，当时马拉多纳是阿根廷队的主将，这一届马拉多纳成为阿根廷队的主教练，又一次以4:1大胜韩国队。小组赛最后一战韩国队战平尼日利亚队，最终以小组第二名获得出线。

在之后16进8的八分之一决赛中，韩国队和乌拉圭队交手，韩国队不敌乌拉圭队，没能进入八强。

澳大利亚与德国、加纳、塞尔维亚分在D组。

被戏称为“世界1.5流到2流之间球队”的澳大利亚队第一仗先被德国队打了个0:4；接着与加纳队打平，最后一场战胜塞尔维亚队，小组赛1胜1平1负，积分与加纳相同，可惜净胜球少于对方，屈居小组第三未能出线。

日本与荷兰、丹麦、喀麦隆分在E组。

这次率领日本队赢得亚洲区预选赛胜利并出征世界杯决赛圈的主教练，就是1998年第一次把日本队成功带入世界杯决赛圈的冈田武史。当日本队在预选赛中提前两轮从亚洲区出线，成为全球第一支除东道主之外晋级南非世界杯圈的球队时，一向被认为处事谨慎为人低调的冈田武史，破天荒地发出豪言壮语：要带领日本队打入世界杯四强。

日本队在小组赛第一场战胜江湖人称“非洲雄狮”的喀麦隆；第二场小负无冕之王荷兰队；在关键的第三场比赛，日本队迎战丹麦队，这是一支曾在欧洲创造出“丹麦童话”的球队，日本队最终战胜丹麦队，以2胜1负的成绩获得小组第二名出线。

这一届世界杯的比赛，韩国队战胜希腊队被称为打破神话，日本队战胜丹麦队又被称为打破童话，这两场比赛成为亚洲足球的佳话。

接下来的八分之一决赛，日本队迎战巴拉圭队。双方大战120分钟比分还是0:0，在点球大战中，日本队被巴拉圭队淘汰，无缘八强。

为人处世稳重低调的冈田武史难得激动一回放出一句日本队世界杯要打进前4的狠话，结果日本队只打到前16名，事后冈田武史差点被媒体的口水淹死。

朝鲜与巴西、葡萄牙、科特迪瓦分在G组。

朝鲜在1966年之后时隔44年再次打入世界杯决赛圈。当年的朝鲜创造了亚洲球队战胜世界杯冠军队的奇迹，人们也很好奇这支一向神秘的球队这一次会有什么样的表现。

小组赛第一场，朝鲜队迎战巴西队。朝鲜队最终仅以1∶2失利，这个成绩被评为虽败犹荣。

小组赛第二场，朝鲜队对阵葡萄牙队。想当年朝鲜队战胜意大利队挺进世界杯八强后，就是与葡萄牙队争前4，朝鲜队上半场24分钟内3∶0领先，被葡萄牙队在后66分钟连灌5球，3∶5败北，那场比赛相当经典。这一届朝鲜队与老对手又一次狭路相逢。

这场比赛有一个特殊的意义：直到这一天，“朝鲜人民才第一次看到世界杯决赛圈的电视直播”。虽然时代已经进入21世纪，但朝鲜在这之前还从未在国内电视直播过世界杯决赛圈的比赛。朝鲜中央电视台曾经直播过亚洲区预选赛时朝鲜队与伊朗队的比赛，现在朝鲜来到决赛圈，而且在小组赛首场比赛中仅输给五星冠军巴西队一个球，朝鲜民众要求看球的呼声格外响亮。“朝鲜政府响应民众的号召，决定让朝鲜中央电视台对6月21日朝鲜对葡萄牙的比赛进行直播。”

世事沧桑，天地轮回，第一次直播的结局很不美妙。44年后，朝鲜队遇到的是C罗领军的葡萄牙队，结果相当悲催，葡萄牙人大开杀戒，朝鲜队无力招架，当记分牌翻到0∶4朝鲜队落后时，朝鲜中央电视台终止直播，宣布葡萄牙队已经获胜。最后，朝鲜队以0∶7惨败。

小组赛第三场，朝鲜队负于科特迪瓦队。朝鲜小组赛三战三败，成绩在本届世界杯上排名垫底。

决赛圈·中国货

在这一届世界杯决赛阶段的赛场，想找中国队自然没门，但是想找中国货，满场皆是，就是那个著名的“呼呼塞拉”。

呼呼塞拉，在中国媒体上也被称作呜呜祖拉，它的原型据说是出自非洲南部一种由羚羊角制作的细长状喇叭，其用途有的人说是用来驱赶野兽，也有的人说是部落首领用来召集民众开会。后来呼呼塞拉被球迷改造，材质变成塑料，可以做到人手一支，供球迷们在赛场上吹奏，发泄情绪，

咱们中国的小商品本就天下无敌，南非世界杯这么好的商机岂能放过？

生产制造这种没啥科技含量的小商品，实在是小菜一碟。于是，中国制造的呼呼塞拉迅速占领南非市场，根据中国新闻网的报道：“南非世界杯上的呜呜祖拉，有90%都来自义乌小商品市场。”南非的《非洲新闻》这么报道：“中国的工厂迅速而又辛苦地生产出大量的喇叭来，在世界杯期间一售而空。”

售价低廉而发声高亢的呼呼塞拉尤其受到南非本地观众的喜爱，成为观赛标配，满场都是喇叭声。呼呼塞拉的分贝还特别高，据测量可达100分贝以上，球迷吹得高兴，球员和许多外国观众有点吃不消，纷纷向国际足联和组委会投诉。冠军球队西班牙的球员就表示：“应该把它禁掉。它们让球员们难以集中注意力，也很难交流。”不过人家南非世界杯的主办机构负责人说了，这就是南非文化的一部分，来宾们既然前来南非，应该接受南非的文化，也应该接受南非人民表达欢庆的方式。国际足联布拉特主席也跟着发话：目前国际足联还没有计划在场内禁止球迷使用这种独门乐器。

最后达成的折中办法是：“现场观众在仪式、奏乐和致辞时，禁止吹奏呼呼塞拉，但比赛中仍然允许使用。”

亚洲成了鱼腩洲

——2014年第二十届巴西世界杯

本章看点：

东帝汶亮相亚洲

黎巴嫩差点搅局

亚足坛蒙羞巴西

亚细亚·大事件（2010年7月—2014年5月）

叙利亚危机：2011年年初，叙利亚出现国内政治危机，逐步发展为叙利亚政府与反政府组织的分庭抗礼；随着外部势力的介入，叙利亚危机迅速演化为国际危机。

亚足坛·大事记（2010年7月—2014年5月）

亚运会足球赛：第十六届亚运会于2010年11月12日至11月27日在中国广

州举行。获得本届亚运会足球赛前三名的球队是：冠军日本，亚军阿联酋，第三名韩国。

亚洲杯：2011年1月7日至1月29日，第十五届亚洲杯在卡塔尔举行。获得前三名的球队是：冠军日本，亚军澳大利亚，第三名韩国。

奥运会足球赛亚洲参赛队：第三十届夏季奥运会于2012年7月27日至8月12日在英国的伦敦举行。参加本届奥运会足球比赛的亚洲球队是韩国、日本、阿联酋。韩国队获得第三名，日本队获得第四名。

世界杯·主办地

按照国际足联洲际轮流办世界杯的规矩，这一届世界杯的主办地轮到南美洲。自1978年阿根廷主办世界杯到这时，算下来已经间隔36年，对于南美这样的足球强洲而言，时间真不短了。

南美洲提出申办世界杯的是阿根廷、巴西和哥伦比亚。南美洲足联挺会来事，先搞一次内部投票，根据投票结果，南美洲足联内定巴西为唯一的主办国，其他的国家就不用出来竞争了。这样做的好处当然是可以避免争办过程中的厮杀内耗，劳民伤财，还容易伤了彼此之间的和气。可是哥伦比亚不太愿意接受这个结果，想当年他们放弃已经到手的1986年世界杯主办权，墨西哥人捡走这个大便宜，哥伦比亚人后来估计肠子都悔青了；这次还没开始正式申办，冒出来一个内部投票，就这么在自己的洲里被摁住，实在心有不甘。所以哥伦比亚在巴西提交申办申请后，也提交申办申请，但是之后又很快就撤回申请，不知道是不是思前想后，觉得太不给本洲足联面子也不好，今后遇到啥事没人给罩着也不行。这样，巴西作为唯一的申办国，顺理成章地当上主办国。

回顾一下进入21世纪之后这几届世界杯的申办历程就知道，这届世界杯主办地的申办可以说是近几届以来最为波澜不惊的，先是花落南美洲，不会发生洲际大战，然后南美洲又来个内部搞定，巴西顺顺当当地拿到主办权。

国际足联再次变卦：国际足联宣布，2014年世界杯将是最后一届由各大洲轮办的世界杯，2018年世界杯的申办将不再受各大洲轮办的限制。

真是计划没有变化快，亚洲还兴高采烈地盘算着2018年应该可以轮到自己办世界杯，被国际足联这么一变招一搅和，又得要准备迎接新一轮的洲际间世界杯主办权大战。

亚洲区·预选赛

本届世界杯亚洲区预选赛共有43支队伍报名参加，报名队和缺席队的数量与上届一模一样，但成员有变化，上届没有报名参赛的是菲律宾、文莱、老挝，本届则是文莱、不丹、关岛。

国际足联这一届还是给亚洲区四张半决赛圈入场券。亚洲区预选赛的赛制与上一届基本相同：

第一阶段：资格赛。

上一届亚洲区预选赛出线的5支队伍——日本、韩国、朝鲜、澳大利亚、巴林——作为种子队不参加资格赛，巴林虽然上届没能赢得洲际附加赛打进决赛圈，但拿到过半张入场券就算是从亚洲区出线，因此被列为种子队。

资格赛第一轮：其余38支球队，先把上届世界杯亚洲区预选赛中成绩排名靠后的16支队伍挑出来，分为8对进行主客场两回合较量，胜出的8支队伍进入资格赛第二轮。

资格赛第二轮：资格赛第一轮出线的8支球队与上届预选赛排名靠前的22支队伍共30支球队，再两两捉对，进行主客场两回合较量，胜出的15支队伍进入下一阶段比赛。

第二阶段：20强赛。

5支种子队+资格赛出线的15支球队共20支球队，分成5个组，每组4队，5个小组的前两名共10支球队出线。

第三阶段：10强赛。

10支球队分为两组，每组5队，进行主客场双循环赛，两个组的前两名共4支球队直接获得决赛圈入场券。两个组的第三名进行附加赛，比赛的胜者再与其他洲的球队进行洲际附加赛，争夺最后的入场券。

亚洲区·资格赛

资格赛第一轮，16支球队的对阵形势和胜出者分别是：

马来西亚对中华台北（中国），马来西亚队胜出；

孟加拉国对巴基斯坦，孟加拉国队胜出；

柬埔寨对老挝，老挝队胜出；

斯里兰卡对菲律宾，菲律宾队胜出；

阿富汗对巴勒斯坦，巴勒斯坦队胜出；

越南对中国澳门；越南队胜出；

尼泊尔对东帝汶，尼泊尔队胜出；

蒙古对缅甸，缅甸队胜出。

资格赛第一轮的比赛，由于大家都是下游球队，水平接近，所以不少场次的比赛争夺蛮激烈、场面蛮精彩。比如马来西亚队对中华台北（中国）队，主客场打完后双方都是1胜1负，总比分4:4打平，马来西亚队凭借客场进球数多险胜；柬埔寨队与老挝队的比赛也是如此，连主客场进球数都一模一样，再通过加时赛，老挝队才惊险胜出。

尼泊尔队对东帝汶队的比赛，尼泊尔队以主客场两回合7:1的比分大胜，第一次在亚洲区的预选赛中获胜，进入下一轮。尼泊尔队在亚洲区属于鱼腩球队，能够取得这样的胜利在于它的对手东帝汶队实在是鱼腩中的鱼腩。

东帝汶全名为东帝汶民主共和国，这个国家位于印度洋的帝汶岛上，面积不足1.5万平方千米，比北京市略小一点。在殖民主义时代，东帝汶地区曾经先后被若干个欧洲国家统治，最后成为葡萄牙的海外省。1975年，东帝汶脱离葡萄牙的统治宣布独立，但立即被印度尼西亚出兵占领并将其吞并。对于印度尼西亚的行为，联合国与国际社会基本上都不予承认，东帝汶境内一直存在反对印度尼西亚占领的武装活动。进入20世纪90年代之后，在国际社会的制裁和东帝汶内部武装反抗的双重压力下，印度尼西亚开始让步。联合国派出多国维和部队与维和警察来到东帝汶，在联合国的主持下，2002年5月20日，东帝汶民主共和国正式成立。作为一个成立于21世纪的国家，东帝汶也成为当时世界上最年轻的国家；这个纪录后来被非洲于2011年建立的南苏丹共和国打破。虽然世界纪录被打破，最年轻国家的亚洲纪录还是东帝汶的。

中国与东帝汶有着比较深的渊源，在早年闯南洋的过程中，有不少中国人来到此地，至今有不少华侨华人在那里定居生活。在联合国主持东帝汶事务时期，中国先后派遣5批总共113名维和警察参与联合国在东帝汶的维和行动，东帝汶宣布独立后，中国是世界上第一个与东帝汶建交的国家。

东帝汶人足球水平不高，在2005年加入国际足联后，立刻就占据国际足联排行榜倒数第一的位置；东帝汶人足球热情挺高，他们参加过上一届南非世界杯亚洲区的预选赛，在资格赛中大比分败给中国香港队，这一届再接再厉继续参赛，结果又让尼泊尔队品尝到胜利的滋味。

资格赛第二轮，30支球队对阵形势和胜出者分别是：

泰国对巴勒斯坦，泰国队胜出；

黎巴嫩对孟加拉国，黎巴嫩队胜出；

中国对老挝，中国队胜出；

土库曼斯坦对印度尼西亚，印度尼西亚队胜出；

科威特对菲律宾，科威特队胜出；

阿曼对缅甸，阿曼队胜出；

沙特阿拉伯对中国香港，沙特阿拉伯队胜出；

伊朗对马尔代夫，伊朗队胜出；

叙利亚对塔吉克斯坦，塔吉克斯坦队胜出；

卡塔尔对越南，卡塔尔队胜出；

伊拉克对也门，伊拉克队胜出；

新加坡对马来西亚，新加坡队胜出；

乌兹别克斯坦对吉尔吉斯斯坦，乌兹别克斯坦队胜出；

阿联酋对印度，阿联酋队胜出；

约旦对尼泊尔，约旦队胜出。

第二轮资格赛中发生一些状况：

缅甸队在主场对阵阿曼队的比赛，上半场阿曼队获得点球并罚进，现场的缅甸观众不满裁判的判罚，操起矿泉水瓶和石块就向主裁判和阿曼队员投掷，场面顿时大乱，在场观赛的缅甸足协主席也无法控制局面，导致比赛被迫中断。国际足联对此做出严厉处罚：第一，判缅甸队以0∶3负，处以罚款，并取消次回合的比赛；第二，取消缅甸队2018年世界杯亚洲区预选赛的主场资格，所有主场比赛将放在第三国进行。

叙利亚队以两战两胜的成绩，战胜塔吉克斯坦队，但经过调查，叙利亚队在比赛中，使用一名曾代表瑞典国家队参赛的球员，违反国际足联的相关规定，国际足联宣布取消叙利亚队的比赛资格，原来两队的比赛成绩全部改判为塔吉克斯坦队3∶0获胜。

亚洲区·20强赛

20强赛的分组情况与比赛结果是：

A组：伊拉克、约旦、中国、新加坡。

出线球队为伊拉克队和约旦队。

中国队在这一组中输掉3场球，都是输给西亚球队，对西亚球队的战绩相当糟糕，提前一轮告别亚洲区预选赛。

B组：韩国、黎巴嫩、科威特、阿联酋。

出线球队为韩国队和黎巴嫩队。

韩国队获得小组第一出线并不为奇，稀奇的是黎巴嫩队居然力压西亚两支劲旅阿联酋队与科威特队，获得小组第二挺进10强赛。

黎巴嫩属于阿拉伯国家，阿拉伯国家普遍信奉伊斯兰教，黎巴嫩却是一个相当特殊的例外——国内的人口中有将近一半信奉基督教，是阿拉伯国家中唯一将伊斯兰教和基督教都列为国教的国家。黎巴嫩国土不大政治局势却相当复杂，政府职位和议会席位分属两大宗教，国内党派林立，没有一家占绝对优势。自20世纪70年代之后，黎巴嫩陷入内乱，各党各派在国内斗争中寻求周边国家的支持，叙利亚、伊朗、以色列都成为黎巴嫩党派纷争的外部背景，并以各种方式介入黎巴嫩的内部事务。

黎巴嫩的足球水平在亚洲和西亚一向排不上号，国际足联排名中基本上都是100名开外，2000年的时候黎巴嫩曾经主办过一次亚洲杯，结果在小组中垫底被淘汰，作为东道主实在脸面无光。但在这一届世界杯亚洲区预选赛中，黎巴嫩队的表现让人大跌眼镜，先后击败组内的3支球队，尤其是在主场2:1战胜亚洲足坛豪门韩国队，为自己小组出线获取了关键的3分。

C组：乌兹别克斯坦、日本、朝鲜、塔吉克斯坦。

出线球队为乌兹别克斯坦队与日本队。

D组：澳大利亚、阿曼、沙特阿拉伯、泰国。

出线球队为澳大利亚队和阿曼队。

这一组沙特阿拉伯队被淘汰属于爆小冷门。这一届沙特阿拉伯队踢得确实糟糕，小组赛内一共只赢下一场球却输掉三场球，其中主客场两次败给澳大利亚队，被人家灌进7个球。

E组：伊朗、卡塔尔、巴林、印度尼西亚。

出线球队为伊朗队和卡塔尔队。

亚洲区·10强赛

A组：伊朗、韩国、乌兹别克斯坦、卡塔尔、黎巴嫩。

伊朗队与韩国队名列小组前两名，获得世界杯决赛圈入场券。乌兹别克斯坦队名列第三，获得附加赛资格。

世界杯的亚洲常客韩国队这次险些落马，主客场都输给伊朗队，还被组内最弱的黎巴嫩队逼平，与第三名乌兹别克斯坦队总积分和净胜球一模一样，最后凭借总进球数多一粒涉险过关。

B组：日本、澳大利亚、约旦、阿曼、伊拉克。

日本队与澳大利亚队名列小组前两名，获得世界杯决赛圈入场券。约旦队名列第三获得附加赛资格。

约旦队本来被认为是这一组里最弱的，能够在这一组里拿到第三名着实不易，其中约旦队在主场2:1战胜日本队这场比赛至为关键，这也是日本队在这一组唯一输掉的一场球。

预选赛·附加赛

两个组的第三名约旦队与乌兹别克斯坦队为争夺亚洲区的半张入场券又是一番恶战。

两个队的主客场比赛都是1:1战平，只能靠点球决胜，双方一直踢到第9个队员，乌兹别克斯坦队罚丢了点球，约旦队9:8胜出。

这一届洲际附加赛的比赛对手是通过抽签决定，亚洲区、大洋洲区、中北美及加勒比区和南美洲区获得洲际附加赛资格的4支球队，通过抽签决定一对一对阵形势。约旦队点够背的，抽到南美洲区的老牌劲旅乌拉圭队。

乌拉圭队是洲际附加赛的老面孔，这是他们连续第四届进入洲际附加赛：在2002年的洲际附加赛战胜澳大利亚队出线；在2006年的洲际附加赛又遇上澳大利亚队，被澳大利亚队淘汰；在2010年的洲际附加赛战胜哥斯达黎加队出线。

毕竟姜是老的辣，乌拉圭队第一场客场作战，就打了约旦队一个5:0，实际上已经杀死了比赛。接下来的乌拉圭主场双方0:0战平，亚洲的半张入场券又成为南美洲的囊中之物。

决赛圈·亚洲队

澳大利亚、日本、韩国和伊朗作为亚洲区的球队来到南非世界杯赛场。

澳大利亚与荷兰、西班牙、智利分在B组。澳大利亚队在小组赛中三战皆败，小组垫底。

日本与哥伦比亚、希腊、科特迪瓦分在C组。日本队与希腊队打平，输给哥伦比亚队和科特迪瓦队，也是小组垫底。

伊朗与阿根廷、尼日利亚、波黑分在F组。伊朗队与尼日利亚队打平，输给阿根廷队和波黑队，还是小组垫底。

韩国与比利时、阿尔及利亚、俄罗斯分在H组，韩国队与俄罗斯队打平，

输给比利时队与阿尔及利亚队，依然小组垫底。

这一届世界杯，亚足联的球队成绩惨不忍睹，没有一支球队小组出线，上一次这么糟糕的成绩还是16年前的1998年法国世界杯，但这次比那次更臭，那一届好歹还赢了一场球（伊朗队胜美国队），而这一届3平9负，没有取得一场胜利，4支球队全部小组垫底。

叙利亚队抢镜头

——2018年第二十一届俄罗斯世界杯

本章看点：

也门队不是省油的灯

叙利亚队扬威马六甲

充斥中国元素的世界杯

亚细亚·大事件（2014年7月—2018年5月）

叙利亚危机延续：2015年9月30日，俄罗斯正式出兵叙利亚，叙利亚政府在俄军支持下发动反攻，叙利亚战局发生转折。

伊朗核危机延续：2015年7月，伊朗与伊核问题六国（美国、英国、法国、俄罗斯、中国和德国）达成伊核问题全面协议。伊朗承诺限制其核计划，国际社会解除对伊制裁。2018年5月8日，美国宣布退出伊核协议。

也门危机延续：2015年3月，以沙特阿拉伯为首的9国组成阿拉伯联军出兵也门，帮助也门政府对抗伊朗支持的也门地方胡塞武装。

朝鲜核危机延续：2017年9月3日，朝鲜进行第六次核武器试验；2017年9

月11日，联合国安理会通过对朝鲜制裁决议；2018年4月27日，朝鲜与韩国在板门店举行第三次首脑会晤；6月12日，美国与朝鲜在新加坡举行美朝之间史无前例的最高级会谈。

亚足坛·大事记（2014年7月—2018年5月）

亚运会足球赛：第十七届亚运会于2014年9月19日至10月4日在韩国仁川举行。获得本届亚运会足球赛前三名的球队是：冠军韩国，亚军朝鲜，第三名伊拉克。

亚洲杯：2015年1月9日至1月31日，在澳大利亚举办第十五届亚洲杯足球赛。获得前三名的球队是：冠军澳大利亚，亚军韩国，第三名阿联酋。

奥运会足球赛亚洲参赛队：第三十一届夏季奥运会于2016年8月5日至8月21日在巴西的里约热内卢举行。参加本届奥运会足球比赛的亚洲球队是韩国、日本、伊拉克。

世界杯·主办权

2006年的世界杯，各大洲国家之间围绕主办权斗得你死我活。事后，国际足联做出规定，今后的世界杯由各大洲轮流办赛。按照这样的规定，2006年由欧洲的德国举办，2010年由非洲的南非举办，2014年由南美洲的巴西举办，那么2018年就应该轮到中北美洲或者亚洲的国家举办。

哪知道才过几年，几大洲一圈还没轮完，国际足联就反悔了。2010年世界杯结束之后，国际足联陆续出台一些规定，综合起来就是：第一，取消各洲轮流主办世界杯的规定；第二，可以由多国联合申办；第三，这一招是大招——将2018年和2022年两届世界杯的主办权同时进行确定。

为什么才实施两届，国际足联就要取消各大洲轮流主办世界杯的规定？根据媒体的一些报道和分析，我们得出的看法是：轮流主办世界杯的规定出台后，在2014年世界杯主办权的确定过程中，南美洲足联开了个小会，自己内部摆平搞定，内定巴西为唯一的申办国。南美洲这么干等于把国际足联晾在一边没啥事了；而且因为缺少主办地之间的竞争，整个申办过程悄无声息一片和谐。国际足联根据历史的经验，感觉其实申办过程动静越大，越可取得轰动效应，吸引住全世界的眼球，把世界杯的地位和效益抬得高高的，国际足联方可以从这个申办过程中，获取最大的关注热情和经济效益。

为什么要两届世界杯一起申办？根据国际足联官方以及布拉特主席的解释，这样的做法可以让赛事的举办国有更加充分的准备时间，完成主要场馆设施的建设，以便给球迷带来一场精彩的世界杯；同时，播映权和合作协议能覆盖8年时间——言外之意就是国际足联可以卖个好价钱，这个理由看起来挺靠谱。还有一些媒体报道说布拉特主席正在谋求连任，他希望以此与一些有申办世界杯意向国家的国际足联执委会成员达成利益交换："布拉特将2022年世界杯的申办权提前透支，实际上是用后来者的支票为自己拉选票。"

针对这一次两届世界杯一起申办，国际足联做出一些具体的原则性规定：2014年巴西世界杯所在的南美洲和2010年南非世界杯所在的非洲不能申办2018年世界杯；2018年世界杯承办国所在的大洲不能申办2022年的世界杯。这样算下来，具备申办2018年世界杯资格的，是欧洲、亚洲、北美洲和大洋洲；具备申办2022年世界杯资格的，是除承办国所在大洲之外的其他各大洲。

由于是两届世界杯一起进行申办，所以世界各大洲全体总动员，一场波及全球的世界杯主办权争夺战开打。

本章我们主要介绍2018年世界杯主办地的竞争过程，2022年世界杯主办权的争夺过程放在下一章再说。

国际足联的变招给欧洲带来机会，尽管欧洲2006年主办过世界杯，这才过去没几年，但欧洲国家依然表现出志在必得的气势。欧洲的气场实在太强大，所以其他洲的国家依据国际足联的规则，盘算自己的战略，打算避开欧洲锋芒，放弃2018，力保2022。

起初，向国际足联提出主办2018年的申办国家（地区）是：荷兰/比利时（联合申办）、西班牙/葡萄牙（联合申办）、俄罗斯、英格兰、墨西哥、印度尼西亚。最后那两家一看就知道是来打酱油蹭热度的，果不其然，墨西哥中途宣布退出申办；印度尼西亚没有通过国际足联的申办条件审核，申办请求被国际足联拒绝。这样一来，最后剩下的就全是欧洲国家（地区）。

2010年12月2日，国际足联执委会投票表决2018年世界杯主办权的归属。参加投票的一共22位执委，哪一家获得过半数的12票即获得主办权，如果谁都没有过半数，就淘汰得票最少者，继续下一轮投票，直到投出胜利者。

投票过程出乎人们预料，仅仅两轮投票就出了结果：

第1轮：英格兰2票、荷兰/比利时4票、西班牙/葡萄牙7票、俄罗斯9票；

英格兰被淘汰出局。

第2轮：荷兰/比利时2票、西班牙/葡萄牙7票、俄罗斯13票；

俄罗斯获得过半数的绝对票数，成为胜利者。

申办失败者中最郁闷的当属英格兰。作为现代足球发源地和世界足球豪门的英格兰，上一次主办世界杯已经是遥远的1966年，英格兰十分渴望再举办一次世界杯。在2006年世界杯主办权的争夺中，英格兰输得非常窝囊；这一番英格兰卷土重来，可谓是不惜血本，志在必得。首相卡梅隆四处游说，威廉王子出征申办代表团，超级球星+大帅哥贝克汉姆代表英格兰做申办演讲。小贝在演讲中阐述着世界杯的“英国梦”：“我们的梦想是要把世界杯举办成一场全世界参加的盛大的赛事；我们的梦想是要把世界杯举办成能够惠及数十亿人的成功赛事；我们的梦想更是要通过举办世界杯，让我们的子孙后代，让这地球上的每一个人都感受到——足球，这项运动，真的是让人感到自豪的。”

没想到梦醒时分，英格兰居然只得到可怜的两票，第一轮就被淘汰，这让志在必得的英国人恼羞成怒。《泰晤士报》马上揭秘一份5人名单（韩国人郑梦准、中北美足联主席沃纳、土耳其的欧足联副主席厄尔奇克、科特迪瓦执委阿诺玛、塞浦路斯执委勒夫卡里蒂斯），说这5人曾当面对威廉王子和卡梅隆首相承诺，一定会投票给英格兰，但最终却言而无信，因为他们收受了那个某某某的好处食言而肥。

有的媒体则认为还是英格兰自己的申办工作不到位，仅从投入资金来说，英格兰申办世界杯总共耗费2000多万英镑，自己认为已经是下足血本，可对比一下人家卡塔尔，为申办砸下足足6亿美元！

亚洲区·预选赛

这一届俄罗斯世界杯亚洲区的预选赛，先传来个坏消息，有传闻说因为亚洲球队在上一届巴西世界杯上踢得实在太臭（未获一场胜利，小组赛名次全部垫底），国际足联执委会讨论各大洲世界杯决赛圈名额的最终分配方案时，将考虑把亚洲区上一届的4.5个名额削减为4个名额；后来又传来个好消息，经过亚足联尽力争取，国际足联依然给亚洲维持4.5个决赛圈名额。

这一届世界杯，亚足联所属的46个正式成员，一个不落地全部报名参加亚洲区预选赛——亚洲足坛第一次出现大团圆的盛况。

46支球队争4.5张入场券，基本上就是十里挑一的比例。

本届赛制与前两届相比又有些变化，最重要的变化是不设种子队，整个预选赛共分为三个阶段。

第一阶段：资格赛。由亚足联46个成员中在国际足联排名榜上名次靠后的12支球队参加。12支球队进行捉对厮杀，以主客场双循环决出6支胜队。

第二阶段：40强赛。资格赛出线的6支胜队与国际足联排名榜上名次靠前的34支球队共40支球队，分成8个小组，每组5队，以主客场双循环方式进行比赛，8个小组的第一名和4个成绩最好的小组第二名总共12支队出线。

第三阶段：12强赛。出线的12支队分成两组，每组6队，以主客场双循环方式进行比赛。

以往预选赛的最后阶段是10支队伍参赛即10强赛，每个组5支球队，这样每一轮比赛总有一支队伍轮空，到比赛的最后时段，有的队已经全部赛完而有的队赛程还未结束，搞不好就会出现A队和B队来个暗箱操作把C队做掉的事情……亚洲足坛的水很深，你懂的。这次改为12强赛，每个小组6支球队，确保组内最后一轮所有队伍同时开赛，没有球队轮空，这样做的好处是起码可以挤压掉一些暗箱操作的空间。

12强赛各组的前两名直接出线，获得参加世界杯决赛圈的入场券，两个组的第三名以主客场两回合进行附加赛，决出胜者。胜者再参加洲际附加赛，与中北美洲及加勒比赛区的第四名进行洲际附加赛，胜者将晋级俄罗斯世界杯决赛圈。

亚洲区·资格赛

参加资格赛的12支球队对阵形势和比赛结果是：

印度对尼泊尔，印度队胜出；

也门对巴基斯坦，也门队胜出；

东帝汶对蒙古，东帝汶队胜出；

柬埔寨对中国澳门，柬埔寨队胜出；

中华台北（中国）对文莱，中华台北（中国）队胜出；

斯里兰卡对不丹，不丹队胜出。

参加资格赛的都是鱼腩球队，鱼腩对鱼腩，互相之间的比赛倒也紧张激烈。尤其是东帝汶队与不丹队这两支传统的超级鱼腩球队这次居然从资格赛中胜出，创造了这些国家足球运动的历史。

亚洲区·40强赛

资格赛6支胜队加上其余的34支球队共40支球队进行第二阶段的比赛，号称40强赛。

40强，听上去有点怪异，亚足联统共46个正式成员，40强这么一叫，搞得好像无论阿狗阿猫个个都是“光头强”。40强的称呼貌似只是满足虚荣心而已，不过媒体和大家都这么称呼，我们自然也就这么用了。

40强赛的分组与出线球队分别是：

A组：沙特阿拉伯、阿联酋、巴勒斯坦、马来西亚、东帝汶。

沙特阿拉伯队与阿联酋队名列小组前两名，小组出线。

B组：澳大利亚、约旦、吉尔吉斯斯坦、塔吉克斯坦、孟加拉国。

澳大利亚队与约旦队名列小组前两名，小组出线。

C组：卡塔尔、中国、中国香港、马尔代夫、不丹。

卡塔尔队与中国队名列小组前两名，小组出线。

D组：伊朗、阿曼、土库曼斯坦、关岛、印度。

伊朗队与阿曼队名列小组前两名，小组出线。

E组：日本、叙利亚、新加坡、阿富汗、柬埔寨。

日本队与叙利亚队名列小组前两名，小组出线。

F组：泰国、伊拉克、越南、中华台北（中国）。

泰国队与伊拉克队名列小组前两名，小组出线。

这一组本来还有印度尼西亚队，在进行了两轮比赛之后，国际足联宣布，由于印度尼西亚政府过度干涉本国足球事务，取消印度尼西亚队的比赛资格，这一组于是变成4支球队。

G组：韩国、黎巴嫩、科威特、缅甸、老挝。

韩国队与黎巴嫩队名列小组前两名，小组出线。

这一组的强队当属韩国与科威特，科威特队在踢完6轮比赛之后，遭遇到与印度尼西亚队同样的处罚，国际足联认为科威特队没有能够在国际足联规定的期限内排除政府对足协工作的干预，对科威特队实行全球禁赛。黎巴嫩队捡了个便宜。

H组：乌兹别克斯坦、朝鲜、菲律宾、巴林、也门。

乌兹别克斯坦队与朝鲜队名列小组前两名，小组出线。

这一小组也门的情况，我们在这里介绍一下。

进入21世纪之后，也门突然成为亚洲的一个冲突热点地区。也门经济落后，以农业为主，属于世界上最不发达国家之一。也门是一个信奉伊斯兰教的阿拉伯国家，伊斯兰教两大教派逊尼派与什叶派的教徒大约各占也门人口一半。2004年6月，也门危机爆发，对抗的双方主要是逊尼派占优势的也门政府与地方上什叶派的胡塞家族，他们之间的矛盾演变为大规模内战，胡塞武装一举攻占包括首都萨那在内的也门多个省区。也门内战打打停停，之所以持续十多年久拖不决，就在于中东地区国家出于地缘政治等各方面因素，介入也门内战，使也门内战发展为中东的地区性危机，其中主要就是伊朗和沙特阿拉伯之间的矛盾。也门与沙特阿拉伯之间有漫长的边境线，首都萨那紧邻沙特阿拉伯。胡塞武装得到伊朗的支持，也门政府军得到沙特阿拉伯的支持。中国学者对此的看法是：“在沙特看来，也门就像插在自己心脏上的匕首，而伊朗恰似握住刀柄之人。因此，沙特为了抵消与伊朗有联系的胡塞武装在也门的扩张势头，每年在也门战场上耗费50-60亿美元也在所不惜。伊朗则每年向也门投入数百万美元，利用也门危机牵制沙特的战略精力，消耗其战略资源。”就在也门政府军节节败退之际，由沙特阿拉伯为首、包括埃及和海湾国家等9国组成的阿拉伯联军，从2015年3月开始出兵也门，发动代号“果断风暴”的军事行动，使用空军和地面部队向胡塞武装发动进攻，从而形成阿拉伯联军支持的也门政府军与伊朗支持的胡塞地方武装在也门南北对峙局面。

也门的足球运动就在这样炮火连天的环境里，像一棵小草在荒漠中顽强生长着。也门的足球水平不高，但架不住民众的热情很高，战乱也挡不住也门民众对足球运动的投入与向往，别看国内战火纷飞打成一锅粥，世界杯预选赛却是一届也没落下，届届参加。也门队虽说在比赛中并没有取得什么像样的战绩，但特别善于在小组赛里打狙击战搞事情，给别的队制造莫大麻烦，作为搅局者相当称职。1994年世界杯预选赛时，也门队在小组赛中面对施拉普纳“施大爷”领军的中国队，主场1:0获胜，使中国队丧失出线希望；2006年世界杯预选赛时，虽然也门队在小组中成绩垫底，可他们在小组赛中唯一踢赢的一场球就是在主场3:1战胜阿联酋队，无情地把阿联酋队的出线希望给断送了。

这一届预选赛也门队还是露出鱼腩本色，1胜7负小组垫底。

预选赛·12强赛

从40强赛中出线的12支球队分为两组，进行最后的角逐。

A组：伊朗、韩国、叙利亚、乌兹别克斯坦、中国、卡塔尔。

中国队自2002年世界杯之后，连续三届预选赛都是在小组赛阶段铩羽而归，这一次终于晋级到可以争夺决赛圈入场券的最后阶段。

对于组内一东一西两大高手韩国队与伊朗队，中国队可以说基本没啥胜算，“东邪”“西毒”都拿不下。所以中国队的战略是重点对付与自己同档次的卡塔尔队和乌兹别克斯坦队，至于叙利亚队，“谁都知道，因为战争，连个自己主场都没有的叙利亚队是本组里最弱的。”中国队计划主客场双杀叙利亚队拿下6分，这样可以力争小组第三去打附加赛。中国球迷是这么评论的：“叙利亚？叙利亚根本就不在我们的眼里！我们早把它视为这个小组的鱼腩弱旅，早把这六分扒拉到自己口袋里了！”

叙利亚队之所以被如此看轻，就在于叙利亚这些年像也门一样，战乱不断，而叙利亚危机局势之复杂和混沌，更是甩开也门好几条街，已经成为地区格局和大国关系的焦点。

中东地区危机的复杂性在于：一场小小的冲突往往汇集着民族纠葛、宗教分歧、历史恩怨、领土争端、地缘政治、大国博弈等等诸多的矛盾因素，结果即便是一个国家的内部危机，就足以把周边国家、中东地区直到世界大国和国际社会全都搅和进来，叙利亚危机就是这样一个典型。

叙利亚危机爆发于2011年，危机是由叙利亚国内的政治、社会、宗教等矛盾引发，但很快就发展为内战，出现大量的反对派组织和武装与政府进行对抗，“大量”的数目究竟有多少？这个数字有点恐怖：“内战爆发之初，叙战场上迅速出现了大批反对派武装，有名有姓的组织一度达到6000多个。”

叙利亚危机接着又演变为国际性危机，把中东地区的主要国家和世界大国卷入其中，我们看一下我国专家学者对外部力量卷入叙利亚危机的研究报告：“围绕叙利亚问题各方势力主要形成两大阵营（以叙利亚、俄罗斯、伊朗为一方，以西方、土耳其和沙特等海湾国家为一方）和六对矛盾（叙政府与反对派、西方与俄罗斯、沙特与伊朗、以色列与伊朗、美国与土耳其、各方与‘伊斯兰国’）。战争期间，不同营垒、各种矛盾不停转换，不同阶段的主要矛盾也不尽相同。”

这些外部势力可不是光站在一边动动嘴皮子，而是投入军事力量上阵亮剑，我们继续引用中国学者的研究报告：“有不少外部军事力量直接参战。除了美国、俄罗斯、土耳其、伊朗、英国、法国等国直接出兵叙利亚外，还有来自黎巴嫩、伊朗、伊拉克、巴基斯坦、阿富汗等国的民兵，以及来自全球上百个国家的数万极端分子和雇佣兵等。”面积18.5万平方千米（大致相当于我国的广东省）的叙利亚国土汇集着种类如此繁多的军事力量，诸位读者完全可以想象出这是什么样的战乱场面。“叙利亚战争，是冷战结束以来各种外部势力牵涉面最广，卷入程度最深的一场局部战争。”

实质性投入军事力量最多的是俄罗斯。2015年9月30日，俄罗斯正式出兵叙利亚。叙利亚政府在反政府力量的打击下原本已经摇摇欲坠，俄罗斯出兵后立刻剧情反转：“俄不仅提供了强大的空中打击力量，还加固了其在叙的两大军事基地，帮助叙政府军从反对派和‘伊斯兰国’手中收复大片领土。”

叙利亚的足球运动在亚洲本属于说高不高说低不低的中游水平，这么多年的持续危机和战乱，叙利亚人当然就没法好好踢球了。在极端组织“伊斯兰国”（ISIS）控制区内，甚至还发生过在足球场内当众斩首叙利亚足球运动员的惨剧。叙利亚球员被迫流落海外，2014年，叙利亚国家队在国际足联排名榜上跌落至历史最差位置——第152名。

叙利亚队能来参赛已属不易，打入12强更是难得。40强赛时，叙利亚队所在的小组强队不多，日本队一骑绝尘，能与叙利亚队争锋的只有新加坡队。叙利亚队主客场两胜新加坡，稳稳地小组出线进入12强。

中国队在12强A组比赛中第一场负于韩国队，第二场与伊朗队打平，第三场比赛在主场西安迎战叙利亚队，满心期待从鱼腩队身上全取3分。然而现实就是这么奇葩——中国队输给了叙利亚队！

比赛之后媒体上出现这样的评论：“主场打不过最弱对手，某种程度上等于丧失了出线希望。”

这话说得为时尚早，中国队希望犹存。由于叙利亚危机的影响，国际足联和亚足联从安全角度考虑取消了叙利亚的国内主场，安排到第三方中立场地。当时中国方面曾经提出愿意提供中国澳门作为叙利亚队的主场，叙利亚最终还是选择同样信奉伊斯兰教的国家马来西亚作为主场。

位于东南亚的马来西亚气候炎热潮湿，对于来自西亚干燥少雨沙漠地带的叙利亚人来说是个考验；中国队是乘坐包机而来，叙利亚球员则是从世界各地乘坐班机分头赶来，到临赛前两天才算人马聚齐；马来西亚和邻国新加坡华人云集，中叙之战的比赛地点设在马六甲市的汉惹拔体育场，到场观赛的叙利亚球迷只有几十人，其他的都是中国球迷或当地华侨华人。所以中国队与叙利亚队的比赛，叙利亚队实际上没有主场。按照媒体的说法就是：中国队“客场变主场，还有比这更美好的事情吗？……中国队占据天时地利人和。”

但是对中国队而言，美好的事情就是没能结出美丽的果实，中国队在马来西亚“准主场”的比赛中被叙利亚队2:2逼平。

总结一下：叙利亚队在他们选定的马来西亚“主场”表现得相当神勇，对组内其他5支球队的战绩是2胜3平保持不败； 0:0平韩国队，3:2胜卡塔尔队，0:0平伊朗队，1:0胜乌兹别克斯坦队，2:2平中国队。

A组最后的比赛结果，中国队仅名列第五。叙利亚队与乌兹别克斯坦队积分相同，叙利亚队凭借净胜球数力压乌兹别克斯坦队名列第三，获得附加赛资格。

B组：日本、沙特阿拉伯、澳大利亚、阿联酋、伊拉克、泰国。

这一组的比赛其实就是日本、沙特阿拉伯与澳大利亚三强争锋。三队的总积分死死咬住，最后是日本队20分排名B组第一，沙特阿拉伯队与澳大利亚队同积19分，沙特阿拉伯队靠净胜球比澳大利亚队多2个排名B组第二，与日本队携手直接进军决赛圈。澳大利亚队需要去打附加赛。

预选赛·附加赛

亚洲区预选赛两个第三名之间的附加赛打得火花四溅。

叙利亚队在马来西亚“主场”与澳大利亚队战成1:1平；接着在悉尼澳大利亚主场，90分钟双方又打成1:1平。因为两队之间所有能比较的数据都相同，只能再打加时赛。澳大利亚队靠着加时赛的一粒进球，最终淘汰叙利亚队。叙利亚队虽败犹荣，占尽风光。

实事求是地说，洲际附加赛这个苦活累活让澳大利亚人来干挺合适。这回的对手是中北美洲及加勒比地区预选赛的第4名洪都拉斯。

洲际附加赛的第一回合在洪都拉斯主场进行，双方0:0打成平手。

洲际附加赛第二回合回到澳大利亚主场，澳大利亚人没有再给洪都拉斯人留下机会，3:1获胜淘汰对手。澳大利亚自2006年1月“脱大入亚”以来，每届都拿到世界杯决赛圈入场券。

决赛圈·亚洲队

亚足联的澳大利亚为亚洲区争来第五张入场券，日本、韩国、伊朗、沙特阿拉伯、澳大利亚，这是5支公认的亚足联第一档球队。

由于上一届亚足联球队的战绩实在太烂，下一届世界杯又将在亚洲举行，所以亚足联满心期望麾下的球队能够打出个好成绩，给亚洲足球长长脸。

沙特阿拉伯与俄罗斯、埃及、乌拉圭分在A组。

沙特阿拉伯队与俄罗斯队打的是揭幕战，这也是亚洲球队首次被安排在世界杯决赛阶段开幕式上进行比赛。俄罗斯虽然在欧洲只是二流球队，但是作为东道主，来势汹汹，“俄罗斯球迷气质彪悍，嗓门洪亮，欢呼声和嘘声极具感染力”。在东道国民众的助威声中，俄罗斯队打了沙特队一个5:0。

沙特阿拉伯队在揭幕战中被打得有点懵圈，缓过劲之后，下面的两场比赛打得还不错，第二场小负乌拉圭，第三场战胜埃及。最后以1胜2负的成绩获得本组第三名，未能出线。

伊朗与葡萄牙、西班牙、摩洛哥分在B组。

伊朗队首战摩洛哥队，在比赛进行到伤停补时的第95分钟时，凭借摩洛哥队的一记乌龙球，伊朗队1:0获胜。这是伊朗在世界杯决赛圈中的第二场胜利，上一场胜利已是20年前的往事——伊朗队在1998年世界杯比赛中战胜美国队。

接下来伊朗队迎战欧洲球技十分了得的两颗“牙”——西班牙与葡萄牙。伊朗队0:1负于西班牙队，1:1战平C罗领军的葡萄牙队，这应该算是相当不错的成绩。伊朗队获得小组第三名，也未能出线。

澳大利亚与法国、丹麦、秘鲁分在C组。

在开赛之前国际足联公布的最新的世界排名表上，澳大利亚排在第36位（以下依次为伊朗37位，韩国57位，日本61位，沙特阿拉伯67位），成为名副其实的亚洲一哥。新晋升的亚洲一哥首战法国队，仅以1:2小负。

澳大利亚队第二场与丹麦队战平，第三场败给秘鲁队，小组赛成绩1平2

负，亚洲一哥惨遭小组垫底。

韩国与德国、墨西哥、瑞典分在F组。

韩国队首战输给瑞典队，第二战又输给墨西哥队，连败两场比赛已经丧失出线机会。韩国队小组赛最后一场比赛是上届冠军也是四星冠军队德国队。德国队前两场比赛踢得不理想，一胜一负，此战必须取胜才能小组出线。赛前谁都没有看好韩国队，哪料想已经被淘汰的韩国人踢得激情四溢血性十足，2∶0战胜德国队，不仅彻底断送德国队出线的念想，而且直接把德国队打成小组垫底。这可是德国人参加世界杯比赛以来最烂的名次。

日本与波兰、塞内加尔、哥伦比亚分在H组。

前4支亚足联球队都没能小组出线，就看日本队的了。

日本队首战战胜哥伦比亚队，取得极其关键的3分。后两场比赛日本队战平塞内加尔队，负于波兰队。

接下来的场面很有意思：这一组哥伦比亚队排名第一，波兰队垫底，日本队与塞内加尔队这两支球队积分相同，于是按照国际足联的竞赛规定，两队从净胜球、总进球、胜负关系……一项一项地往下比，每一项都相同，最后一直比到两队吃红黄牌，两队都没有吃到红牌，再比黄牌，塞内加尔队吃到6张黄牌，日本队吃到4张黄牌，就靠着少吃2张黄牌，日本队以小组第二出线，成为唯一一支打进前16名的亚洲球队。

在16进8的比赛中，日本队与“欧洲红魔”比利时队交战，日本队先以2∶0领先，形势一片大好，接着被比利时队扳平，到伤停补时的读秒阶段，日本队晚节不保，被比利时队一个反击绝杀。

这一届世界杯，亚洲区参赛的5支球队取得4胜3平9负的成绩，小组赛的排位是1支队出线，3支队第三名，1支队垫底，与上届相比进步明显。

南非世界杯满场吹奏中国制造的“呼呼塞拉”，曾经给世界人民留下深刻印象。本届世界杯中国足球队虽然没有来，但中国元素充斥于俄罗斯世界杯赛场之中，到处可见Made in China的商品，电视转播时只见球场边满屏的中国商品广告牌不停地翻转闪动……根据著名主持人白岩松在中央电视台世界杯直播连线中介绍，国际足联统计的一项数据显示，中国球迷购买的本届世界杯门票数在所有的国家当中排行第九。于是白岩松感慨地说出这么一段话：“要知道，一共32个参赛国，咱们还没参赛，但是我们就排到了第九，比西班牙、英格兰等参赛国家球迷购买的门票数都多。然后还有很多（中国）元素，包括赞助商，都在俄罗斯世界杯上有所显现。”接下来白主持的总结尤其经典：“这么说吧，俄罗斯世界杯，中国除了足球队没去，基本上其他都去了。”

世界杯中国除了足球队没去，其他都去了——白主持的点睛之言红遍网络，遂成为网络名句。

“名人堂”口争风流

——2022年第二十二届卡塔尔世界杯

本章看点：

卡塔尔获得主办权的经过

被恐怖袭击拖累的中国澳门队

亚洲足坛“名人堂”盘点

亚细亚·大事件

朝鲜核危机：在本书出版时，危机仍在持续中……

伊朗核危机：在本书出版时，危机仍在持续中……

叙利亚危机：在本书出版时，危机仍在持续中……

也门危机：在本书出版时，危机仍在持续中……

亚足坛·大事记

亚运会：第十八届亚运会于2018年8月18日至9月2日在印度尼西亚雅加

达举行，男子足球比赛的前三名获得者为：冠军韩国，亚军日本，第三名阿联酋。

亚洲杯：第十七届亚洲杯决赛阶段比赛于2019年1月5日至2月1日在阿联酋举行，前三名的获得者为：冠军卡塔尔，亚军日本，并列第三名阿联酋、伊朗。

世界杯·主办权

上一章我们说道，2018年与2022年这两届世界杯的主办地是打包捆绑在一起进行申办和表决的。为了避开欧洲的锋芒，亚洲和北美洲的申办国策略性地让出2018年——这一年的世界杯就让欧洲人去争去抢吧，这样欧洲就没资格主办2022年的世界杯；非洲和南美洲因为才获得过2010年南非世界杯和2014年巴西世界杯的主办权，如果再出来争2022年，在同情分和气势上肯定会落下风。如此算来，2022年的世界杯主办权基本上就是亚洲和北美洲之间的争夺。

几经反复，最后提出申办2022年世界杯的是澳大利亚、日本、韩国、卡塔尔、美国这五家。

澳大利亚：澳大利亚是亚足联的成员，同时地理位置又处于大洋洲，兼有双重身份，大洋洲的土地上还从没有举办过世界杯，澳大利亚觉得这是一个有利的竞争砝码。

日本和韩国：两国已经合办过2002年世界杯，当年是日本先提出申办，结果被韩国横插一杠子，最后在各方压力之下变成日韩合办，日本人一直认为自己是“壮志半酬”；韩国对于当年的合办感觉也不太爽，所以两家都惦记着啥时单独办一届世界杯，现在眼看风水轮流转，亚洲又摊上机会，于是再次出手申办。不过媒体普遍认为日本和韩国因为曾主办过一届世界杯，在竞争力上比起新人来要略逊一筹。

卡塔尔：优势是不差钱，也没有举办过世界杯；劣势是足球水平不高，从没打入过世界杯决赛圈，尤其是卡塔尔地处西亚沙漠地带，气候实在太炎热，所以它的申办一开始并不为各方所看好。

美国：媒体认为美国的劣势也在于曾经主办过世界杯，机会应该留给新人。但是上面的四家申办方都是亚足联成员，互相之间的竞争必定会产生内耗，美国是唯一的亚洲区以外的申办者，这就给美国留下巨大的机会空间。

在各方激烈的申办竞争中，局势逐渐开始明朗化，美国和卡塔尔处于领跑地位。卡塔尔可算是奇兵突起，他的石油美元实在是威力巨大——你们说我这里气候太热？卡塔尔提交的计划是：用40亿美元兴建9座球场、翻新3座球场，所有球场全部使用最新设计的制冷系统。要建设这么多座安装全空调设施的国际标准足球场——注意，是"场"不是"馆"——这个钞票还真不是一般"土豪"出得起的。卡塔尔还承诺：无论是否赢得主办权，都将投入数百亿美元进行基础设施改造。

卡塔尔的申办团队精英荟萃，申办大使聘请法国超级球星齐达内担任，而做申办报告陈述的，是咱们中国人非常熟悉的"神奇教练"米卢，卡塔尔人看来很希望米卢在这个紧要关头能够再帮着卡塔尔神奇一回。

卡塔尔的拉票攻势相当猛烈，他与西班牙/葡萄牙达成换票协议，以支持西/葡联合申办2018年世界杯换取他们支持卡塔尔申办2022年世界杯；卡塔尔又成功地获得了国际足联主席布拉特的支持，布主席正打算竞选连任国际足联主席，卡塔尔可以为他的竞选拉来不少赞成票。来自布主席的支持非常关键——他不是一个人在战斗——以他的主席身份，是完全可以影响国际足联一些执委的投票意向。

原来不被看好的卡塔尔后来居上。

2010年12月2日，进行2022年世界杯主办权的投票表决，竞争主要在卡塔尔和美国之间进行，投票过程和结果是：

第1轮：卡塔尔11票，韩国4票，日本3票，美国3票，澳大利亚1票；

澳大利亚被淘汰。

第2轮：卡塔尔10票，韩国5票，美国5票，日本2票；

日本被淘汰。

第3轮：卡塔尔11票，美国6票，韩国5票；

韩国被淘汰。

第4轮：卡塔尔14票，美国8票；

卡塔尔胜出。

从投票的过程可以看出，亚洲国家之间的互相厮杀分散了票数，否则无须投上四轮才见分晓，这也是美国此前在2022年世界杯申办过程中一直被看好的原因之一——可以借亚洲的内耗渔翁得利，但是在最后时刻美国还是败给中东蕞尔小国卡塔尔。

布拉特主席披露了最后一轮投票的情况，他说："4张来自欧洲的选票从美国转向了卡塔尔，所以投票最终结果是14比8（卡塔尔击败美国）。假如这4张选票没有改变，结果就会是12比10（美国击败卡塔尔）。"

这一届的大热门美国尽管败给卡塔尔，但也获得不少同情分，实际上为美国申办下一届世界杯攒下不少人气。

我们不妨把话题再扯远一点，国际媒体后来深挖狠掘、穷追猛打，爆出很多在2018年和2022年世界杯申办过程中发生的贿选猛料，不仅是"有图有真相"，甚至还有行贿受贿现场的视频在网上传播，国际足联因此广受批评指责，深陷舆论漩涡的中心，此事的余波一直持续多年。

在2018年俄罗斯世界杯举行期间，国际足联召开第68届国际足联代表大会，其中重要的议题就是投票表决2026年世界杯主办权的归属。提出2026年世界杯申办请求的只有两家：北美洲的美国/墨西哥/加拿大（三国联办）和非洲的摩洛哥。

由于在上次打包两届世界杯主办权的申办活动中充斥着腐败与黑幕，在相当大的程度上导致国际足联主席布拉特下台，国际足联为此展开一场旷日持久的"反腐风暴"。国际社会普遍认为，再由国际足联执委会的20来个委员投票做出全球如此瞩目的重大决定明显不合时宜。接替布拉特新上台的国际足联主席因凡蒂诺推出重大改革——把2026年世界杯的投票权从执委会的少数人手中扩大到国际足联的全体会员单位。经过资格审核，拥有投票权的共有200个国际足联会员单位。投票权从20来人扩大到200个会员单位，这也意味着通过行贿进行拉票的成本和风险大大增加，更有利于公平竞争。

美国卷土重来，而且联合一南（墨西哥）一北（加拿大）两个邻国共同申办，这一举措不仅消除掉北美洲洲内竞争的内耗，也更有利于向外拉票——对其他的国际足联会员而言，投给北美一票就赚了三个国家的人情，实在划算。

还有一个因素也很重要：国际足联正在考虑2026年世界杯的决赛阶段，是否把进入决赛圈的球队扩军到48支，这意味着需要更多国际标准的足球场，这样三国联办就更显优越性。所以投票还未开始，结果大家已经心知肚明。

最后的投票结果：在总共200票中，北美三国得134票，非洲摩洛哥得65票，1票弃权。北美三国轻松获得2026年世界杯的主办权，这一结果也开创了由三个国家联办世界杯的先河。

主办地·卡塔尔

世界杯又一次来到亚洲的土地，而且是第一次来到西亚。让我们来观察一下2022年世界杯的主办国卡塔尔。

卡塔尔是君主制国家，实行家族世袭，国家元首称埃米尔，埃米尔有人说是酋长，我们习惯上理解为国王，埃米尔家族类似于王室。

卡塔尔国土面积1万1千多平方千米，与我国天津市的面积相当；全国人口264万，其中卡塔尔本国公民只占15%约40万人（2017年数据），其余都是外籍人口。

卡塔尔国土不大，遍布沙漠，地表荒凉，但是石油和天然气储量相当丰富，石油储量居世界第13位，天然气储量居世界第3位，整个国家仿佛坐在一只油盆子或气罐子之上，往地底下打井不会出水只会出油和冒气（天然气）。所以卡塔尔的饮用水主要依靠海水淡化，水比汽油还贵。

坐在油盆子之上的卡塔尔不差钱，石油和天然气产业是它的聚宝盆和摇钱树，人均国内生产总值（GDP）6.46万美元，排名世界第7（2017年数据）。

作为信奉伊斯兰教的阿拉伯国家，卡塔尔在社会文化和国际关系方面，与西亚的其他阿拉伯国家相比，显得有点另类，或者说，开放度和自由度更高一些，我们举几个例子。

其一，与美国的关系：由于中东地区阿拉伯国家（阿拉伯民族）和以色列（犹太民族）之间的对抗，阿拉伯世界弥漫着反美情绪，阿拉伯国家政府在处理与美国的关系时一般比较谨慎。不过海湾六国（科威特、沙特阿拉伯、巴林、卡塔尔、阿联酋和阿曼）则有所不同，因为海湾六国地理上与伊拉克和伊朗挨得很近，有的国家还吃过两伊的大亏，所以海湾国家在自身安全方面，需要美国的帮助。这当中排第一号的是科威特，因为是美军在海湾战争中把科威特从伊拉克的占领之下解放出来，科威特人对美国的感情非同寻常。除了科威特，卡塔尔可以算是另一个与美国走得很近的阿拉伯国家。最能说明关系紧密程度的就是军事关系，在20世纪90年代的海湾战争和2003年对伊拉克萨达姆政权战争期间，卡塔尔成为美军中央司令部的前线指挥中心。战后美军常驻卡塔尔，“卡塔尔美军基地承担实施美国地区战略的核心地位”；卡塔尔的乌代德基地是美国空军在海外最大的军事基地，卡塔尔的埃斯萨利亚陆军兵营则是美国中央司令部最重要的陆军基地。冲着这些，就可以看出美卡关系非同寻常。

其二，与伊朗的关系：在中东地区，阿拉伯国家与伊朗关系普遍比较紧张或者不和，这里面涉及历史纠葛、地缘政治、民族关系（阿拉伯民族与波斯民族）、教派分歧（伊朗掌权的是伊斯兰教什叶派，阿拉伯国家基本上是伊斯兰教逊尼派掌权）等等错综复杂的因素，中东地区形成了分别以沙特阿拉伯和伊朗为核心的两个阵营的对抗局面。卡塔尔在处理与伊朗关系方面并没有与海湾阿拉伯国家保持完全一致的立场，而是与伊朗你来我往关系热乎；再加上卡塔尔半岛电视台的某些报道总是让一些阿拉伯国家不爽，于是从2017年6月起，埃及、沙特阿拉伯、阿联酋、巴林、也门、利比亚等国相继宣布与卡塔尔断绝外交关系，卡塔尔压力不小。

其三，半岛电视台：1996年，卡塔尔投资1.37亿美元创立半岛电视台。半岛电视台将英国广播公司（BBC）阿拉伯语频道全部设备买下，用高薪聘用BBC多年培育出来的阿拉伯频道著名主持人、记者、技术人员，再加上从其他渠道招募的人才，半岛电视台集中了众多阿拉伯世界电视新闻界的精英，逐渐发展为在阿拉伯世界乃至全世界具有重要影响力的电视媒体。

半岛电视台的播送内容和方式既时尚又大胆，在国际新闻界中独树一帜，被称作“是最富有争议性的电视台”。让半岛电视台声名鹊起的是21世纪初期对阿富汗反恐战争和本·拉登的新闻采访与报道。2001年阿富汗反恐战争打响后，塔利班拒绝新闻媒体进入阿富汗，世界各大媒体云集在阿富汗周边不得其门而入。半岛电视台利用自身属于阿拉伯民族和伊斯兰世界的身份，成为世界上唯一能够进入塔利班控制区的电视媒体，源源不断地从阿富汗境内发出独家新闻和图像，这一招让国际新闻界的媒体大佬们也只能甘拜下风，情愿花高价去购买半岛电视台的节目。在塔利班政权倒台之后的岁月里，本·拉登在美军的追捕下深藏不露，但是却不断地向半岛电视台寄送录像带，把他的声音和影像通过半岛电视台继续传播到世间。美国政府对此相当恼火，向卡塔尔施加压力，说本·拉登的讲话当中可能暗含着给恐怖组织的指令，警告半岛电视台不要成为本·拉登的宣传机构。一直到2011年5月1日，美军海豹突击队突袭本·拉登在巴基斯坦的隐藏所将其击毙，此事才算了结。

半岛电视台迅速成长为国际性大媒体，绰号“中东CNN”，是世界上收视人口跨度最广的新闻频道之一。在阿拉伯地区，其影响力甚至已经远远超过美国新闻网。据说，在海湾地区，无论走到哪里，只要有阿拉伯人在看电视新闻，基本上都是在看半岛电视台的新闻节目。

我们引用一段我国驻中东地区国家大使馆一位官员对卡塔尔这个国家的评价：“富甲天下而不过分炫耀，更少财大气粗的傲慢之状……在各方面向现代化建设迈进之中，十分注意保持自己的民族特色、传统和风俗习惯；在为数有限的人口中，四分之三为外籍人，但相互共处和睦并相得益彰；虽出于历史传统为男人的天下，而妇女受教育的程度并不逊于须眉；取消新闻检查和新闻部的建制在地区国家中独树一帜，如此等等，充分反映了卡塔尔与众不同的特色，在各种矛盾之中享有和谐的平衡，令人刮目相看。”

再回到体育领域，这是卡塔尔非常喜欢也舍得下大手笔的领域。2006年举行的多哈亚运会，使卡塔尔成为第一个承办亚运会的阿拉伯国家。大型运动会开幕式上的点火仪式，往往构思巧妙充满悬念，卡塔尔人就在多哈亚运会向世人奉献出颇具阿拉伯文化风情的“王子策马点火”经典场景。担任点火手的是卡塔尔王室18岁王子阿勒萨尼，排行老五，只见这位“五阿哥”在雨中手持火炬纵马冲上火炬台，在临近台顶时，王子的坐骑踉跄打滑：“骑士阿勒萨尼努力压低自己的重心，身体紧贴在马背上，夹马肚回马鞭，人马合一，终见一跃，冲上平台，圣火点燃……那雨夜中瞬间的绽放，苍凉美丽，悲壮震撼。”这次为了世界杯，卡塔尔更是举倾国之力，投入申办和筹办，可以看出他们的热情和追求。

卡塔尔的足球水平在亚洲处于二流，中国队与卡塔尔队交锋的总战绩胜多负少，但偏偏在最重要的世界杯预选赛的比赛里，中国队往往是输家。

中国队曾经有三届预选赛在关键场次输给卡塔尔队，被挡在世界杯决赛圈之外（1990年、1998年、2010年），所以中国一些媒体称卡塔尔队是中国队的“冤家”，“给中国球迷留下深深的心灵创伤”。

卡塔尔从未打进过世界杯的决赛圈，这成为国际足联举办世界杯至今唯一破例的国家。有人说国际足联自己坏了自己的规矩，当然，国际足联的章程里并没有世界杯的主办国必须具备曾打入决赛圈经历这样的规则，这应该属于潜规则。国际足联总是在不停地自己坏自己的规矩，比如曾经说过世界杯只能在一国举办，结果2002年交给日韩联办，2026年更是交给美墨加三国联办；还曾经说过世界杯由各洲轮流举办，结果没过几年就又破了规矩。那么，没有打进过决赛圈的国家不能举办世界杯的潜规则就更没有什么好遵守的了。

卡塔尔当然明白没有打进过世界杯决赛圈是自己最大的软档，拿到世界杯主办权之后，卡塔尔不想落下个“史上最弱东道主”的名头，花大力气下血本提高足球水平。不差钱的卡塔尔多路出击：大量引进归化球员制造“基因突变”；办青训学院从娃娃抓起；聘请世界名帅完善培训体制。你别说，这一套组合拳打下来果然见成效，在2019年的第十七届亚洲杯比赛中，卡塔尔队以7战7胜只丢一球的耀眼成绩，获得冠军，显示出卡塔尔足球惊人的飞跃实力。

不知道卡塔尔人是否听到白岩松主持关于“俄罗斯世界杯，中国除了足球队没去，基本上其他都去了”的名言，他们已经惦记上咱们中国球迷，2022年世界杯卡塔尔组委会负责人哈桑·塔瓦迪已经冲着中国球迷吆喝上了：“欢迎中国球迷来卡塔尔，你们将会享受到从未有过的世界杯。”①

亚洲区·预选赛

这次国际足联依然给亚洲区4张半世界杯决赛圈入场券，加上东道主卡

① 中国元素已经出现在卡塔尔世界杯赛场。根据媒体报道：中国铁建与卡塔尔HBK公司组成的联合体中标了卡塔尔卢塞尔体育场建设项目。这是中国公司首次以主承包商身份承建世界杯主体育场。卢塞尔体育场将担当2022年卡塔尔世界杯赛开幕式、揭幕赛、决赛、闭幕式等四项重任，建成后将成为卡塔尔的国际化地标性建筑。

塔尔手握一张直通入场券，所以，亚洲区破天荒地拥有5张半世界杯决赛圈入场券。

和上一届世界杯一样，亚足联所属的46个正式成员，再一次一个不落地全部报名参加亚洲区预选赛——这是亚洲足坛第二次的大团圆盛会。

根据亚足联的方案，2022年世界杯预选赛亚洲区的赛制将与2018年俄罗斯世界杯预选赛完全一致，分为资格赛、40强赛、12强赛及附加赛几个阶段。

第一阶段：资格赛。根据国际足联积分，亚洲排名靠后的12支球队，两两捉对进行主客场比赛，获胜的6队进入第二阶段比赛。

第二阶段：40强赛。资格赛出线的6支胜队与国际足联排名靠前34位的球队共40支球队，分成8个小组，每组5队，8个小组的第一名和4个成绩最好的小组第二名总共12支队出线。

卡塔尔将参加40强赛。作为东道主，卡塔尔本无须参加世界杯的预选赛，但是亚足联规定，2022年世界杯亚洲区预选赛同时也是2023年亚洲杯的预选赛，所以卡塔尔队为了获得参加亚洲杯的正赛资格必须参加40强阶段的比赛，但不用参加下一阶段的比赛；卡塔尔队若最终排名在前12名，就由8个小组第二名中成绩排名第5位的球队递补参加12强赛。

第三阶段：12强赛及附加赛。出线的12支队分成两组，每组6队，各组的前两名直接出线，获得参加世界杯决赛圈的入场券；两个组的第3名进行附加赛，决出胜者；胜者再参加洲际附加赛，胜者将晋级卡塔尔世界杯决赛圈。

亚洲区·资格赛

2019年6月，卡塔尔世界杯亚洲区预选赛的资格赛开赛，亚洲因此成为全球第一个开赛的赛区。

参加资格赛的12支球队对阵形势和比赛结果是：

关岛对不丹，关岛队胜出；

斯里兰卡对中国澳门，斯里兰卡队出线；

蒙古对文莱，蒙古队胜出；

马来西亚对东帝汶，马来西亚队胜出；

孟加拉国对老挝，孟加拉国队胜出；

柬埔寨对巴基斯坦，柬埔寨队胜出。

在资格赛中，中国澳门队由于赛场之外的因素意外出局，让人们再一次感受到亚洲地区政治冲突的严酷性，因为这并非技不如人赛场输球，而是恐怖主义的威胁和影响。

2019年4月21日，在斯里兰卡首都科伦坡等地的宾馆、教堂里，连续发生了8起以人体炸弹进行恐怖袭击的连环爆炸案，总共有253人在恐怖袭击中遇难，其中包括6位中国公民。恐怖主义威胁一度构成国际安全的头号大敌，随着国际社会联手对恐怖主义实施打击，其危害程度有所降低，这一次发生在斯里兰卡的恐怖袭击案是近年来伤亡最为惨重的。

中国澳门队资格赛的比赛对手正是斯里兰卡队。恐怖袭击发生后，中国澳门足总向斯里兰卡方面表示，出于安全方面的考虑，要求将斯里兰卡的主场更改为中立的第三国，澳门足总还为此上书国际足联和亚足联。

6月6日，两队之间的第一场比赛在中国澳门队的主场举行，主场设在毗邻澳门特区的广东珠海，比赛结果，中国澳门队以1∶0获胜。

两队之间的第二场比赛原定6月11日在斯里兰卡队的国内主场举行，中国澳门关于斯里兰卡更改主场的要求未能实现。斯里兰卡方面表示：对于球队和观众来说，在本土进行世界杯预选赛非常重要，球队不会更改主场地址；同时认为局势已经得到控制，比赛时还将派军队来保证球员的安全。更为关键的是，亚足联与国际足联都认为斯里兰卡的局势满足比赛要求，没有达到需要改设中立场地的严重程度。

6月8日，中国澳门足总发表声明，称“基于球队安全问题……经过慎重考虑故决定不会派队前往斯里兰卡参赛”。尽管澳门的足球队员们群情激昂，发表联署声明表示愿意自己承担一切安全责任，希望前往斯里兰卡参赛，但并不能改变澳门足总的弃赛决定。

由于中国澳门队在资格赛第二回合弃赛（弃赛被判为0∶3告负），斯里兰卡队不战而胜，获得出线资格。中国澳门队于是悲催地成为2022年世界杯预选赛中全球第一支出局的球队。

亚洲区预选赛的40强赛定于2019年9月举行，40强赛的分组名单如下：

A组：中国、叙利亚、菲律宾、马尔代夫、关岛；

B组：澳大利亚、约旦、中华台北（中国）、科威特、尼泊尔；

C组：伊朗、伊拉克、巴林、中国香港、柬埔寨；

D组：沙特阿拉伯、乌兹别克斯坦、巴勒斯坦、也门、新加坡；

E组：卡塔尔、阿曼、印度、阿富汗、孟加拉国；

F组；日本、吉尔吉斯斯坦、塔吉克斯坦、缅甸、蒙古；

G组：阿联酋、越南、泰国、马来西亚、印度尼西亚；

H组：韩国、黎巴嫩、朝鲜、土库曼斯坦、斯里兰卡。

亚足联主席萨尔曼在40强分组抽签结束时发表了对世界杯亚洲区预选赛的寄语，他说："还有什么比在我们伟大的大陆上开始这段激动人心的旅程更好的方法呢？我代表亚洲足球大家庭，祝我们所有的球队好运，我相信我们将见证又一次激动人心的预选赛。"

亚足坛·名人堂

国际上有不少体育项目设立了名人堂，能进入名人堂的，都是在这个体育项目上叱咤风云、功成名就的殿堂级人物。

如果亚洲足坛要设立一座足球队的"名人堂"，能够入选进入殿堂从而"留得生前身后名"的，一定就是那些打入过世界杯决赛圈的球队。什么亚洲杯冠军、亚运会冠军……这些头衔与打入世界杯决赛圈的荣誉相比，都是浮云。

我们把迄今为止亚洲足坛通过预选赛获得进军世界杯决赛圈的球队和次数做了一个统计，这个统计是以获得世界杯决赛阶段比赛资格的次数排列，括号内是年份；其中韩国和日本统计次数中的"+1"，是指这两国在2002年作为主办国没有参加预选赛直接进军决赛圈。统计结果如下：

韩国：9+1次（1954、1986、1990、1994、1998、2002、2006、2010、2014、2018）；

日本：5+1次（1998、2002、2006、2010、2014、2018）；

伊朗：5次（1978、1998、2006、2014、2018）；

沙特阿拉伯：5次（1994、1998、2002、2006、2018）；

澳大利亚（成为亚足联成员之后）：3次（2010、2014、2018）；

朝鲜：2次（1966、2010）；

以色列（作为亚足联成员时）：1次（1970）；

科威特：1次（1982）；

伊拉克：1次（1986）；

阿拉伯联合酋长国：1次（1990）；

中国：1次（2002）。

亚洲足坛共有11个国家34次通过预选赛打入世界杯决赛圈——这11个国家就是亚洲足坛“名人堂”的成员。

按照现今亚洲足坛5+1的板块结构（东亚、东南亚、南亚、西亚、中亚、+澳大利亚），在澳大利亚“脱大入亚”之前，亚洲足球“名人堂”的最高荣誉始终由东亚和西亚分享，现在则是东亚、西亚、澳大利亚三分天下的格局。这一格局还将保持多久？

南亚和东南亚是亚洲足球运动开始最早的地区，但“名人堂”始终与他们无缘。

中亚诸国在独立之后的一段时间内，借助当年苏联时代的余威和功底，在亚洲足坛掀起一阵波澜，代表作就是乌兹别克斯坦夺得亚运会冠军。但是，余威散尽，老本用完，缺少了当年苏联中央政权的依托，加之国内经济水平的滞后，中亚足球逐渐落入低谷。

世界杯决赛圈的大门口，就是亚洲足坛“名人堂”的堂口，2022年，亚洲足坛“名人堂”会不会有新的成员加入？

主要参考文献资料

国际足联世界足球博物馆著：《世界杯官方传记》，北京日报出版社，2018年

《足球周刊》编著：《世界杯80年（上下卷）》，科学出版社，2010年

王步文编：《历届世界杯足球赛纪实》，人民体育出版社，1980年

［英］比尔·莫瑞著：《世界足球史话》，光明日报出版社，1998年

［英］亨特·戴维斯著《足球史》，希望出版社/东方出版社，2005年

［美］富兰克林·弗尔著：《足球解读世界》，当代中国出版社，2006年

［英］德斯蒙德·莫里斯著：《为什么是足球？》，北京联合出版公司，2018年

［英］加文·莫蒂默著：《足球的历史》，上海社会科学院出版社，2018年

［美］阿伦·古特曼著：《从仪式到纪录：现代体育的本质》，北京体育大学出版社，2012年

［英］安德鲁·詹宁斯等著：《足球黑手党布拉特王朝》，成都时代出版社，2015年

［英］安德鲁·詹宁斯著：《FIFA黑幕》，上海译文出版社，2010年

［英］麦盖尔著：《足球潜规则》，哈尔滨出版社，2004年

符金宇著：《日本足球史》，新华出版社，2018年

应虹霞著：《日本足球的明治维新》，浙江古籍出版社，2012年

骆明著：《明说：世界足坛这些年的那些事儿》，机械工业出版社，2018年

三分之二先生著：《足球春秋：兄弟聊世界杯》，广东旅游出版社，2018年

李承鹏著：《手起刀不落——大眼看足球》，四川人民出版社，2000年

黄健翔著：《你不是一个人世界杯》，湖北科学技术出版社，2014年
麻雪田主编：《足球球迷宝典》，江西科学技术出版社，1999年
饶广平主编：《世界足球大全》，人民体育出版社，1990年
金焱编著：《金鞋·金球·金杯》，春风文艺出版社，1993年
傅洪波、田淼著：《亚洲足球十强完全指南》，内蒙古文化出版社，2001年
刘修武主编：《亚洲体育》，人民体育出版社，1990年
李智编：《体育争端解决法律与仲裁实务》，对外经济贸易大学出版社，2012年
张彩珍主编：《中国足球运动史》，武汉出版社，1993年
陈晴主编：《中国足球运动百余年发展史》，华中科技大学出版社，2017年
章成钧著：《中国足球沉浮录》，同济大学出版社，1988年
路云亭著：《文明的冲突——足球在中国的传播》，上海人民出版社，2016年
戴大洪编著：《与风车的搏斗——中国足球改革纵横谈》，河南大学出版社，1999年
杨西佳：《中国足球风云》，百花洲文艺出版社，2000年
马国力、吴江江主编：《在路上——中国足球这几年》，现代出版社，1999年
金汕著：《悲壮漫长的冲击》，华艺出版社，2002年
汪大昭著：《二十年目睹之世界杯》，中国盲文出版社，2002年
高小林著：《痛说足球：中国足球队六次冲击世界杯决赛圈纪实》，花山文艺出版社，1998年
苏永舜著：《球场不平：我的足球生涯》，长春出版社，2001年
李禹廷著：《拿什么拯救你？中国足球——策论问答200例》，新华出版社，2017年
王俊生著：《我知道的中国足球——王俊生回忆录》，北京出版社，2002年
阎世铎著：《忠诚无悔——我与中国足球》，新华出版社，2006年
云国强主编：《梦圆世界杯》，中国民航出版社，2001年

主要参考文献资料

王干著：《世界杯中国梦：那些年那些事》，中国书籍出版社，2014年

王勤伯著：《黑白梦华录》，作家出版社，2014年

王勤伯著：《黑白梦华录2》，作家出版社，2018年

李响著：《零距离：李响与米卢的心灵对话》，知识出版社，2001年

马德兴著：《球殇——阿里·汉的悲情中国行》，重庆出版社，2005年

水一方著：《迷球时代》，中央编译出版社，2002年

尹波著：《足球这东西》，山东友谊出版社，2008年

薛涌著：《炫耀的足球》，云南人民出版社，2005年

张海涛著：《足球范儿：我们球迷这些年》，华文出版社，2010年

霍英东、冷夏著：《时局的生意：霍英东自述》，凤凰出版社，2013年

朱文一著：《为了世界杯——中国申办世界杯规划战略研究》，中国建筑工业出版社，2011年

人民体育出版社编：《中国运动员在国际比赛中的成就》，人民体育出版社，1983年

《亚洲年鉴》编辑委员会：《亚洲年鉴2008》，世界知识出版社，2009年

《世界知识年鉴》编辑委员会：《世界知识年鉴2017/2018》，世界知识出版社，2018年

《世界热点国家地图：亚洲》，中国地图出版社，2019年修订版

［美］罗兹·墨菲著：《亚洲史》，世界图书出版公司，2011年

［美］吉姆·罗沃著：《亚洲的崛起》，上海人民出版社，1997年

孙培德、史菊琴编著：《卡塔尔》，社会科学文献出版社，2009年

［英］马丁·吉尔伯特著：《二十世纪世界史》，陕西师范大学出版社，2001年

［美］塔米姆·安萨利著：《无规则游戏——阿富汗屡被中断的历史》，浙江人民出版社，2018年

余智骁著：《与塔利班面对面》，新华出版社，2008年

休·迈尔斯著：《意见与异见——半岛电视台的崛起》，学林出版社，2006年

《足球》报

《体坛周报》

后 记

足球作为世界第一运动，吸引着全球无数媒体的关注，记述世界杯赛事赛况、球队球星的书刊资料可谓浩如烟海。

我们这本书，选取了一个独特视角——亚洲地缘政治和地区国际关系的发展演变——铺展亚洲足坛征战世界杯的历程，讲述亚洲足坛经历的恩怨情仇和发生的逸闻趣事，希望给读者们带来不一样的阅读感受。

书中所引用的文献资料来源均为国内公开出版发行的书籍报刊，以及主流媒体网站和国际足联、亚足联官网。

有些信息数据在不同的资料来源中说法不一，这种情况较多地出现在世界杯早期的历史过程中；我们通过梳理和分析，尽可能地选取最贴近事实的或者已为多数记述所采用的信息数据。尽管如此，书中疏漏舛误之处依然在所难免，恳请各位读者多多包涵和不吝赐教。

作　者

2019年8月于杭州候潮门外贴沙河畔